★★★

이 책에 쏟아진 찬사

★★★

이 책은 당신이 여태까지 들어왔던, 단순히 작은 습관을 반복하라는 뻔한 이야기가 아니다! 누구나 최소한의 노력으로 극적인 변화를 누릴 수 있는 최고의 방법에 대해 말한다. 인지과학과 행동과학을 최초로 통합해 사람들의 행동과 습관에 관해 완전히 새로운 관점을 제시했다.

_〈뉴욕 타임스〉

제임스 클리어는 일상의 작은 성공에서부터 비즈니스의 영역까지 2분 남짓한 작은 습관으로 어떻게 큰 성과를 만드는지 명쾌하게 설명했다.

_《포브스》

찰스 두히그의 《습관의 힘》을 뛰어넘는 최고의 책!

_〈월스트리트 저널〉

새해 목표를 이루기 위해 반드시 필요한 책!

_〈워싱턴 포스트〉

이 책은 '변화'란 쉽지 않다는 당신의 편견을 완전히 바꿔놓을 것이다!

_《비즈니스 인사이더》

가장 쉽고 빠르게 바뀔 수 있는 법을 알려주는 엄청난 책! 습관 형성에 대한 가장 기초적인 정보를 탁월하게 정제해냈다. 누구나 더 적게 집중하고, 더 많이 성취할 수 있는 최고의 방법을 알려준다.

_마크 맨슨(《신경 끄기의 기술》 저자)

놀랍도록 매력적이고 실천적이다! 제임스 클리어는 수년간 습관의 과학에 대해 연구하고, 그 기술을 연마해왔다. 이 책은 나쁜 습관을 버리고 좋은 습관을 세우는 최고의 안내서다!

_애덤 그랜트(《오리지널스》 저자)

당신의 일상과 삶을 확실하게 변화시킬 수 있는 아주 특별한 책!

_라이언 홀리데이(《에고라는 적》 저자)

우리는 모두 습관으로 이루어져 있다. 제임스 클리어는 탄탄한 과학적 연구 결과를 바탕으로 아주 쉽게 습관을 만들 수 있는 최고의 방법을 알려준다!

_아리아나 허핑턴(허핑턴포스트 미디어그룹 회장, 《제3의 성공》 저자)

이 책은 그동안 의사들이 찾아왔던 최고의 각본이다. 나는 좋은 습관을 만들어야 하는 환자들에게 이 책을 반드시 추천한다. 저자가 제시한 방법대로 실천한 환자 중에 바뀌지 않은 사람은 단 한 명도 없었다.

_로리 마배스(의학 박사)

모두가 이 책을 꼭 읽어보라고 추천해서 못 이기는 척 한 페이지를 펼쳤다. 정말 대단하다! 습관에 대한 최종판이다. 어떤 행동이든 바로 시작할 수 있도록 도와준다. 환상적인 책이다.

_데렉 시버스(스타트업 시디베이비 설립자)

《아주 작은 습관의 힘》만큼 당신의 삶을 확실하게 변화시킬 수 있는 것은 이 세상에 없다.

_팀 어번(파워블로거, TED 강연자)

당신을 바꿔줄 위대한 책! 우리의 삶을 변화시키는 새롭고도 위대한 관점을 알려준다. 모든 문장이 단단하고 아름다운 보석 같다.

_칼 라퐁(아마존 독자)

내 삶의 패러다임을 변화시킨 최고의 책이다!

_톰 베누토(아마존 독자)

정직하게 말하자. 이 책은 찰스 두히그의 《습관의 힘》보다 훨씬 낫다. 나는 제임스 클리어가 주장하는 습관 변화의 과정을 실제로 적용할 수 있을 것만 같다. 모든 사람이 읽어야 할 책이다!

_아누래그 스미스(아마존 독자)

《아주 작은 습관의 힘》 덕분에 남편과 매일 아침 함께 책을 읽는 습관을 만들게 되었다. 매일 아침이 행복하다!

_애니 게하르트(아마존 독자)

찰스 두히그가《습관의 힘》에서는 '습관의 원리'에 대해 밝혔다면, 제임스 클리어는 습관을 만드는 방법에 '영혼'을 불어넣었다.

_아브히셰크 티와리(아마존 독자)

이 책은 행동 변화에 관한 복잡한 이야기를 누구나 이해할 수 있도록 아주 간단하게 설명한다. 모두가 삶의 마지막 순간 "난 내 잠재력을 다 발휘했어."라고 말하게 된다면 세상은 훨씬 더 나은 곳이 될 것이다.

_패티 클리어(아마존 독자)

이 책에 너무 많이 밑줄을 그어서 이제 새 형광펜을 사야 할 지경이다! 제임스 클리어는 수십 년간의 연구, 기업인과 운동선수의 성공담, 자신의 경험을 종합해서 행동 변화의 원리를 집대성하는 데 성공했다!

_존 미즈(아마존 독자)

나는 습관의 힘을 믿고 있는 의사다. 환자에게 추천하기 위해 수백 권의 책을 읽었지만 이보다 나은 책을 보지 못 했다! 이 책은 세계의 모든 의대생과 환자에게 교과서 같은 책이 되어야 한다.

_로리 베커(아마존 독자)

매우 유용한 책이다. 매번 새해 결심을 못 지키는 사람들에게 이 책을 추천하고 싶다.

_ 피터 로빈슨(아마존 독자)

습관 하나만 바꿔도 인생이 변한다. 제임스 클리어가 말한 방법을 그대로 실천했더니 업무 실적이 탁월하게 좋아졌다. 내 인생을 변화시킨 책이다.

_ 제임스 팀스(아마존 독자)

아주 작은 습관의 힘

ATOMIC HABITS:
An Easy & Proven Way to Build Good Habits & Break Bad Ones
by James Clear

Originally Published by Avery,
an imprint of Penguin Publishing Group,
a division of Penguin Random House LLC, New York

최고의 변화는 어떻게 만들어지는가

ATOMIC

아주 작은 습관의 힘

HABITS

제임스 클리어 지음 | 이한이 옮김

비즈니스북스

아주 작은 습관의 힘

1판 1쇄 발행 2019년 2월 26일
1판 115쇄 발행 2024년 12월 18일

지은이 | 제임스 클리어
옮긴이 | 이한이
발행인 | 홍영태
편집인 | 김미란
발행처 | (주)비즈니스북스
등 록 | 제2000-000225호(2000년 2월 28일)
주 소 | 03991 서울시 마포구 월드컵북로6길 3 이노베이스빌딩 7층
전 화 | (02)338-9449
팩 스 | (02)338-6543
대표메일 | bb@businessbooks.co.kr
홈페이지 | http://www.businessbooks.co.kr
블로그 | http://blog.naver.com/biz_books
페이스북 | thebizbooks
인스타그램 | bizbooks_kr
ISBN 979-11-6254-064-0 03190

* 잘못된 책은 구입하신 서점에서 바꾸어 드립니다.
* 책값은 뒤표지에 있습니다.
* 비즈니스북스에 대한 더 많은 정보가 필요하신 분은 홈페이지를 방문해 주시기 바랍니다.

비즈니스북스는 독자 여러분의 소중한 아이디어와 원고 투고를 기다리고 있습니다.
원고가 있으신 분은 ms1@businessbooks.co.kr로 간단한 개요와 취지, 연락처 등을 보내 주세요.

ATOMIC [ə'tämik]

[형용사] 원자의

1. 극도로 적은 양. 더 이상 줄일 수 없는 가장 작은 하나의 요소
2. 막대한 양의 힘을 내는 근원

HABIT ['habət]

[명사] 습관

1. 규칙적으로 수행하는 일상적인 행위. 특정 상황에 대해 자동적으로 행하는 반응

Prologue

○

새로운 삶의 시작

고등학교 2학년의 마지막 날이었다. 어디선가 날아온 야구 방망이가 퍽 하고 내 얼굴을 강타했다. 같은 반 친구가 휘두르다 손에서 미끄러진 방망이가 허공을 가로질러 곧장 내 미간으로 날아든 것이다. 그 순간의 기억은 없다.

얼굴이 박살 나고 코가 부서졌다. 두개골 안의 뇌 조직이 흔들리고 순식간에 부풀어올랐다. 0.1초 만에 코가 깨지고 두개골 몇 군데에 금이 갔으며, 안와眼窩 두 곳이 다 함몰되었다. 눈을 떠보니 사람들이 나를 바라보고 있었다. 도움을 청하러 달려가는 사람도 어렴풋이 보였다. 아래를 내려다보니 옷에 붉은 자국이 점점이 찍혀 있었다. 한 아이가 벗어 건네준 셔츠로 코에서 쏟아져 나오는 피를 틀어막았다.

얼떨떨하고 어리둥절했다. 그때만 해도 상태가 얼마나 심각한지 미처 알아차리지 못했다.

선생님과 함께 운동장을 지나고 언덕을 내려가 양호실로 향했다. 알 수 없는 손들이 내 옆에서 나를 붙잡고 일으켰다. 우리의 걸음은 느렸고, 꽤 많은 시간이 흘렀다. 이런 상황에서 일분일초가 얼마나 중요한지, 그때는 아무도 몰랐다. 양호실에 도착하자 양호 선생님이 몇 가지 질문을 했다.

"올해가 몇 년이지?"

"1998년이요."

실은 2002년이었다.

"지금 대통령이 누구지?"

"빌 클린턴이요."

대통령은 조지 W. 부시였다.

"어머니 성함이 뭐지?"

"아, 음."

잠시 생각이 멈췄다.

"패티."

무심코 입에서 한 이름이 튀어나왔다. 하지만 이걸 기억해내는 데 10초나 걸렸다는 사실은 깨닫지 못했다.

이것이 내가 기억하는 마지막 질문이다. 뇌가 빠르게 부풀어오르고 있었고, 앰뷸런스가 도착하기 전에 의식을 잃었다. 나는 학교에서 지역 병원으로 실려 갔다.

병원에 도착하고 얼마 지나지 않아 내 신체 기능은 정지하기 시작했다. 침을 삼키고 호흡하는 것 같은 기초적인 움직임도 힘들어졌다. 그리고 곧 심정지가 왔다. 내 호흡은 완전히 정지했다. 의사가 황급히 내게 인공호흡기를 씌웠다. 그리고 지역 병원에서 다룰 수 없는 환자라고 판단하고는 나를 신시너티의 큰 병원으로 보낼 헬리콥터를 불렀다.

나는 응급실 안에서 실려 나와 헬리콥터로 옮겨졌다. 환자 이송용 침대가 울퉁불퉁한 보도를 가로질러 가는 동안 간호사가 내 가슴을 손으로 누르며 심폐소생술을 계속했다. 막 병원에 도착한 어머니가 헬리콥터에 올라 내 옆에 앉았다. 어머니는 신시너티로 가는 내내 의식도 없고 자가 호흡도 불가능한 아들의 손을 꼭 쥐고 있었다. 아버지는 집에 가서 동생들에게 내 상황을 전했다. 그리고 여동생의 중학교 졸업식에 참석하지 못한다고 말했다. 쏟아지는 눈물을 참으며 아버지는 친척과 친구들에게 아이들을 부탁하고는 차를 몰고 신시너티로 향했다.

어머니와 나를 태운 헬리콥터가 병원 옥상에 착륙하자 스무 명은 족히 되는 의료진이 뛰어와서 나를 외상 센터로 옮겼다. 부풀어오른 뇌는 심각한 상태였고, 두부 손상으로 인한 외상성 심정지가 또 일어났다. 깨진 두개골을 접합해야 했지만 내 몸은 수술을 견딜 만한 상태가 아니었다. 그날 세 번째 심정지가 일어났고 나는 혼수상태에 빠졌다. 인공호흡기가 다시 씌워졌다.

부모님에게 이 병원은 낯선 곳이 아니었다. 10년 전 세 살 난 여동생이 소아백혈병 진단을 받았을 때도 이곳에서 치료받았다. 그때 나는 다섯 살이었고 남동생은 6개월이었다. 여동생은 2년 6개월 동안 화학요법과 요추천자, 골수생검 시술을 받고 완치되어 건강한 모습으로 병원에서 걸어 나왔다. 그 후로 10년째 여동생은 건강하게 지내고 있다. 그런데 이제 부모님은 다시 그 병원에 서 계신 것이었다. 이번에는 다른 아이를 데리고.

내가 혼수상태에 빠져 있는 동안 병원에서는 부모님에게 신부와 사회복지사를 보냈다. 여동생이 소아백혈병 진단을 받은 10년 전 그날 밤에 왔던 그 신부님이었다.

날은 빠르게 저물었다. 내 몸에 줄줄이 달린 기계들이 겨우 나의 숨을 붙들고 있었다. 부모님은 병상 침대에서 계속 뒤척이며 잠을 청했지만, 깜빡 잠이 들었다가도 곧 화들짝 놀라 깨어나곤 했다. 나중에 어머니는 그때 일을 떠올리며 이렇게 말했다.

"내 생애 최악의 밤이었어."

다행히도 다음 날 아침에 호흡이 돌아왔다. 의사들은 내가 곧 혼수상태에서 깨어날 거라며 부모님을 안심시켰다. 그들의 말처럼 나는 의식을 곧 되찾았다. 하지만 후각을 잃었다는 걸 깨달았고 바로 검사에 들어갔다. 간호사는 내게 코를 풀어보라고 하면서 사과 주스 팩을 열어 냄새를 맡아보게 했다. 후각은 돌아와 있었다. 그러나 코를 풀자 콧바람이 금이 간 눈구멍을 통과해 왼쪽 눈으로 나왔다. 눈꺼풀이 간신히 막아주어 안구가 바깥으로 튀어나오지 않았을 뿐, 콧바람에 시신경이 뇌까지 딸려 올라갔다.

안과 의사는 공기가 유입되면서 눈알이 조금씩 안쪽으로 들어갈 거라고 말했지만 그게 얼마나 걸릴지는 장담하지 못했다. 일주일 뒤로 수술 일정이 잡혔고, 그동안 추가적으로 몇 가지 치료를 받았다. 마치 격렬한 권투 시합으로 만신창이가 된 것 같았지만 얼마 지나지 않아 퇴원하는 날이 되었다. 나는 코가 부러지고, 얼굴 뼈에 수십 개의 금이 갔으며, 왼쪽 눈은 튀어나온 채 집으로 돌아갔다.

이후 한 달 동안 무척이나 힘이 들었다. 인생의 모든 것이 정지된 기분이었다. 몇 주 동안은 초점이 겹쳐 보였는데 어떤 물건도 똑바로 보이지 않았다. 한 달 이상 그런 상태가 이어지다가 눈알은 제자리를 찾아 돌아갔다.

하지만 다시 차를 몰 수 있게 되기까지는 8개월이 걸렸고, 그동안 경련과 시야 문제가 계속 발생했다. 물리치료를 받으면서 똑바로 걷기 같은 기초 운동을 반복해야 했다. 나는 우울해하지 않겠다고 마음먹었지만 종종 침울해지고 낙담했다.

1년 후 야구장으로 돌아갔을 때, 나는 내가 얼마나 그곳에서 멀어져버렸는지 깨달았다. 고통이 몰려왔다. 그때까지 내 인생에서 가장 중요한 것은 야구였다. 아버지는 세인트루이스 카디널스의 마이너리그 선수였다. 내 꿈도 아버지와 같은 프로 야구 선수가 되는 것이었다. 나는 몇 달 동안 재활 훈련을 하면서 다시 야구장으로 돌아가기를 간절히 바랐다.

하지만 야구장 복귀는 순탄치 않았다. 시즌 중이었고, 나는 1군에서 제외된 2군 선수였다. 2군 팀에서도 후보로 밀려났다. 나는 네 살

때 야구를 시작했다. 모든 일이 그렇지만, 특히 스포츠 분야에서 많은 시간과 노력을 투자한 선수가 후보로 밀려난 것은 큰 굴욕이다. 그날이 생생하게 기억났다. 나는 차 안에 앉아 펑펑 울면서 미친 듯이 라디오 채널을 돌려댔다.

절망으로 1년을 보낸 뒤 3학년이 되어 가까스로 1군에 들어갔지만 후보 선수였기 때문에 경기는 거의 뛰지 못했다. 그럼에도 여전히 내가 위대한 선수가 될 수 있다고, 상황이 나아진다면 더 많은 것을 할 수 있을 거라고 믿었다.

부상을 당하고 나서 2년 후, 터닝 포인트가 찾아왔다. 고등학교 졸업 후 데니슨 대학교에 들어갔고 그곳에서 새로운 삶이 시작되었다. 이때 알게 되었다. 아주 작은 습관들이 모이면 얼마나 놀라운 힘을 발휘하는지 말이다.

인생의 나락에서 빠져나오다

데니슨 대학교에 들어간 건 인생에서 가장 잘한 결정이었다. 비록 신입생으로 선수 명단 제일 끄트머리에 이름을 올렸을 뿐이지만, 어쨌거나 야구팀에 들어갔고 너무나 기뻤다. 고교 시절은 엉망이었지만 나는 그토록 바라던 대학 선수가 되었다.

곧바로 야구팀에서 활동하진 않았기에 먼저 내 인생을 정돈하는 데 집중했다. 동기들이 늦은 밤까지 비디오게임이나 하는 동안 나는 매일 밤 일찍 잠자리에 드는 수면 습관을 들였다. 또 대학 기숙사란 너저분하기 마련이지만, 내 방을 깨끗이 치우고 깔끔하게 정리했다. 정말 별것 아닌 일이었다. 그런데 이 작은 습관들은 스스로 인생을 관리하고 있다는 느낌을 주었다. 나는 자신감을 되찾아나갔다. 스스로에 대한 신뢰가 쌓이자 수업 태도도 달라졌고, 1학년 내내 전부 A 학점을 받았다.

습관은 꾸준히 형성되는 규칙적인 일(또는 행동)로서 대개 자동적으로 이뤄진다. 한 학기, 한 학기가 시작될 때마다 나는 사소한 습관들을 꾸준히 늘려나갔고, 이것은 처음 시작할 때는 상상도 못 한 결과들을 이끌어냈다. 예를 들면 난생처음 일주일에 수차례 웨이트 운동을 하는 습관을 들였는데, 193센티미터에 77킬로그램이었던 나는 이듬해 90킬로그램의 탄탄한 근육질 몸이 되었다.

변화는 천천히 이어졌다. 대학교 2학년 때는 투수진에 들어갔다. 그리고 3학년까지 팀 주장이었고 시즌 마지막에는 모든 연맹팀에 선발되었다. 수면 습관, 공부 습관, 근력 훈련 습관이 최대치로 성과를 올린 것은 4학년 때였다. 야구 방망이에 맞아 혼수상태에 빠진 지 6년 후, 나는 데니슨 대학교 최고의 남자 선수로 선정되었고 ESPN 전미대학 대표선수로 지명되었다. 전국에서 단 33명만이 뽑히는 영광스러운 자리였다. 그리고 8개 분야에서 최우수 성적을 받고, 최우수 졸업생에게 수여되는 학장 메달을 수상하며 대학을 졸업했다.

너무 내 자랑만 하고 있는 것 같지만, 너그러이 이해해주길 바란다. 솔직히 말해서 나는 운동선수로서는 대단한 업적을 세우지는 못했고, 프로 선수가 되지도 못했다. 하지만 그 시기 내가 지극히 어려운 일을 해낸 것만은 분명하다. 바로 내가 갖고 있던 잠재력을 몽땅 발휘한 것이다. 그리고 이 책이 당신의 잠재력도 모두 발휘할 수 있게 도와주리라고 믿는다.

살다 보면 누구나 도전적인 순간들에 직면한다. 내게는 고교 시절의 사고가 그랬다. 그 일은 내 삶에 중대한 교훈을 주었다. 더 이상 아무것도 할 수 없을 것 같았던 그때, 조금씩 시도한 아주 작은 일들이 나를 바꾸었다. 사소하고 별것 아닌 일이라도 몇 년 동안 꾸준히 해나가면 정말로 놀랄 만한 결과가 나타난다.

우리 모두 인생에서 불행을 겪지만[1] 장기적으로 볼 때 인생은 대개 습관으로 결정되곤 한다. 모두 똑같은 습관을 가지고 있다면 누구라도 똑같은 결과밖에 나오지 않는다. 하지만 다른 사람들보다 더 좋은 습관을 가지고 있다면 더 좋은 결과를 만들어낼 수 있다.

물론 하루아침에 믿기지 않는 성공을 거둔 사람들도 있을 것이다. 하지만 적어도 내 주변에는 그런 사람이 없다. 나 역시 그런 사람이 아니다. 혼수상태에 빠진 날부터 전미대학 대표선수에 선출될 때까지 단 한순간도 극적인 전환점이란 없었다. 오랜 시간 수많은 순간들이 지금의 나를 있게 한 전환점이었다. 자잘한 승리들과 사소한 돌파구들이 모여서 점진적인 발전이 이뤄졌다.

내가 진일보하게 된 단 한 가지 방법이자 내가 선택한 유일한 방법은 작은 일에서 시작한다는 것이다. 이후 내 사업을 시작하고, 이 책을 쓰기까지도 내 전략은 한결같았다.

놀랍고도 엄청난 변화들

2012년 11월, 나는 내 개인 블로그 제임스클리어닷컴jamesclear.com에 글을 올리기 시작했다. 수년 동안 메모해둔 습관에 관한 경험들을 대중과 공유했다. 글은 매주 월요일과 목요일에 올렸고, 꾸준히 글을 올리자 몇 달 지나지 않아 1,000여 명의 뉴스레터 구독자가 생겼다. 2013년 무렵에는 그 수가 3만 명 이상으로 늘어났고, 2014년에는 10만 명을 넘어섰다.

내 글은 온라인에서 가장 빠르게 성장하는 뉴스레터 중 하나가 되었다. 2년 전 처음 시작했을 때만 해도 마치 사기꾼이라도 된 것 같은 기분이었지만 이제 사람들은 나를 '습관 전문가'라고 부른다. 이 새로운 이름표는 흥분과 동시에 불편함도 안겨주었다. 이 분야에 대해 스스로 전문가라고 생각해본 적이 없기 때문이다. 오히려 독자들과 함께 경험해나가는 중이다.

2015년 뉴스레터 구독자 수는 20만 명에 이르렀다. 그리고 미국의 손꼽히는 출판사 펭귄랜덤하우스와 이 책을 계약했다. 독자들이 늘어나면서 이런저런 사업 기회도 많아졌다. 페이스북, 구글 등 유수의 회사들로부터 과학적인 습관 형성과 행동 변화, 지속적인 성장과 발전에 관한 강연을 해달라는 요청을 받았고, 미국과 유럽의 콘퍼런스에서 주요 연사로 초청받기도 했다.

2016년에는 《타임》, 《안트러프러너》Entrepreneur, 《포브스》 같은 주요 매체에 정기적으로 기고하기 시작했다. 믿을 수 없게도 같은 해에만

800만 명의 독자들이 내 글을 읽었다. NFL, NBA, MLB의 코치들은 내 글을 팀원들과 공유했다.

다양한 경험과 노하우를 한데 모아 2017년 초 나는 습관 아카데미habitsacademy.com를 설립했다. 그리고 일과 생활에서 더 나은 습관을 형성하고자 하는 조직 및 개인을 위한 첫 번째 훈련 프로그램을 개발했다. 《포춘》 선정 500대 기업, 떠오르는 스타트업 운영자들이 이 프로그램에 등록하고 직원들을 교육시키고 있다. 약 1만 명 이상의 운영자, 관리자, 코치, 교사가 습관 아카데미를 거쳐 갔고, 이들과 함께 한 작업은 일상에서 습관을 형성하는 일에 대해 내게도 엄청나게 많은 가르침을 주었다.

2019년 현재 제임스클리어닷컴에는 월 100만 명 이상이 방문했고, 주간 뉴스레터를 50만여 명이 구독하고 있다. 처음 글을 올리기 시작했을 때는 상상도 하지 못했던 숫자다.

기업가이자 투자가인 나발 라비칸트Naval Ravikant는 이렇게 말했다.[2] "위대한 책을 쓰고 싶다면 자신이 먼저 그 책이 되어야 한다." 나 역시 이 책에서 언급한 내용대로 생활했다. 부상에서 회복되고, 체육관에서 몸을 단련하고, 운동장에서 높은 수준의 경기력을 보이고, 작가가 되고, 사업에 성공하고, 책임감 있는 어른이 된 것은 다 작은 습관들 덕분이었다. 작은 습관들이 내 재능을 실현하는 데 도움을 주었다. 아마 당신도 이 책을 집어 든 순간부터 그렇게 될 것이다.

이 책은 더 나은 습관을 세우는 계획에 대해 단계별로 소개한다. 며칠이나 몇 주가 아니라 평생 지속하는 습관에 관한 것이다. 내 글은 모두 과학적 근거에 기반해 쓰였지만 이 책은 학술 조사 연구서가 아니라 실행 매뉴얼이다. 누구나 쉽게 이해하고 적용할 수 있는 방식으로 습관을 세우고 삶을 변화시키는 과학적인 방법을 설명할 것이다. 이는 가장 중요한 지혜이자 실용적인 조언이다.

내가 전할 이야기는 수년간 쌓아온 생물학, 뇌과학, 철학, 심리학, 그 밖의 다양한 학문들에 바탕을 두고 있다. 오래전 위대한 인물들이 생각해낸 최고의 생각들과 최근 과학자들이 밝혀낸 가장 주목할 만한 발견들을 종합한 것이다.

이를 통해 가장 중요한 생각들이 무엇인지 알아내고, 이를 연결해 최선의 행동을 이끌어내길 바란다. 여기 소개한 지혜들 중 어떤 것들은 나보다 훨씬 더 전문적으로 알고 있는 사람들도 많을 것이다. 또 어떤 것은 바보같이 느껴질 수도 있다. 그건 내 잘못이다.

이 책은 크게 '신호cue, 열망craving, 반응response, 보상reward'이라는 네 가지 습관 모델과, 이를 발전시킨 네 가지 행동 변화 법칙으로 이뤄져 있다. 심리학에 대해 좀 아는 독자라면 이 용어들이 조작적 조건 형성operant conditioning 이론에서 나왔음을 알아챌 것이다. 1930년대에 스키너B. F. Skinner가 '자극stimulus, 반응response, 보상reward'[3]으로 제시한 이 이론은 찰스 두히그가 《습관의 힘》에서 '신호cue, 반복 행동routine, 보상reward'[4]으로 대중화한 바 있다.

스키너를 비롯해 행동과학자들은 인간에게 적절한 보상을 제공하거나 처벌을 가하면 특정한 방식으로 행동하게 할 수 있다는 사실을 발견했다. 스키너의 모델은 외부의 자극이 습관에 어떻게 영향을 미치는지는 훌륭하게 설명하지만 우리 안의 생각, 감정, 믿음이 행동에 어떻게 영향을 미치는지는 설명하지 못한다. 사실 기분이나 감정 같은 내적 상태는 매우 중요하며, 최근 과학자들은 생각, 감정, 행동 사이의 연관관계를 밝혀내기 시작했다. 이런 연구들 역시 이 책 전체에 걸쳐 다루었다.

전체적으로 내가 제시하는 관점은 인지과학 및 행동과학을 통합한 모델이다. 습관과 관련해 외부의 자극과 내적 감정, 두 가지를 적절하게 설명한 최초의 행동 모델 중 하나라고 생각한다. 몇몇 용어는 익숙한 것일 수도 있겠지만 그 내용, 즉 네 가지 행동 변화 법칙만큼은 습관에 관한 새로운 관점을 제시하리라고 자부한다.

인간의 행동은 상황에 따라 순간순간, 매분 매초 변화한다. 하지만 이 책은 '변화하지 않는 것'에 관한 책이다. 인간 행동의 근간을 이야기하며, 매년 의지할 수 있는 최후의 방법이자 우리의 사업, 가족, 삶을 더 풍요롭게 만들 수 있는 개념들이다.

더 나은 습관을 만드는 단 한 가지의 올바른 방법이란 없다. 하지만 나는 내가 알고 있는 최선의 방식을 설명할 것이다. 이 접근법은 어디서 시작하든, 무엇을 변화시키려고 애쓰든 관계없이 효과적이다. 그리고 이 책에 제시된 전략들은 단계적이고 체계적인 자기계발 방법을 찾는 이들에게 적합하다. 목표가 건강이든 돈이든, 인간관계든 생산성이든 상관없다. 인간의 행동과 관련된 것이라면 이 책은 당신의 더 나은 삶을 위한 안내서가 될 것이다.

Contents

Part 6 | 최고의 습관은 어떻게 만들어지는가

Part 1

아주 작은 습관이 만드는 극적인 변화

평범했던 선수들은 어떻게 세계 최고가 되었을까

2003년의 어느 날, 영국의 사이클 협회 브리티시 사이클링British Cycling의 운명이 바뀌었다. 당시 조직위원회는 데이브 브레일스퍼드를 새 감독으로 영입했는데, 그전까지 무려 100년 동안 영국의 프로 사이클 선수들은 평범한 수준이었다.

1908년 이후 영국은 올림픽에서 금메달을 단 한 개 땄을 뿐이며,[1] 가장 큰 사이클 대회인 투르 드 프랑스에서는 110년 동안 한 번도 우승하지 못했다.[2] 심지어 유럽 최고의 사이클 제조업체 한 곳은 영국 선수들에게 사이클을 판매하는 것조차 거부했다.[3] 혹시라도 영국 선수들이 자사 장비를 사용하는 걸 다른 나라 선수들이 볼지 모른다는 우려에서였다.

이런 상황에서 새로 감독으로 부임한 브레일스퍼드는 예전 감독들과는 다른 전략을 구사해야만 했다. 그는 이 전략을 '사소한 성과들의 총합'이라고 불렀다. 이것은 모든 일에서 아주 미세한 발전을 추구한다는 의미다. "당신이 사이클을 탈 때 할 수 있는 모든 일을 다 잘게 쪼개서 생각해보고 딱 1퍼센트만 개선해보라. 그것들이 모이면 상당한 발전이 이뤄질 것이다. 내 전략의 전반적인 원칙은 바로 이런 관점에 따라 세워졌다."[4]

브레일스퍼드와 코치들은 그들의 사이클링 팀에 적용할 수 있는 아주 작은 일들부터 하나씩 바꿔나갔다.[5] 사이클 안장을 보다 편안하게 디자인하고, 타이어는 접지력을 높이기 위해 알코올로 닦았다. 선수들에게는 전기로 체온을 올리는 오버쇼츠를 입혀 사이클을 타는 동안 이상적인 근육 온도를 유지하게 했고, 몸에 생체감지 센서들을 부착해 운동할 때 어떤 상황에서 어떤 생체적 반응이 일어나는지 파악했다. 선수들은 바람 부는 터널에서 다양한 소재의 옷을 입고 달렸으며, 실외에서 연습할 때는 더 가볍고 공기역학적으로 디자인된 선수복으로 바꿔 입었다.

또한 브레일스퍼드는 신경 쓰지 않았던 부분에서 1퍼센트를 개선하고자 노력했다. 예를 들면 어떤 마사지 젤이 가장 빨리 근육을 회복시키는지 직접 테스트했으며, 외과 의사를 고용해 각 선수들마다 가장 적합한 손 씻기 방법을 가르쳐 감기에 걸릴 확률을 낮추기도 했다. 각각의 선수들이 어떤 베개와 매트리스를 사용했을 때 숙면하는지도 일일이 파악했다. 심지어 팀 트럭 내부를 흰색으로 칠하기도 했

는데, 먼지들이 경기 전 세밀하게 조정된 사이클들에 들어가지 않도록 잘 보이게 칠한 것이었다.[6]

이런 사소한 조정들을 거친 결과는 상상 이상으로 빠르게 나타났다. 브레일스퍼드가 영입된 지 겨우 5년 만에 브리티시 사이클링 팀은 2008년 베이징 올림픽의 도로 사이클 및 트랙 사이클 경기에서 압도적인 경기력을 보였다.[7] 전 종목을 통틀어 60퍼센트의 금메달을 석권한 것이다. 4년 후 런던 올림픽에서는 아홉 개의 올림픽 신기록과 일곱 개의 세계 신기록을 경신했다.[8] 그리고 그해 브래들리 위긴스가 영국 사이클 역사상 최초로 투르 드 프랑스에서 우승했다.[9] 그다음 해부터 2015년, 2016년, 2017년까지는 같은 팀 소속 크리스토퍼 프룸이 우승을 거머쥐면서[10] 영국 팀은 6년간 투르 드 프랑스에서 다섯 번 우승하는 기염을 토했다.

2007~2017년까지 10년 동안 영국 사이클 선수들은 세계선수권대회에서 178개의 메달을, 올림픽과 패럴림픽에서 66개의 금메달을, 투르 드 프랑스에서 다섯 번 우승을 따냈다.[11] 협회는 사이클 역사상 가장 성공적인 운영을 했다고 평가받았다.*

어떻게 이런 일이 일어난 걸까? 평범했던 선수들이 어떻게 세계 최고의 선수들로 다시 태어난 걸까? 대단치 않아 보이는 차이들이 어떻게 최고의 성과로 이어진 걸까? 사소하고 작은 발전들은 어떻게 이토

* 이 책이 나올 무렵 브리티시 사이클링 팀에 대한 새로운 소식을 들었는데 이에 대해서는 atomichabits.com/cycling을 참고하라.

록 눈에 띄는 결과를 만들어내는 걸까? 그리고 우리는 이것을 삶에 어떻게 적용할 수 있을까?

매일 1퍼센트씩 달라졌을 뿐인데

어떤 중요한 순간은 과대평가되는 반면, 매일의 사소한 진전들은 과소평가되기 쉽다. 흔히 우리는 대단한 행위가 있어야만 성공할 수 있다고 확신한다. 살을 빼고, 회사를 설립하고, 책을 쓰고, 챔피언십을 따내는 등 어떤 목표들을 이루려면 어마어마한 개선이 있어야 한다고 생각하며 자신을 압박한다.

1퍼센트의 성장은 눈에 띄지 않는다. 가끔은 전혀 알아차리지 못할 때도 있다. 하지만 이는 무척이나 의미 있는 일이다. 특히 장기적인 관점에서는 더욱 그렇다. 지극히 작은 발전은 시간이 흐르면 믿지 못할 만큼 큰 차이로 나타날 수 있다.

수학적으로 생각해보자. 1년 동안 매일 1퍼센트씩 성장한다면 나중에는 처음 그 일을 했을 때보다 37배 더 나아져 있을 것이다.[12] 반대로 1년 동안 매일 1퍼센트씩 퇴보한다면 그 능력은 거의 제로가 되어 있을 것이다. 처음에는 작은 성과나 후퇴였을지라도 나중에는 엄청난 성과나 후퇴로 나타난다.

습관은 복리로 작용한다.[13] 돈이 복리로 불어나듯이 습관도 반복되면서 그 결과가 곱절로 불어난다. 어느 날 어느 순간에는 아주 작은

매일 1퍼센트씩 성장할 경우 어떤 변화가 일어나는가

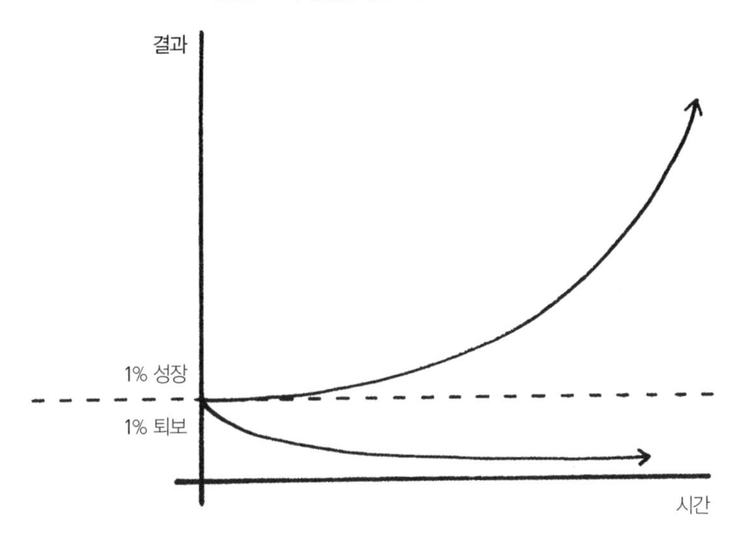

○ 작은 습관들의 영향은 시간이 지날수록 커진다. 매일 1퍼센트씩 나아진다면 1년 후에는 약 37배 성장해 있을 것이다.

차이여도, 몇 달 몇 년이 지나면 그 영향력은 어마어마해질 수 있다. 2년, 5년, 10년 후를 생각해보라. 좋은 습관의 힘과 나쁜 습관의 대가는 현저한 차이를 드러낼 것이다.

그러나 매일 이것을 느끼고 감사하기엔 어려울 수도 있다. 우리는 작은 변화들을 무시한다. 그 순간에는 그리 중요하게 보이지 않기 때문이다.

지금 당장 돈을 조금 아낀다고 해서 백만장자가 되지는 않는다. 사흘 연속 체육관에 가도 멋진 몸이 만들어지진 않는다. 오늘 밤 한 시간 동안 중국어를 공부해도 중국어로 말하진 못한다. 그저 아주 작은 변화가 있을 뿐, 그 결과는 당장 눈에 보이지 않는다. 그렇다 보니 우리는 쉽게 이전의 일상으로 돌아간다.

불행히도 변화는 느리게 일어난다. 우리는 곧 나쁜 습관으로 돌아간다. 오늘 정크푸드를 먹었다 해도 체중계 바늘이 바뀌진 않는다. 오늘 밤늦게까지 일하고 가족을 소홀히 한다 해도 가족은 우리를 이해해준다. 오늘 할 일을 내일로 미뤄도 대개는 제시간에 끝마치게 된다. 결심은 잊히기 쉽다.

하지만 좋지 못한 결심들, 사소한 실수들, 작은 변명들을 매일같이 반복하면서 1퍼센트씩 잘못을 계속해나가면 이 작은 선택들은 해로운 결과들을 켜켜이 쌓아간다. 잘못 내디딘 한 발자국, 지금 1퍼센트의 퇴보가 조금씩 쌓여 결과적으로 문제가 발생한다.

습관이 가져오는 변화는 비행기 경로가 몇 도 바뀌는 것과 같다. 로스앤젤레스에서 뉴욕으로 비행한다고 생각해보자. 로스앤젤레스 공항을 출발한 조종사가 남쪽으로 단 3.5도만 경로를 조정해도 우리는 뉴욕이 아니라 워싱턴 D.C.에 착륙하게 된다. 비행기 앞머리가 단 몇 미터 움직이는 것처럼 작은 변화라 해도, 미국 전체를 가로질러 간다고 하면 결국 수백 킬로미터 떨어진 곳에 도달하는 것이다.*

---

* 한번 계산해보자. 워싱턴 D.C.는 뉴욕에서 362킬로미터 정도 거리에 있다. 에어버스 A380이나 보잉747을 탔고, 이 비행기 앞머리가 약 2미터 정도 방향이 틀어져 로스앤젤레스를 떠날 때 경로가 3.5도 바뀌었다고 가정해보자. 방향이 아주 조금 바뀌었지만 결과적으로는 완전히 다른 곳에 도착한다.

일상의 습관들이 아주 조금만 바뀌어도 우리의 인생은 전혀 다른 곳으로 나아갈 수 있다. 1퍼센트 나아지거나 나빠지는 건 그 순간에는 큰 의미가 없어 보이지만 그런 순간들이 평생 쌓여 모인다면 이는 내가 어떤 사람이 되어 있을지, 어떤 사람이 될 수 있을지의 차이를 결정하게 된다. 성공은 일상적인 습관의 결과다. 우리의 삶은 한순간의 변화로 만들어지는 것이 아니다.

지금 당장 어떤 방법이 성공적이든 성공적이지 않든 그것이 중요하진 않다. 중요한 건 우리가 가지고 있는 습관이 성공으로 가는 경로에 있느냐는 것이다. 현재 일어난 결과보다 지금 어디에 서 있느냐가 훨씬 더 중요하다.

백만장자라 해도 매달 버는 것보다 쓰는 게 더 많다면 나쁜 궤도에 있는 셈이다. 습관을 바꾸려고 노력하지 않는다면 결과는 좋게 나오지 않는다. 반대로 지금 파산했다 해도 매달 조금씩 저축하고 있다면 경제적 자립으로 가는 길 위에 서 있는 것이다. 비록 자신이 바라는 것보다 훨씬 느릴지라도 말이다.

결과는 그동안의 습관이 쌓인 것이다. 순자산은 그동안의 경제적 습관이 쌓인 결과다. 몸무게는 그동안의 식습관이 쌓인 결과이고, 지식은 그동안의 학습 습관이 쌓인 결과다. 방 안의 잡동사니들은 그동안의 청소 습관이 쌓인 결과다. 우리는 우리가 반복해서 했던 일의 결과를 얻는다.

자신의 인생이 어디로 갈지 궁금한가? 자잘한 발전과 퇴보를 그래프로 그려보고 매일의 선택이 10년, 20년 후를 어떻게 그려나가는지

긍정적인 습관	부정적인 습관
생산성을 높인다 한 가지 일을 더 잘하게 되는 것은 자신의 커리어에서 대단히 중요한 일이다.[14] 이때 기존의 업무를 자동적으로 처리하거나 새로운 기술을 습득하면 다른 작은 성공을 이루는 데 큰 도움이 된다. 고민 없이 자동적으로 처리할 수 있는 일이 늘어날수록[15] 뇌는 다른 영역에 관심을 줄 수 있는 여유가 생긴다.	스트레스가 쌓인다 교통 체증으로 인한 스트레스, 양육의 중압감, 생계 걱정, 고혈압에 대한 우려같이 일반적인 스트레스 유발 요인들은 평소에 감당할 수 있는 것들이다. 하지만 이런 작은 스트레스들이 수년간 쌓이면 건강에 심각한 문제가 생길 수 있다.
지식을 쌓는다 새로운 개념 하나를 배운다고 당장 천재가 되진 않지만, 공부를 꾸준히 하는 것은 변화를 가져올 수 있다. 우리가 읽는 책 한 권, 한 권은[16] 새로운 지식을 알려줄 뿐만 아니라 과거의 생각들을 새롭게 볼 수 있는 다른 시각을 열어준다. 워런 버핏은 말했다. "지식은 복리로 쌓인다."	부정적인 생각에 빠진다 스스로를 가치 없고, 어리석고, 못생겼다고 생각할수록 자신의 인생 역시 그런 방향으로 길들이게 된다. 생각의 함정에 빠지는 것이다. 다른 사람들에 대해 생각하는 방식도 마찬가지다. 사람들은 원래 불공정하다거나 이기적이라고 생각하는 편견에 빠지면 어디서나 그런 사람들을 만나게 된다.
더 나은 관계를 맺는다 우리가 다른 사람들에게 한 행동은 그대로 자신에게 돌아온다. 우리가 도움을 주고 살수록 우리에게 도움을 주고 싶어 하는 사람도 늘어난다. 한 사람, 한 사람과 좀 더 나은 관계를 형성한다면 시간이 지남에 따라 인맥이 넓어지고 더 끈끈한 유대 관계를 맺을 수 있다.	분노를 터뜨린다 폭동, 시위, 대규모 집회 등은 단일한 사건으로 유발되는 경우가 거의 없다. 장기간에 걸쳐 벌어진 사소한 차별들이 서서히 증폭되다가 결국에는 지푸라기 하나로 분노가 들불처럼 번질 수 있다.

○ 천천히 쌓인 습관은 우리에게 도움이 될 수도, 우리를 좌절시킬 수도 있다.

확인해보라. 당신은 매달 버는 것보다 덜 쓰는가? 매주 체육관에 가는가? 매일 책을 읽거나 새로운 것을 배우고 있는가? 이런 작은 분투가 우리의 미래를 규정한다.

시간은 성공과 실패 사이의 간격을 벌려놓는다. 우리가 어디에 시간을 들였든 그것은 복리로 증가한다. 좋은 습관은 시간을 내 편으로 만들지만 나쁜 습관은 시간을 적으로 만든다. 습관은 양날의 검이다.[17] 좋은 습관은 우리를 성장시키지만 나쁜 습관은 우리를 쓰러뜨린다. 그래서 매일 하는 일들 하나하나가 중요하다. 습관이 어떻게 작용하고, 또 어떻게 해야 우리가 좋아하는 것들로 삶을 채워나갈 수 있는지 알아야 위험한 칼날을 피할 수 있다.

낙담의 골짜기를 견뎌라

지금 앞에 있는 테이블에 얼음덩어리가 하나 있다고 해보자. 숨을 내쉬면 하얀 김이 보일 정도로 방은 춥다. 현재는 영하 4도 정도지만 방은 서서히 따듯해지고 있다.

영하 4도.

영하 3도.

영하 2도.

아직 테이블에는 얼음덩어리가 있다.

영하 1도.

여전히 아무 일도 일어나지 않는다.

0도가 된다. 얼음이 녹기 시작한다. 온도는 그전까지도 계속 올랐지만 변화가 없어 보였다. 그러나 영하 1도에서 1도가 더 오르자 거대한 변화가 나타나기 시작한다.

이처럼 중대한 돌파구의 순간이란 대개 이전의 수많은 행위들이 쌓이고 쌓인 결과다. 이런 것들이 잠재돼 있던 힘을 발휘해 주요 변화를 일으킨다. 이런 패턴은 어디서나 나타난다. 암 종양은 80퍼센트 성장할 때까지 발견되지 않고 퍼져나가다가 한 달 만에 신체 전체를 점령한다.[18] 대나무는 처음 5년간 땅속 광범위한 지역에 걸쳐 뿌리를 내리는 동안에는 거의 눈에 띄지 않지만 이후 6주 만에 지상 30미터 높이로 자라난다.

습관 역시 대부분 중대한 한계점에 도달해서 새로운 성과를 보이기 전까지는 아무 차이가 없는 것처럼 보인다. 과정 초기와 중기에는 이른바 '낙담의 골짜기'가 존재한다. 우리는 발전이 직선적으로 나타나리라 기대하지만 처음의 며칠, 몇 주, 심지어 몇 달 동안은 별 효용 없는 변화들만 보여 낙심한다. 뭔가 해낼 수 있다고 느껴지지 않고, 계속해서 과정들이 축적되고 있음에도 결과는 아직 저 멀리에 있다.

꾸준한 습관을 세우기 어려운 이유는 여럿 있지만 이런 과정의 어려움도 그중 하나다. 변화는 극히 작고 눈에 보이는 결과는 없으니 쉽게 그만두는 것이다. 보통 우리는 '한 달 동안 매일 달리기를 했는데 왜 몸에 변화가 없지?'라고 생각한다. 한번 이런 생각이 들면 좋은 습관을 한쪽으로 밀어버리기 쉽다. 하지만 의미 있는 차이를 만들어내고 싶다면 정체기, 그러니까 여기서 '잠재력 잠복기'라고 부르는 기간을 돌파할 때까지 습관을 유지해야 한다.

좋은 습관을 세우느라, 또는 나쁜 습관을 버리느라 고군분투하고 있다면 이는 진전이 없는 게 아니라 아직 잠재력 잠복기를 넘어서지 못한 것일 뿐이다. 열심히 하는데 성과가 없다고 불평하는 건 온도가 영하 4도에서 영하 1도까지 올라가는 동안 왜 얼음이 녹지 않느냐고 불평하는 것과 같다. 노력은 결코 헛되지 않다. 쌓이고 있다. 모든 일은 0도가 되어야 일어난다.

마침내 잠재력 잠복기를 돌파하고 나면 모르는 사람들은 하룻밤 사이에 성공했다고 말할 것이다. 세상은 그 모든 과정이 아니라 가장 극적인 사건만 본다. 하지만 자신은 얼마나 오랫동안 그 일을 해왔는지 안다. 한 발자국도 나아가지 못한 것 같을 때도 계속 밀어붙여서 결국에는 오늘이 만들어졌음을 안다.

이는 지각변동에도 비유할 수 있다. 두 개의 지질 판이 수백 년간 서서히 맞비벼지면서 충돌 위험도 서서히 쌓여간다. 그러다 어느 날 수년간 일어났던 것과 똑같은 일이 한 번 더 일어나는데, 이때 어마어마한 충돌이 일어난다. 지진이 발생하는 것이다. 변화는 수년에 걸쳐 진행되다가 어느 한순간 일어난다.

무엇이든 숙련되기까지는 인내심이 필요하다. NBA 역사상 가장 성공한 팀이었던 샌안토니오 스퍼스는 라커룸에 사회개혁가 야콥 리스Jacob Riis의 말을 걸어두었다.[19] "세상이 날 외면했다고 여겨질 때 나는 석공을 찾아간다. 석공이 100번 망치를 내리치지만 돌에는 금조

잠재력 잠복기를 돌파하기까지 발전의 양상

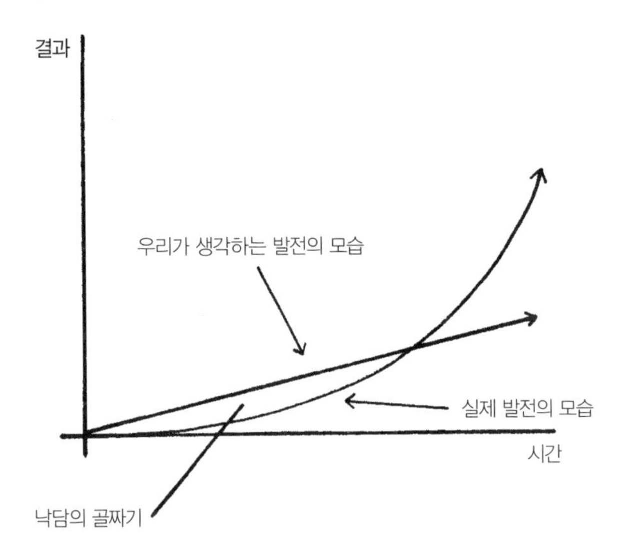

○ 우리는 종종 발전이 직선적으로 나타나리라고 기대한다. 빨리 그 결과가 나타나길 바라지만 현실에서 노력의 결과는 다소 늦게 나타난다. 몇 달이나 몇 년 후까지도 자신이 했던 일들의 진정한 가치를 깨닫지 못할 수도 있다. 몇 주나 몇 달 동안 어떤 결과도 없이 힘들게 노력만 하면 낙심한다. '낙담의 골짜기'에 빠지는 것이다. 하지만 그동안 해놓은 일은 헛되지 않다. 그것은 잘 축적되어 있다. 머지않아 그동안 해온 노력들이 그 가치를 모두 드러낼 것이다.[20]

차 가지 않는다. 101번째 내리치자 돌이 둘로 갈라진다. 나는 그 마지막 타격으로 돌이 갈라진 게 아님을 알고 있다. 그건 그전에 계속 내리친 일들의 결과다."

거대한 사건은 모두 작은 시작에서 비롯된다. 습관이라는 씨앗 각각은 하나의 사소한 결정이다.[21] 하지만 이런 결정이 반복되면 습관의 씨앗은 싹을 틔우고 튼튼하게 자라난다. 뿌리가 스스로 자리를 잡고 가지가 뻗어나온다. 나쁜 습관을 깨부수는 작업은 우리들 내부에 박힌 단단한 오크나무를 뿌리째 뽑는 일과 같다. 좋은 습관을 세우는 작업은 하루 한 번 섬세한 꽃을 피우는 일과 같다.

잠재력 잠복기에서 살아남고, 그것을 돌파할 수 있을 만큼 오랜 시간 동안 습관을 유지하게 해주는 것은 무엇일까? 왜 누군가는 원치 않는 습관들로 되돌아가고, 누군가는 좋은 습관들을 계속해서 그 결과를 누릴 수 있는 것일까?

목표 따윈 쓰레기통에 던져버리기

흔히 몸매를 가꾸든, 회사를 운영하든, 걱정을 덜하고 더욱 편안하게 지내는 것이든 원하는 것을 얻으려면 구체적이고 실행 가능한 목표를 세워야 한다고 말한다.

나 역시 습관에 대해 오랫동안 이런 관점에서 접근했다. 습관 하나하나는 곧 도달해야 할 구체적인 목표였다. 원하는 학교 성적, 체육관에서 들고자 하는 역기 무게, 사업을 해서 얼마를 벌어야 하는지를 목표로 설정했다. 하지만 그런 목표들 중에서 성공한 것은 극히 일부였고 대부분 실패했다. 나는 내가 얻어낸 결과들이 처음에 세웠던 목표와는 거의 관계가 없고, 사실 모든 것은 시스템에 달려 있다는 것을 깨달았다.

시스템과 목표의 차이는 무엇일까? 만화 《딜버트》Dilbert의 작가 스콧 애덤스Scott Adams의 표현에 따르면 목표는 우리가 얻어내고자 하는 결과이며, 시스템은 그 결과로 이끄는 과정이다.

- 감독의 목표는 챔피언십을 획득하는 것이다. 그렇다면 시스템은 선수들을 선발하는 방식, 코치들을 다루는 방식, 실행하는 방식이다.
- 기업가의 목표는 수백만 달러짜리 사업을 세우는 것이다. 그렇다면 시스템은 제품이나 서비스에 대한 아이디어를 테스트하는 법, 직원을 고용하는 법, 마케팅 캠페인을 하는 법이다.
- 악기 연주자의 목표는 새로운 곡을 연주하는 것이다. 그렇다면 시스템은 '몇 번 연습할 것인가, 어떻게 틀을 깨고 다른 방식으로 연주할 것인가, 배운 내용을 어떻게 나만의 것으로 소화할 것인가'가 된다.

자, 이제 흥미로운 질문을 해보자. 목표를 완전히 무시하고 오직 시스템에만 집중한다면 그래도 성공할까? 예를 들어 당신이 야구 코치인데 챔피언십을 획득하겠다는 목표를 생각지 않고 팀이 매일 어떻게 연습할 것인지에만 집중한다면 그래도 결과를 낼 수 있을까?

나는 '그렇다'고 생각한다.

어떤 스포츠든 목표는 최고의 점수를 달성하는 것이다. 하지만 그렇다고 해서 경기 내내 점수판만 응시하는 건 말도 안 되는 짓이다. 실제로 승리할 유일한 방법은 매일 더 나아지는 것뿐이다.

미국 프로 미식축구 대회 슈퍼볼 3회 우승자 빌 월시는 말했다. "점수를 신경 쓰는 건 점수뿐이다." 이는 삶의 다른 영역도 마찬가지다. 더 나은 결과를 내고 싶다면 목표를 세우는 일은 잊어라. 대신 시스템에 집중하라.

이 말은 무슨 의미일까? 목표가 무용지물이라는 말일까? 물론 아니다. 목표는 방향을 설정하는 데 필요하며 시스템은 과정을 제대로 해나가는 데 필요하다. 그러나 목표를 생각하느라 너무 많은 시간을 들이고 시스템을 고안하는 데는 시간을 투자하지 않을 때 문제가 발생한다.

문제 1. 성공한 사람도, 성공하지 못한 사람도 목표는 같다

목표 설정에 집중하다 보면 심각한 승자 편향적 사고에 매몰될 수 있다. 우리는 승리한 사람들에게 집중한다. 야심 찬 목표가 그들의 성공을 이끌었다고 추측하는 실수를 범하고, 누구나 목표를 가지고 있지만 모두가 성공한 것은 아니라는 사실을 간과한다.

올림픽에 출전한 선수 모두가 금메달을 원한다. 입사 지원자 모두가 구직을 바란다. 성공한 사람도, 성공하지 못한 사람도 목표는 같다. 목표는 승자와 패자를 가르는 차이가 될 수 없다.[22] 영국 사이클 선수들을 최고의 선수로 만든 것은 투르 드 프랑스 우승이라는 목표가 아니었다. 그들은 그전에도 매년 투르 드 프랑스 우승을 바랐을 것이다. 다른 프로 팀들도 마찬가지였을 것이다. 목표는 늘 거기에 있었다. 결과에 차이가 생긴 건 지속적으로 작은 개선들을 만들어내는 시스템을 시행한 것, 그뿐이었다.

문제 2. 목표 달성은 일시적 변화일 뿐이다

지저분한 방 안에 있다고 생각해보라. 방을 치우기로 목표를 세운다. 그리고 당장 청소하는 데 필요한 에너지를 끌어올려 방을 치웠다. 하지만 대충대충 청소하거나 뭐든 잘 버리지 못하는 사람이라면 방은 또 지저분해질 것이다. 그리고 다시 새로이 쌓인 잡동사니 더미들을 보며 치워야겠다는 의지가 활활 타오를 것이다. 이렇듯 계속 같은 결과가 나타난다는 것은 이런 결과의 배경이 된 시스템을 바꾸지 못했기 때문이다. 원인을 다루지 않고 증상만을 치유한 것이다.

목표를 달성하는 것은 우리 인생의 '한순간'을 변화시킬 뿐이다. 이는 '개선'과는 다르다. 우리는 결과를 바꿔야 한다고 생각하지만 사실 그 결과는 문제가 아니다. 진짜로 해야 할 일은 결과를 유발하는 시스템을 바꾸는 것이다. 결과 수준에서 문제를 해결하려고 하면 이는 임시방편일 뿐이다. 영원히 개선하고자 한다면 결과가 아니라 시스템 단계에서 문제를 해결해야 한다. 입력 값을 고쳐야 결과 값이 바뀐다.

문제 3. 목표는 행복을 제한한다

목표 뒤에는 이런 가정이 내포되어 있다. '목표에 도달하면 행복해질 거야.' 목표를 우선으로 생각하는 태도의 문제는 다음 표지판에 도달할 때까지 행복을 계속 미룬다는 것이다. 나는 수없이 이런 함정에 빠져 내가 뭘 하는지 잊곤 했다. 수년 동안 나에게 행복이란 미래에 있는 것이었다. 근육을 10킬로그램 증량하기만 하면, 내 사업이 〈뉴욕 타임스〉에 실리면 그제야 행복해지고 쉴 수 있을 거라고 여겼다.

게다가 목표는 '이것 아니면 저것'이라는 양자택일적 갈등을 만들어낸다. 목표를 달성하면 성공하는 것이고, 달성하지 못하면 실패하는 것이라고 말이다. 그러면 스스로 행복에 대한 좁은 시야 안에 갇히고 만다. 이는 오판이다. 실제 삶의 행로는 우리가 마음속으로 정해 놓은 여정과 정확히 일치하지 않는다. 성공으로 가는 길은 수없이 많다. 굳이 하나의 시나리오에만 자신의 길을 맞출 이유는 없다.

시스템 우선주의는 그 해독제를 제공한다. 결과가 아니라 과정을 좋아하게 되면 '이제 행복해져도 돼'라고 말할 시기를 기다리지 않아도 된다. 시스템이 작동하고 있다면 어느 때건 만족할 수 있기 때문이다. 시스템은 우리가 처음 상상했던 한 가지 결과가 아니라 다양한 형태로 성공할 수 있게 해준다.

문제 4. 목표와 장기적 발전은 다르다

마지막으로 목표 중심적 사고방식은 '요요 현상'을 불러올 수 있다. 달리기 선수들은 경기가 있으면 몇 달 동안 열심히 운동한 끝에 결승선을 통과한다. 그리고 당분간은 훈련을 멈춘다. 이미 끝난 경기는 더 이상 동기를 자극하지 않는 것이다.

특정한 목표를 이루기 위해 노력했다면, 그것을 달성한 뒤에 무엇이 남아 우리를 앞으로 나아가게 할까? 이 때문에 많은 사람이 목표를 달성하고 나면 과거의 습관으로 쉽게 돌아가곤 한다.

목표 설정의 목적은 게임에서 이기는 것이다. 반면 시스템 구축의 목적은 게임을 계속 해나가는 것이다. 장기적으로 발전하기 위해서는 목표 설정보다는 시스템을 구축해야 한다. 성취하는 것이 아니라 계속해서 개선하고 발전해나가는 순환 고리를 만드는 것이다. 즉, '과정'에 전념하는 것이 '발전'을 결정한다.

바보야, 문제는 시스템이야

습관을 바꾸기가 어렵다면 우리 자신이 문제가 아니다. 문제는 우리의 시스템이다. 나쁜 습관은 그 자체로 계속 반복되는데, 이는 우리가 변화하고 싶지 않아서가 아니라 변화할 수 없는 나쁜 시스템을 가지고 있기 때문이다.

목표를 높이지 마라. 시스템의 수준을 (어렵지 않게) 낮춰라.[23] 하나의 목표가 아니라 전체적인 시스템에 초점을 맞추는 것이 이 책의 핵심 주제다. 지금까지 이 책이 미세한 변화, 미미한 이익, 1퍼센트의 개선을 말한다고 생각했을지도 모른다. 하지만 나는 단순히 과거의 습관들이 아니라 아주 작은 습관의 힘을 강조하고 싶다. 전체 시스템의 부분인 작은 습관들 말이다. 원자가 모여서 분자 구조를 만들어내듯, 아주 작은 습관도 모여 놀라운 결과를 이뤄낸다.

습관은 우리 삶의 원자들과 같다. 하나하나가 전체적인 개선을 이끄는 기초 단위들이다. 이런 자잘한 일상의 행위들은 대수롭지 않아 보이지만, 하나하나 쌓아나가면 초기에 투자한 비용을 훨씬 웃도는 수준으로 커져서 거대한 승리의 연료가 된다. 그것들은 작지만 강하다. 정기적인 실행 또는 일상적인 행동들은 작고 실행하기 쉬울 뿐만 아니라 강력한 힘을 내는 근원이다. 시스템의 한 구성 요소로 종합적 성장을 이끈다.

· summary ·

- 습관은 복리로 작용한다. 매일매일 1퍼센트씩 나아지는 것은 장기적인 관점에서 매우 중요하다.
- 습관은 양날의 검이다. 우리에게 도움이 될 수도 있고, 우리를 좌절시킬 수도 있다. 매일의 사소한 일들이 얼마나 근본적인 것인지를 이해해야 한다.
- 중대한 변화의 순간이 올 때까지 작은 변화들은 별다른 차이를 만들어내지 못하는 듯 보인다. 과정들이 쌓여 강력한 결과가 나타나기까지는 시간이 걸린다. 인내심을 가져라.
- 원자가 모여서 분자 구조를 만들어내듯, 아주 작은 습관도 모여 놀라운 결과를 이뤄낸다.
- 더 나은 결과를 바란다면 목표를 세우는 것은 잊어라. 대신 시스템에 집중하라.
- 목표를 높이지 마라. 시스템의 수준을 낮춰라.

Chapter 02

정체성, 사람을 움직이는 가장 큰 비밀

왜 우리는 나쁜 습관을 그토록 반복하는 것일까? 왜 좋은 습관을 세우기가 그토록 어려운 것일까? 내년 이맘때 우리는 오늘보다 더 나은 뭔가를 하고 있기보다 예전 습관대로 똑같은 일을 하고 있을 확률이 높다.

좋은 습관을 며칠 이상 유지하는 것은 어려운 일이다. 진심으로 노력하고, 이따금 동기가 꿈틀댄다고 해도 말이다. 운동, 명상, 일기 쓰기, 요리 같은 습관을 들이기 위해 하루 이틀 정도는 노력할 수 있지만 그 이상이 지나면 귀찮아진다. 반면 어떤 습관은 한번 자리 잡으면 영원히 지속된다. 특히 원하지 않는 습관일수록 그렇다. 정크푸드를 먹는다든지, 텔레비전을 지나치게 오래 본다든지, 일을 자꾸 미룬

행동 변화의 세 단계

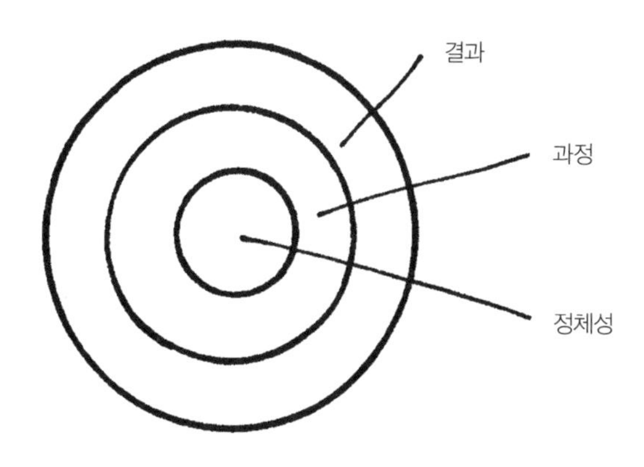

○ 행동의 변화는 결과 변화, 과정 변화, 정체성 변화까지 세 개의 층으로 이뤄져 있다.

다든지, 담배를 피운다든지 등 건강하지 않은 습관은 벗어나기 불가능하게 느껴진다.

습관을 바꾸기가 어려운 것은 두 가지 이유 때문이다. 첫째, 변화시키고자 하는 대상이 잘못되었다. 둘째, 변화의 방식이 잘못되었다. 이 챕터에서는 첫 번째에 대해 이야기할 것이다.

우리의 첫 번째 실수는 변화시키고자 하는 대상을 잘못 골랐다는 데 있다. 이 말을 이해하려면 변화가 일어날 수 있는 수준이 마치 양파 껍질처럼 여러 단계, 즉 위 그림에서 보듯이 세 개의 층으로 이뤄져 있음을 알아야 한다.[1]

첫 번째 층은 '결과'outcome**를 변화시키는 것이다.** 살을 뺀다거나 책을 낸다거나 챔피언십을 따낸다거나 하는 것이다. 우리가 세운 목표 대부분은 이 단계와 연관되어 있다.

두 번째 층은 '과정'process**을 변화시키는 것이다.** 이 층은 우리의 습관과 시스템을 변화시키는 데 맞춰져 있다. 매일 체육관에서 새로운 운동을 해본다든가, 작업 흐름을 개선하고자 책상에 널린 잡동사니들을 정리한다든가, 명상 훈련을 한다든가 하는 것이다. 우리가 세운 습관 대부분이 이 단계와 연관되어 있다.

가장 안쪽의 **세 번째 층은 '정체성'**identity**을 변화시키는 것이다.** 이 층은 우리의 믿음을 변화시키는 데 맞춰져 있다. 세계관, 자아상, 자신과 타인에 대한 판단 같은 것들이다. 우리가 가지고 있는 믿음, 가설, 편견들 대부분이 이 단계와 연관되어 있다.

결과는 우리가 얻어낸 것이며, 과정은 우리가 해나가는 것이다. 그리고 정체성은 우리가 믿고 있는 것이다. 꾸준히 유지될 습관, 1퍼센트의 개선을 위한 시스템을 세우려고 할 때, 이 세 단계 중 더 낫거나 더 못한 어느 한 단계는 존재하지 않는다. 변화의 단계 모두가 각각의 방식으로 유용하다. 문제는 변화의 방향에 있다.

많은 사람이 자신이 얻고자 하는 것에 초점을 맞춰 습관을 변화시키려고 한다. 그러나 이런 태도는 결과 중심의 습관을 형성한다. 그러나 지속하기 위해서는 정체성 중심의 습관을 세워야 한다. 이는 내가 어떤 사람이 되고 싶은지에 집중하는 데서 시작한다.

두 사람이 금연을 한다고 해보자. 누군가가 담배를 권했을 때 첫 번째 사람은 이렇게 말한다. "괜찮습니다. 담배 끊었어요." 언뜻 합당

결과 중심의 습관	정체성 중심의 습관

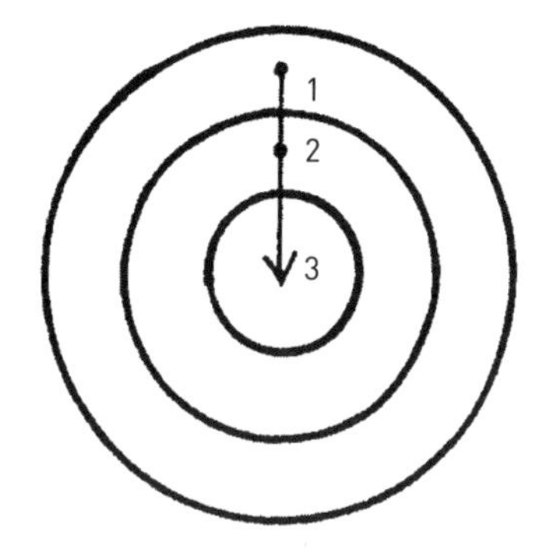

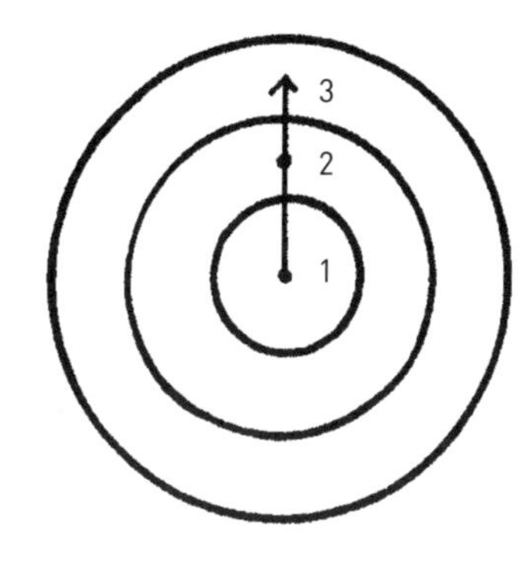

○ 결과 중심의 습관은 내가 얻고자 하는 것에 초점을 맞춘다. 정체성 중심의 습관은 내가 어떤 사람이 되고 싶으냐에 초점을 맞춘다.

한 대답처럼 들리지만 이 사람은 여전히 자신이 흡연자이며, 뭔가를 하느라 애쓰고 있다고 여기고 있다. 이전의 믿음을 버리지 못한 채 행동이 변화하기를 바라고 있는 것이다.

두 번째 사람은 이렇게 말한다. "괜찮습니다. 전 흡연자가 아니거든요." 작은 차이지만 이 대답은 정체성을 바꿨다는 신호다. 이전에는 흡연자였지만 지금은 아니라는 말이다. 이런 사람들은 더 이상 자신을 흡연자와 동일시하지 않는다.

우리는 뭔가를 개선하고자 할 때 정체성 변화를 생각하지 않는다. 그저 이렇게 생각할 뿐이다. "날씬해지고 싶어(결과). 이번 다이어트를 계속하면 날씬해질 거야(과정)." 목표를 정하고, 그 목표를 이루기 위해 자신이 해야 할 행동만 생각한다. 자신을 움직이게 하는 '믿음'에 대해서는 생각하지 않는다. 스스로를 바라보는 방식을 바꾸지 않고는 아무것도 변하지 않음을 깨닫지 못한다.

모든 행동의 기저에는 믿음 체계가 있다. 사회 시스템을 예로 들면 민주주의 체제는 자유, 다수결 원칙, 사회적 평등과 같은 믿음을 기초로 세워진다. 반면에 독재 체제는 절대 권력, 엄격한 복종과 같은 완전히 다른 믿음을 배경으로 한다.

민주주의 체제에서는 더 많은 사람이 투표하게 만들 방법들을 생각할 수 있지만 독재 체제에서는 이런 행동 변화를 일으키려는 생각을 하지 않는다. 그 체제의 특성이 아니기 때문이다. 독재 체제에서 투표는 불가능한 일이다.

이는 사람이나 조직, 사회, 토론 등에도 마찬가지로 적용된다. 어떤 시스템 또는 어떤 습관의 기저에는 일련의 믿음과 가정들로 이뤄진 정체성이 깔려 있다.

나에게 적합하지 않은 행동은 오래 유지되지 않는다. 돈을 많이 벌지만 내가 버는 것보다 쓰는 걸 더 잘하는 사람이라면 계속 돈을 쓰는 쪽으로 이끌릴 것이다. 더 건강해지고 싶은데, 뭔가를 성취하는 것보다 편안함을 우선시하는 사람이라면 운동보다는 쉬는 쪽으로 이끌릴 것이다.

근본적인 믿음이 변화하지 않는다면 습관을 바꾸기란 무척이나 어렵다. 새로운 목표와 계획을 세웠지만 자신이 어떤 사람인지 변화하지 않았다면 말이다.

콜로라도 주 볼더 출신 기업가 브라이언 클라크Brian Clark의 이야기는 좋은 사례다.

"저는 계속 손톱을 깨무는 버릇이 있었어요. 어릴 때 신경이 곤두설 때 시작된 버릇인데, 이 버릇이 자연스럽게 습관이 되었죠. 결국 손톱이 조금 자랄 때까지는 물어뜯지 말자고 결심했어요.[2] 의지만으로 겨우 해냈죠."

그러다 클라크는 놀라운 일을 하게 되었다.

"아내에게 처음으로 네일 숍에 가보자고 했어요. 손톱 관리에 돈을 쓰기 시작하면 물어뜯지 않을 거라고 생각한 거죠. 그 생각은 맞았는데, 금전적인 이유 때문만은 아니었어요. 매니큐어를 칠한 손톱들이 꽤 근사해 보였던 거예요. 또 물어뜯지만 않는다면 제 손톱이 정말 건강하고 매력적이라고 네일 아티스트가 말해줬거든요. 갑자기 손톱에 자신감이 생겼죠. 이전에는 한 번도 생각해보지 않았던 뭔가가 생겨난 거죠. 그게 모든 걸 바꿔놓았어요. 전 그 뒤로 손톱을 물어뜯지 않아요. 초조함이 극에 달한 순간에도요. 적절히 관리된 손톱에 자부심을 갖게 되었기 때문이죠."

본질적인 동기가 최종적인 결과로 나타나는 것은 습관이 정체성의 일부가 될 때다. "나는 이런 것을 '원하는' 사람이야."라고 말하는 것은 "나는 '이런' 사람이야."라고 말하는 것과는 매우 다르다.

자신의 어떤 모습에 자부심을 가질수록 그와 관련된 습관들을 유지하고 싶어진다. 머리 스타일에 자부심이 있다면 그 스타일을 유지하기 위해 머리를 관리하는 온갖 습관을 갖게 된다. 이두박근 크기에 자부심이 있다면 상체 운동을 빼먹지 않을 것이다. 자신이 짠 목도리에 자부심이 있다면 매주 뜨개질을 하는 시간이 늘어날 것이다. 일단 뭔가와 관련해 자부심이 생기면 이를 위한 습관을 유지하려고 필사적으로 애쓸 것이다.

진정한 행동 변화는 정체성 변화에 있다. 우리는 무언가가 되고 싶어 그와 관련된 습관을 시작한다. 하지만 그 습관을 꾸준히 해나가는 건 오직 그것이 자기 정체성의 일부가 될 때뿐이다.

누구든 한두 번쯤 체육관에 가거나 건강한 음식을 먹을 수 있다. 하지만 그 행동 뒤에 자리한 믿음이 변화하지 않는다면 장기적으로 그 변화가 유지되기 힘들다. 변화는 '나'라는 사람을 구성하는 특성의 일부가 되기 전까지는 일시적일 뿐이다.

- 목표는 '책을 읽는 것'이 아니라 '독서가가 되는 것'이다.
- 목표는 '마라톤을 하는 것'이 아니라 '달리기를 하는 사람이 되는 것'이다.
- 목표는 '악기를 배우는 것'이 아니라 '음악을 하는 사람이 되는 것'이다.

우리가 하는 행동들은 대개 각자의 정체성을 반영한다. 우리는 의식했든conscious 의식하지 않았든nonconscious 자신이 어떤 사람인지 스스로가 믿고 있는 대로 행동한다.*

연구에 따르면 사람들은 자신이 어떤 유형의 사람이라고 믿을 경우 그 믿음과 일치하는 방향으로 행동하는 경향이 있다고 한다.[3] 예를 들어 스스로 '투표하는 사람'이라고 믿으면 단순히 '투표'라는 행위를 해야겠다고 생각하는 사람보다 더 많이 투표하는 경향이 있다. 자신의 정체성에 '운동하는 사람'을 집어넣은 사람은 일부러 운동해야겠다고 결심하지 않는다.

자신의 정체성에 맞는 일을 실행하기는 쉽다. 그래서 행동과 정체성이 완전히 조화를 이루면 더 이상 행동 변화를 추구하지 않아도 된다. 이미 스스로 그렇다고 믿고 있는 유형의 사람처럼 행동하기만 하면 된다.

습관 형성과 관련된 다른 모든 측면들처럼 이 역시 양날의 검이다. 이것이 나를 위해 작용하면 그 변화는 자기계발의 강력한 추동력이 된다. 이것이 나와 반대로 작용하면 저주가 될 수도 있다. 일단 어떤 정체성을 수용하면 그에 따라 변화가 이뤄지기 쉽다. 많은 사람이 스스로 인지하지 못한 상태에서 자신의 정체성이라고 생각하는 규범을 맹목적으로 따르며 살아간다.

- 난 지시받는 게 끔찍하게 싫어.
- 난 아침형 인간이 아니야.
- 난 사람들 이름을 잘 기억 못 해.

---

* 본문에 쓰인 '의식하지 않음'nonconscious은 우리가 단순히 주변의 사물에 주의를 기울이지 않는 순간을 비롯해 의식적이지 않은 마음의 과정 모두를 포괄할 만큼 광범위한 개념이다.

- 난 늘 지각해.
- 난 기계랑 친하지 않아.
- 난 수학을 정말 못해.

이 밖에도 수천 가지 다양한 유형이 존재한다.

수년 동안 스스로에게 한 가지 이야기를 반복해서 들려주면 어느새 익숙해져서 이를 사실로 받아들이기 쉽다. 그러면서 어떤 특정한 행동에 '그 일은 나답지 않아'라면서 저항하기 시작한다. 자아상을 유지하기 위해 스스로를 압박하고, 그 믿음에 부합하는 방식으로 행동하는 것이다.[4] 자신이 아닌 것, 자신과 반대되는 것을 피하려고 한다.

자신의 성향과 관계된 어떤 생각이나 행동이 심화될수록 그것을 바꾸기는 더욱 어려워진다. 자신의 문화적 믿음(집단 성향), 자아상을 지탱하는 일을 하는 것(개인 성향)은 설령 잘못된 것일지라도 일단은 믿는 게 편안할 수 있다. 개인이든, 집단 또는 사회든 긍정적인 변화를 가로막는 가장 큰 장벽은 정체성 갈등이다. 좋은 습관들이 합리적으로 느껴질 수는 있지만 자신의 정체성과 대립한다면 행동으로 옮기지는 못할 것이다.

어느 날 너무 바쁘거나 지치거나 부담되어서, 또는 수백 가지 다른 이유로 우리는 습관을 유지하기가 힘들어진다. 하지만 장기적으로 그 습관을 유지하지 못하는 진짜 이유는 자신의 자아상과 반대이기 때문이다. 이것이 어떤 한 가지 모습의 정체성에 집착하면 안 되는 이유다. 자신이 바라는 최고의 모습이 되려면 자신의 믿음들을 끊임없이 편집하고, 자기 정체성을 수정하고 확장해야만 한다.

여기서 해야 할 중요한 질문이 있다. 우리의 믿음과 세계관이 우리가 하는 행동에 중요한 역할을 한다면 그건 애초에 어디서 나온 것일까? 어떻게 그런 자아상을 형성한 것일까? 어떻게 우리를 방해하는 정체성의 조각들을 점차적으로 지워나가고, 우리에게 도움이 되는 새로운 정체성을 만들 수 있을까?

인생을 바꾸는 두 가지 질문

정체성은 습관에서 나온다. 우리는 어머니 배 속에서부터 어떤 정체성을 가지고 태어나진 않는다. 정체성은 경험을 통해 습득되고 익숙해진다.*

엄밀히 말하면 습관은 정체성을 만들어나간다.

- 매일 침구를 정돈한다면 나는 체계적 인간이라는 정체성을 만드는 것이다.
- 매일 글을 쓴다면 창조적인 사람이라는 정체성을 만드는 것이다.
- 매일 운동을 한다면 운동하는 사람이라는 정체성을 만드는 것

* 키가 크거나 작거나와 같이 누군가를 규정하는 특성은 시간이 흘러도 변하지 않는다. 하지만 이렇게 변하지 않는 자질들이 많아진다고 해도, 우리가 그것을 바라보는 시각이 긍정적인지 부정적인지는 살면서 경험한 것들로 규정된다.

이다.

행위를 반복해나갈수록 그 행위와 연관된 정체성은 강화된다. '정체성'identity이라는 말은 '실재하다'라는 의미의 라틴어 'essentitas'와 '반복적으로'를 뜻하는 'identidem'에서 파생되었다. '반복된 실재'라는 말이다.[5]

나 자신의 정체성이 지금 당장 무엇이든 간에 우리는 오로지 그것을 믿는다. 정체성에 대한 증거를 가지고 있기 때문이다.

- 20년간 매주 일요일 교회에 갔다면 이는 종교적인 인간이라는 증거다.
- 매일 밤 한 시간씩 생물학 공부를 한다면 이는 학구적이라는 증거다.
- 눈이 오나 비가 오나 체육관에 간다면 이는 열심히 운동한다는 증거다.

어떤 정체성에 대한 증거가 쌓여갈수록 그 정체성은 더욱 강화된다. 나는 어린 시절에 나 자신이 '글 쓰는 사람'이라는 생각은 하지 않았다. 고등학교나 대학교 선생님들에게 물어본다고 해도, 그분들 역시 내 글솜씨가 평균 수준이었다고 이야기할 것이다.

그러나 글 쓰는 일을 시작하고 처음 몇 년간 나는 매주 월요일과 목요일에 꼬박꼬박 새로운 글을 올렸다. 증거가 쌓여가자 나는 스스로를 글 쓰는 사람이라고 여기게 되었다. 처음부터 스스로 '글 쓰는 사람'이라는 생각으로 시작한 일이 아니었다. 습관을 통해 그런 사람이 된 것이다.

물론 우리의 정체성에 영향을 미치는 행동만이 습관이 되는 것은 아니다. 자주 반복하는 행동도 습관이 되며, 대개 그런 반복이 습관 형성에 매우 중요한 요소가 된다. 삶에서의 경험 하나하나는 자아상을 조정한다. 그렇지만 공을 한 번 찼다고 해서 누구나 스스로를 축구하는 사람으로 여기진 않는다. 그림 한 장 그렸다고 그림 그리는 사람으로 여기지도 않는다. 하지만 이런 행위를 반복해나가면 증거가 서서히 쌓이고, 자아상이 변화하기 시작한다.

한 번의 특별한 경험은 그 영향력이 서서히 사라지지만, 습관은 시간과 함께 그 영향력이 더욱 강화된다. 즉, 습관은 정체성을 형성하는 가장 큰 증거가 되는 것이다. 이런 관점에서 습관을 세운다는 것은 자기 자신을 만들어나가는 과정이기도 하다.

이는 점진적인 진화다. 아주 작은 노력 하나, 완전히 변화하겠다고 결심하는 것만으로 우리는 변화하지 않는다. 우리는 조금씩, 매일매일, 하나하나씩 변화한다.[6] 자아는 아주 미세하게 지속적으로 진화해나간다.

습관 하나하나는 이렇게 말한다. "이봐, 이게 나다운 것 같아." 책 한 권을 다 읽었다면 책을 읽는 걸 좋아하는 사람일 것이다. 체육관에 간다면 운동을 좋아하는 사람일 것이다. 기타 연주 연습을 했다면 음악을 좋아하는 사람일 것이다.

모든 행동이 내가 되고자 하는 어떤 유형을 제시한다. 어느 한순간의 사건이 자신의 믿음을 바꾸지는 못하겠지만, 이런 투표지들이 차곡차곡 쌓이면 이는 새로운 정체성의 증거가 된다. 이처럼 작은 습관들은 새로운 정체성에 대한 증거를 제공함으로써 의미 있는 차이를 만들어낸다. 변화가 의미 있다면, 실제로 그건 큰 변화다.

이 작은 변화들을 한데 모으면 습관이 정체성을 변화시키는 경로임을 알게 될 것이다. 자신을 바꾸는 가장 확실한 방법은 자신이 하는 일을 변화시키는 것이다.

- 글을 한 페이지 쓰는 매 순간 나는 글 쓰는 사람이다.
- 바이올린을 연습하는 매 순간 나는 음악 하는 사람이다.
- 운동을 시작한 매 순간 나는 운동하는 사람이다.
- 직원들의 힘을 북돋는 매 순간 나는 리더다.

작은 습관 하나하나는 각각의 결과를 얻게 해줄 뿐 아니라 더 중요한 것을 가르쳐준다. 바로 스스로를 신뢰하게 만들어준다. 우리는 이제 이런 일들을 실제로 해낼 수 있다는 걸 믿게 된다. 투표지가 점점 쌓이고 증거가 모이기 시작하면 스스로에게 하는 이야기 역시 변화하기 시작한다.

물론 반대의 경우가 생길 수도 있다. 우리가 나쁜 습관을 형성하는 선택을 하면 그때마다 그런 정체성에 관한 투표지가 쌓인다. 하지만 다행히도 어떤 선거든 투표는 양쪽에 한다. 당선되기 위해 투표 결과가 만장일치일 필요는 없다. 그저 다수의 표를 얻으면 된다. 나쁜 행위, 비생산적인 습관에 관한 표가 적다면 문제없다. 목표는 다수의 표를 얻는 것이다.

새로운 정체성이 형성되려면 새로운 증거가 필요하다. 늘 주던 곳에 표를 주고 있다면 늘 얻던 결과를 얻을 뿐이다. 바뀐 게 아무것도 없다면 아무것도 변화하지 않는다. 변화는 다음의 간단한 두 단계로 이뤄진다.

1. 어떤 사람이 되고 싶은지 결정한다.
2. 작은 성공들로 스스로에게 증명한다.

먼저 자신이 어떤 사람이 되고 싶은지 결정하라. 개인으로서든, 집단으로서든, 지역사회든, 국가든 자신이 되고 싶고 원하는 상은 누구나 가지고 있다. 당신은 어떤 것을 대변하고 싶은가? 당신의 주요 기준과 가치들은 무엇인가? 어떤 사람이 되길 바라는가?

이는 중대한 질문이다. 많은 사람이 어디서부터 시작해야 할지 확신하지 못하고 있지만 우리는 어떤 결과를 얻어내고 싶은지는 알고 있다. 복부에 식스팩을 새기겠다든가, 화를 덜 내겠다든가, 연봉을 두 배로 올려 받겠다든가 말이다. 그러면 됐다. 여기서부터 시작해서 결과들을 되짚어나가면서 그것들을 얻어낼 수 있는 사람이 어떤 사람인지 알아보면 된다.

스스로에게 물어보자. 내가 원하는 결과를 얻은 사람은 어떤 사람인가? 20킬로그램을 감량한 사람은 어떤 사람인가? 새로운 언어를 구사할 수 있는 사람은 어떤 사람인가? 성공적인 스타트업을 운영할 수 있는 사람은 어떤 사람인가?

예를 들어보자. '책을 쓸 수 있는 사람은 어떤 사람인가?' 아마도 꾸준하고 믿을 만한 사람일 것이다. 이제 책을 쓰는 것(결과 중심)에서 꾸준하고 믿을 만한 사람이 되는 것(정체성 중심)으로 초점을 옮겨보자. 이 과정은 다음과 같은 믿음으로 이어질 수 있다.

- 나는 학생들을 지지하는 선생님이 될 거야.
- 나는 환자 한 사람, 한 사람에게 필요한 시간과 배려를 제공하는 의사가 될 거야.
- 나는 직원들의 생각을 대변하는 관리자가 될 거야.

일단 자신이 어떤 사람이 되고 싶은지 이해하면 그와 관련된 정체성을 강화하는 작은 단계들을 밟아나갈 수 있다. 스스로에게 이런 질문들을 함으로써 무려 45킬로그램을 감량한 친구가 있다. '건강한 사람은 무엇을 할까?' 그녀는 온종일 이 질문을 행동의 기준으로 삼았다. 건강한 사람은 걸을까, 택시를 탈까? 건강한 사람은 부리토를 주문할까, 샐러드를 주문할까? 그리고 일정 기간 건강한 사람처럼 행동한다면 자신도 그렇게 되리라고 머릿속에 그렸다. 그 생각은 옳았다.

이 책의 주요 주제로 들어가기 전에 먼저 알아야 할 것은 바로 이 '정체성 중심의 습관'이라는 개념이다. 습관이 우리의 정체성을 형성하고, 우리의 정체성은 습관을 형성한다. 이는 쌍방향으로 작용한다. 모든 습관 형성은 이런 순환 고리를 가지고 있다(이에 대해서는 다음 장에서 상세히 알아볼 것이다).

중요한 건 결과보다 나 자신이 가지고 있는 가치, 원칙, 정체성이 좀 더 순환돼야 한다는 점이다. 초점은 늘 어떤 사람이 되는 것이어야지, 어떤 결과를 얻어내겠다는 데 있으면 안 된다.

습관은 자존감이다

정체성 변화는 습관 변화의 길잡이다. 이 책은 당신 자신, 가족, 집단, 회사(당신이 바라는 어느 곳이든)에서 더 나은 습관을 세우는 방법을 단계별로 설명하고 상기시킬 것이다. 하지만 진짜 질문은 이것이다.

당신은 자신이 되고 싶은 사람이 되어가고 있는가?

변화를 위한 첫 번째 걸음은 '무엇을' 또는 '어떻게'가 아니라 '누구'다. 우리는 자신이 어떤 사람이 되고 싶은지 알아야 한다. 그렇지 않다면 변화에 대한 탐색은 노 없이 보트를 타고 있는 것이나 마찬가지다.

우리는 자신에 대한 믿음을 변화시킬 힘을 가지고 있다. 정체성은 단단한 포석 위에 세워진 것이 아니다. 매 순간 바꾸고 선택할 수 있다. 오늘 선택한 습관으로 지금 내가 원하는 정체성을 강화할 수 있다. 이것이 이 책의 더 깊은 목적, 습관이 중요한 진짜 이유를 우리에게 알려준다.

더 나은 습관을 세우는 것은 생활의 편의를 위한 수단들로 우리의 하루를 난삽하게 만드는 것이 아니다. 매일 밤 칫솔질을 하거나, 매일 아침 찬물 샤워를 하거나, 매일 똑같은 옷을 입는 것이 아니다. 돈을 더 많이 벌거나, 살을 빼거나, 스트레스를 줄이는 일에 관한 것도 아니다. 습관은 우리가 이 모든 것을 얻어낼 수 있도록 도와주지만, 근본적으로 뭔가를 얻어내는 일이 아니다. 습관은 어떤 사람이 '되는' 일이다.

궁극적으로 습관은 내가 되고 싶어 하는 사람이 될 수 있도록 돕는다는 점에서 중요하다. 습관은 자신에 대한 가장 깊은 믿음을 계발하는 최고의 수단이다. 말 그대로, 나 자신이 습관이 되는 것이다.

· summary ·

- 행동 변화에는 세 단계가 있다. 결과 변화, 과정 변화, 정체성 변화다.
- 습관을 변화시키는 가장 효율적인 방법은 얻고 싶은 결과가 아니라 되고 싶은 사람에 초점을 맞추는 것이다.
- 정체성은 습관으로 만들어진다. 모든 행동은 자신이 되고자 하는 사람에 관한 증거가 된다.
- 자신이 원하는 사람이 되려면 자신의 믿음을 끊임없이 편집하고, 자

신의 정체성을 수정하고 확장해야만 한다.

- 습관이 중요한 진짜 이유는 더 나은 결과를 얻어낼 수 있어서가 아니라(물론 그렇게 할 수 있다), 스스로에 대한 믿음을 변화시킬 수 있기 때문이다.

Chapter 03

무엇이든 쉽게, 재밌게, 단순하게

1898년 심리학자 에드워드 손다이크Edward Thorndike는 습관이 형성되는 방식과 인간의 행동 규칙들을 근본적으로 이해하기 위한 실험을 했다.[1] 그는 퍼즐 상자 안에 고양이들을 한 마리씩 집어넣었다. 퍼즐 상자는 상자에 설치된 줄을 잡아당기거나 레버를 누르거나 플랫폼을 밟는 등 어떤 행동을 하면 문을 통해 밖으로 나올 수 있게끔 설계된 것이다.[2]

손다이크가 고양이를 넣은 상자 안에는 레버가 있었다. 그것을 누르면 상자 한쪽에 있는 문이 열리고, 고양이는 상자 밖으로 나와 음식이 담긴 그릇을 향해 달려갈 수 있었다.

고양이 대부분이 상자 안에 들어가자마자 밖으로 나가고 싶어 했다. 고양이들은 코너에 코를 박고 킁킁대고, 틈 사이로 발을 찔러 넣고, 틈이 있는 물체들 사이에 발톱을 박곤 했다. 몇 분 후 고양이들은 드디어 레버를 눌렀고, 문이 열리자 상자 밖으로 나왔다.

손다이크는 여러 번 실험을 거듭해 고양이들 각각의 행동을 추적했다. 처음에 고양이들은 상자 주위를 무작위로 움직였다. 하지만 곧 레버를 누르고 문이 열리자, 학습 과정이 일어나기 시작했다. 시간이 지날수록 고양이들은 레버를 누르는 행동이 상자를 탈출해서 음식을 먹을 수 있는 보상 행위와 연관이 있다는 것을 학습했다.

실험이 20~30회 이어지자 이 행위는 자동적, 습관적으로 일어나 고양이들은 몇 초 만에 상자를 빠져나올 수 있었다. 손다이크는 이렇게 기록했다. "12번 고양이의 행동 반응 시간은 다음과 같다. 160초, 30초, 90초, 60초, 15초, 28초, 20초, 30초, 22초, 11초, 15초, 20초, 12초, 10초, 14초, 8초, 8초, 5초, 10초, 8초, 6초, 6초, 7초."

처음 세 번의 실험에서 이 12번 고양이는 탈출하는 데 평균 1.5분이 걸렸다. 마지막 세 번의 실험에서는 평균 6.3초였다. 고양이들은 반복을 통해 실수를 줄이고 더 빨리, 더 자동적으로 답을 찾았다. 같은 실수를 반복하기보다는 문제를 직접 돌파하기 시작했다.

손다이크는 이런 학습 과정에 대해 다음과 같이 묘사했다. "만족스러운 결과를 내는 행동은 반복되는 경향이 있고, 불쾌한 경험을 하게 하는 행동은 덜 반복되는 경향이 있다."[3]

그의 연구는 우리의 일상에서 습관이 어떻게 형성되는지에 관한 중요한 단초를 제시한다. 또한 다음과 같은 근원적인 질문들에 대한 답을 제공한다. 습관이란 무엇인가? 그리고 우리의 뇌는 왜 그토록 새로운 습관을 힘들어하는가?

인생의 효율성을 결정하는 것

습관이란 자동적으로 실행하게 될 때까지 여러 번 반복한 행동이다. 습관은 시행착오를 겪으며 형성된다. 살면서 새로운 상황에 맞닥뜨리면 우리의 뇌는 결정을 해야만 한다. '여기에 어떻게 반응할 것인가?' 문제를 처음 마주했을 때 우리는 어떻게 해결해야 할지 확실히 알지 못한다. 손다이크의 고양이들처럼 상자의 문이 어떻게 열리는지 여러 가지를 시도해볼 뿐이다.

이 과정 동안 뇌에서는 신경 활동이 왕성해진다.[4] 상황을 조심스럽게 분석하고, 어떻게 행동해야 할지 의식적으로 결정들을 내린다. 새로운 정보를 수천 톤 받아들이고 이해하고자 애쓴다. 뇌는 가장 효율적으로 진행된 행동을 빠르게 습득한다.

고양이가 레버를 누르는 것처럼 뇌 역시 아주 우연히 해결책을 발견한다. 불안감을 느끼고 질주하던 맥박이 안정돼간다. 오랜 시간 작업을 하느라 무척 지친 정신을 비디오게임이 쉬게 해준다는 사실도 습득한다. 탐구하고, 탐구하고, 탐구하고, 그러다 펑 하고 해결책이 나온다.

예기치 못한 보상을 우연히 맞닥뜨리고 나면 다음번에는 전략을 바꾼다. 뇌는 즉시 보상으로 이어지는 상황들을 기록해두기 시작한다. '잠깐 기다려. 아, 기분 좋군. 그전에는 어떻게 했더라?'

모든 인간 행위의 기저에는 이런 피드백 순환 작용이 존재한다. 시도하고, 실패하고, 배우고, 다르게 시도해보는 것이다. 수많은 연습을 통해 쓸모없던 시도는 사라지고, 유용한 행동들은 강화된다. 습관이 형성되는 것이다.

반복적으로 발생하는 문제에 부딪히면 이제 뇌는 문제 해결 과정을 자동화하기 시작한다. 습관은 우리가 정기적으로 직면하는 문제와 스트레스를 푸는 일련의 자동화된 해결책이라 할 수 있다. 행동과학자 제이슨 레아Jason Hreha는 이렇게 말했다. "습관은 우리를 둘러싼 환경에서 되풀이되는 문제의 안정적인 해결책일 뿐이다."[5]

습관이 만들어지면 뇌 활동은 감소한다.[6] 성공을 예상하며 모든 일을 조정하는 신호들을 손아귀에 쥐는 걸 배운다. 장차 유사한 상황이 벌어지면 무엇을 해야 할지 정확히 알게 된다. 더 이상 상황을 모든 관점에서 분석할 필요가 없어진다.

뇌는 시행착오 과정을 건너뛰고 '이런 상황에서는 이렇게 한다'는 규칙을 만들어낸다. 그리고 그와 유사한 상황이 벌어지면 이런 인지적 각본들이 자동적으로 이어진다. 이제 스트레스가 생기면 스트레스를 해결하고 싶어 근질거린다. 직장에서 집으로 돌아오자마자 비디오게임 콘트롤러를 잡는 것이다. 한때 노력을 요했던 선택은 이제 자동적인 행위가 된다. 습관이 만들어진 것이다.

습관은 경험을 통해 학습된 정신적 지름길이다. 이런 의미에서 습관은 과거에 발생했던 문제를 어떻게 해결했는지에 대한 기억일 뿐이다. 조건이 맞는다면 그 기억을 끄집어내서 자동적으로 같은 해결책을 적용한다. 뇌가 과거를 기억하는 중요한 이유는 장차 무슨 일이 일어날지 더 잘 예측할 수 있기 때문이다.[7]

습관은 엄청나게 유용하다. 뭔가를 의식하는 과정은 뇌에 병목현상을 일으키기 때문이다.[8] 의식은 한 번에 한 가지 문제에만 집중할 수 있다. 뇌는 늘 가장 본질적인 작업에 의식적으로 주의를 기울인다.

하지만 의식은 자기가 할 일을 무의식에 떠넘겨 자동으로 처리되도록 하는 걸 좋아한다.[9] 이 때문에 습관 형성은 신중하게 일어난다. 습관은 인지 부하cognitive load를 줄이고 정신의 수용량을 늘려, 우리가 다른 일에도 신경 쓸 수 있도록 해준다.[10]

습관의 효율성에도 불구하고 몇몇 사람들은 여전히 습관이 주는 이익을 의심한다. "습관은 인생을 따분하게 만들지 않아? 즐겁지 않은 라이프스타일로 날 밀어넣고 싶지 않아. 일상적으로 처리하는 일이 많아지면 인생에서 가슴이 뛰고 즉흥적인 일들이 사라지지 않을까?"

그렇지 않다. 이런 질문들은 잘못된 이분법을 만들어낸다. 습관을 만들 것인지, 자유를 얻을 것인지 선택해야 한다고 생각하게 만든다. 하지만 이 두 가지는 서로 보완하는 특성이 있다.

습관은 자유를 제한하지 않는다. 오히려 만들어준다. 실제로 습관을 다루지 못할수록 자유가 줄어들기도 한다. 예를 들어 좋은 경제적 습관을 들이지 못했다면 늘 다음에 쓸 돈 때문에 시달린다. 좋은 건강 습관을 들이지 못했다면 늘 체력이 부족하다고 느낀다. 좋은 학습 습관을 들이지 못했다면 늘 뒤처지는 것처럼 느낀다. 언제 운동을 할지, 어디서 글을 쓸지, 언제 청구서를 지불할지 등 간단한 일들을 결정하는 데 늘 쫓긴다면 자유롭게 쓸 시간이 줄어든다.

자유롭게 생각하고 창조성을 발휘할 정신적 여유를 만들어낼 수 있느냐는 삶의 기본적인 일들을 더 쉽게 만드는 데 달려 있다.

반대로 습관을 조정하고, 삶의 기본적인 일들을 더 쉽게 만들었다면 우리의 마음은 새로운 도전들을 포착하고 다음에 벌어질 문제들을 해결하는 데 더 자유로워진다. 이처럼 지금 습관을 만드는 것은 장래에 하고 싶은 일을 더욱 잘할 수 있게 해준다.

도넛 하나 사 먹을 때 벌어지는 일

습관을 세우는 과정은 '신호, 열망, 반응, 보상'이라는 네 가지 단계로 간단하게 나눌 수 있다.* 습관이란 무엇이고 어떻게 작동하며, 이를 어떻게 증진시킬 수 있는지 좀 더 쉽게 이해할 수 있도록 습관이 만들어지는 과정을 살펴보자.

이 패턴은 모든 습관의 중추로, 우리의 뇌는 매 순간 똑같은 순서

---

* 찰스 두히그의 《습관의 힘》을 읽은 독자들은 이 용어를 알아볼 것이다. 이 굉장한 책에서 나는 그가 더 언급하지 않은 부분을 설명하고자 한다. 우리가 일과 생활에서 더 나은 습관을 만드는 데 적용할 수 있도록, 그가 언급한 단계들을 통합해 간단한 네 가지 법칙을 제시할 것이다.

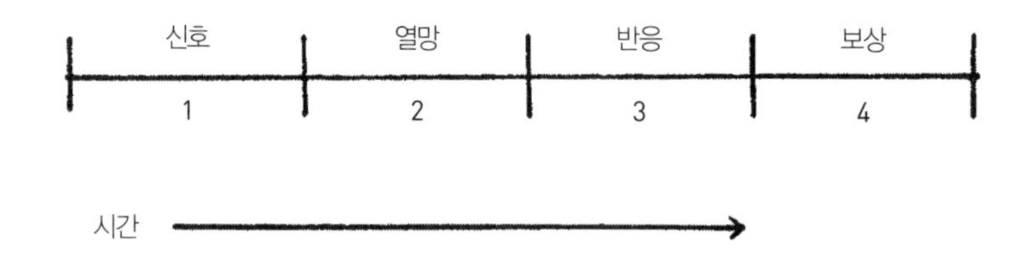

○ 습관은 신호, 열망, 반응, 보상의 순서로 진행된다.

로 이 단계들을 밟아나간다.

먼저 '신호'cue가 있다. 신호는 뇌가 행동을 시작하게끔 자극한다. 여기에는 보상이 예상되는 정보가 약간 있다. 선사시대 우리 조상들은 음식, 물, 성性적 행위 같은 주요 보상이 있는 곳을 암시하는 신호에 주의를 집중했다. 오늘날 우리는 돈이나 명예, 권력, 지위, 칭찬과 인정, 사랑과 우정, 만족감 같은 이차적인 보상이 예측되는 신호를 찾아내는 데 대부분의 시간을 보낸다(물론 이 역시 간접적으로 생존 및 재생산 가능성을 높이기 위함이다. 이는 우리가 하는 모든 일의 바탕에 깊숙이 내재된 동기다).

우리의 정신은 보상이 어디 있는지 단서를 찾기 위해 끊임없이 외적 환경을 분석한다. 신호는 보상에 가까워지는 첫 번째 지표이기 때문에, 이는 열망으로 이어진다.

'열망'craving은 두 번째 단계로, 모든 습관 뒤에 있는 동기적 힘이다. 동기나 욕망, 즉 변화하고자 하는 열망이 없다면 행동할 이유도 존재하지 않는다. 우리가 열망하는 것은 습관 그 자체가 아니라 그것이 가져올 변화다.

우리는 담배 피우는 것이 아니라 그것이 주는 안정감을 열망한다. 칫솔질이 아니라 입안을 청결히 하기 위해 동기가 발생한다. 그냥 텔레비전을 켜고 싶은 것이 아니라 놀고 싶어서 켜는 것이다. 모든 열망은 내적 상태를 변화시키고자 하는 욕구와 연결되어 있다. 이는 무척이나 중요한 부분으로, 나중에 더 상세하게 논의할 것이다.

열망은 사람마다 다르다. 이론상 어떤 신호가 열망을 끄집어낼 수 있지만 실제로 누구나 같은 신호에 동기가 생기지는 않는다. 도박사에게는 슬롯머신 소리가 강한 욕망을 일으킬 수 있다. 하지만 일부 도박사들에게는 그런 촉매가 카지노의 딸랑거리는 소리나 차임벨 소리 같은 배경 소음일 수도 있다. 신호는 해석되기 전까지는 아무 의미가 없다. 관찰자의 생각, 느낌, 감정은 신호가 열망으로 변환된 것이다.

세 번째 단계는 '반응'response이다. 반응은 우리가 수행한 실제 습관으로, 생각이나 행동을 형성할 수 있다. 또한 반응은 우리에게 동기가 일어나는 방식과 그 행동에 대한 저항 정도에 따라 달라진다. 어떤 행위를 할 때 생각보다 훨씬 큰 육체적, 정신적 노력이 필요하다면 우리는 그 일을 하지 않게 된다.

반응은 능력에 따라 달라지기도 한다. 단순하게 들리겠지만 습관은 내게 그 일을 처리할 능력이 있는 경우에만 형성될 수 있다. 농구를 하면서 덩크슛을 넣고 싶다고 해도 작은 키 때문에 골대에 닿을 만큼 점프할 수 없다면 그건 운이 없다고 봐야 한다.

습관을 형성하는 네 단계

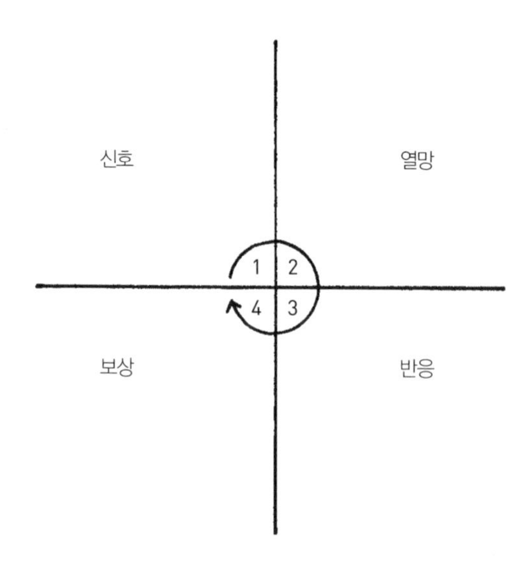

○ 습관 형성의 네 단계는 피드백 순환으로 가장 잘 설명할 수 있다. 이것들은 우리가 살아 있는 매 순간 움직이는 사이클을 만들어낸다. 우리는 계속 환경을 살피고, 다음에 무슨 일이 일어날지 예측하고, 다른 반응을 시도해보고, 결과에서 배움으로써 습관을 형성한다.*

마지막으로 반응은 '보상'reward을 가져다준다. 보상은 습관의 최종 목표다. 신호는 보상을 알아차리는 일에 관한 것이다. 열망은 보상을 원하는 일에 관한 것이다. 반응은 보상을 얻어내는 일이다. 우리는 두 가지 목적에서 보상을 추구한다.

* 이 이미지는 찰스 두히그와 니르 이얄Nir Eyal에게서 영향을 받은 것이다. 이 도표는 《습관의 힘》으로 대중화된 용어와 《훅》Hooked으로 대중화된 디자인을 조합해 만들었다.

첫째, 보상에 만족한다. 둘째, 보상을 통해 배운다.

보상의 첫 번째 목적은 열망을 충족시키는 것이다. 그렇다. 보상은 그 자체로 이득을 제공한다. 음식이나 물은 살아남는 데 필요한 에너지를 전달한다. 승진은 더 많은 돈과 높은 지위를 가져온다. 멋진 몸을 만드는 것은 건강과 데이트의 가능성을 높인다. 하지만 더 즉각적으로 보상은 먹을 것이나 사회적 지위, 인정에 대한 우리의 열망을 충족시킨다. 최소 한순간이라도 보상은 만족감을 제공하고, 열망을 줄인다.

둘째, 우리는 보상을 통해 어떤 행위가 미래에 기억할 만한 가치가 있는지 배운다. 우리의 뇌는 보상 탐지기다. 살아가는 동안 우리의 감각신경 시스템은 우리의 욕망을 충족시키고 기쁨을 가져다줄 행위를 끊임없이 탐색한다. 기쁨이나 실망은 뇌가 유용한 행위와 쓸모없는 행위를 구분하도록 돕는 피드백 메커니즘의 일부다.[11] 보상은 피드백 순환을 끝내고, 습관 사이클을 완성한다.

어떤 행동이든 네 단계 중 하나라도 충족시키지 못하면 습관이 되지 않는다. 신호를 제거하면 습관의 단계로 들어가지 않는다. 열망이 감소하면 동기가 부여되지 않는다. 반응이 어려우면 그 행동을 할 수가 없다. 보상이 욕구를 충족시키지 못하면 나중에 그 일을 다시 할 이유가 없다. 첫 세 단계가 없다면 행동은 일어나지 않는다. 네 단계 모두 없다면 행동은 반복되지 않는다.

요컨대 신호는 열망을 촉발하고, 열망은 반응의 동기가 되며, 반응은 보상을 제공하고, 보상은 열망을 충족시키며 이는 신호와 관계가 있다. 이 네 단계는 신경학적 피드백 순환, 즉 신호, 열망, 반응, 보상 체계를 형성하며 궁극적으로 자동화된 습관을 만들어준다. 이 사이클을 '습관 순환'habit loop이라고 한다.

이 네 단계는 이따금 일어나는 것이 아니라 우리가 살아 있는 매 순간 작동하고 활성화되는 끝없는 피드백 순환 고리다. 물론 지금 이 순간에도 일어나고 있다. 뇌는 지속적으로 환경을 살펴보고, 다음에 일어날 일을 예측하고, 다른 반응들을 시도하고, 결과에서 배운다. 전체 과정은 찰나에 이뤄지며 우리는 이전 과정을 거치지 않고 모든 것을 자신도 모르는 사이에 다시 반복한다.

또한 이는 크게 두 가지 국면으로 쪼갤 수 있다. 문제 국면과 해결 국면이다. 문제 국면은 신호와 열망 단계로, 변화의 필요성을 깨닫는 때다. 해결 국면은 반응과 보상 단계로, 행동을 시도하고 열망하던 변화가 일어나는 때다.

문제 국면		해결 국면	
1. 신호	2. 열망	3. 반응	4. 보상

모든 행동은 문제를 해결하려는 열망으로 생긴다. 때로 문제는 우리가 뭔가 좋은 것을 알아차리고 얻어내고 싶을 때나 고통을 경감시키고 싶을 때 발생한다. 어느 쪽이든 습관의 목적은 직면한 문제를 해결하는 것이다. 실제 삶에서 이를 살펴보자.

문제 국면		해결 국면	
1. 신호	2. 열망	3. 반응	4. 보상
새로운 문자 메시지가 들어와 휴대전화가 울린다.	그 메시지의 내용을 읽고자 한다.	휴대전화를 집어 들고 메시지를 읽는다.	메시지를 읽는다는 열망이 충족되었다. 휴대전화를 집는 행동은 메시지 도착을 알리는 소리와 관계가 있다.
이메일에 회신을 하고 있다.	스트레스를 받기 시작하고, 그 일에 부담을 느낀다. 자신감을 느끼고 싶다.	손톱을 자꾸 물어뜯는다.	스트레스를 줄이려는 열망이 충족되었다. 손톱을 물어뜯는 행위는 이메일 회신과 관계가 있다.
잠에서 깨어났다.	말끔한 정신으로 하루를 시작하고 싶다.	원두커피 한 잔을 마신다.	정신을 차리고 싶다는 열망이 충족되었다. 커피 마시는 행위는 잠에서 깨는 것과 관계가 있다.
걸어서 사무실에 가는데 근처 도넛 가게에서 도넛 냄새가 풍겨온다.	도넛을 먹고 싶은 마음이 생긴다.	도넛을 하나 사서 먹는다.	도넛을 먹고 싶다는 열망이 충족되었다. 도넛을 사는 행위는 사무실로 걸어가는 행위와 관계가 있다.
직장에서 프로젝트를 하는데 난관에 부딪혔다.	옴짝달싹할 수 없는 기분을 느낀다. 좌절감을 줄이고 싶다.	휴대전화를 꺼내 SNS를 확인한다.	좌절감을 줄이고 싶다는 열망이 충족되었다. SNS를 확인하는 것은 직장에서 느낀 정체된 감정과 관계가 있다.

어두운 방 안으로 걸어간다.	뭔가 보였으면 좋겠다.	전등의 스위치를 켠다.	뭔가 보이길 바라는 열망이 충족되었다. 스위치를 켜는 것은 어두운 방에 있는 것과 관계가 있다.

어두운 방 안으로 걸어 들어가 전등 스위치를 켰다고 해보자. 우리는 스위치를 켠다는 생각을 미처 하기도 전에 수없이 이 단순한 습관을 행해왔다. 몇 초 안에 이 네 가지 단계를 모두 밟은 것이다. 생각하지 않고도 행동하려는 시도가 일어났다.

어른이 되어갈수록 습관이 우리 삶을 운용하고 있다는 것을 우리는 거의 알아차리지 못한다. 우리는 대부분 매일 아침 신는 신발의 끈을 묶는다든가, 토스터를 사용한 후에 전원을 끈다든가, 퇴근하고 집에 와서 편안한 옷으로 갈아입는다든가 하는 일은 의식적으로 하지 않는다. 수십 년간 정신적 프로그래밍이 진행된 후 자동적으로 이런 생각과 행동 패턴으로 넘어온 것이다.

행동 변화의 네 가지 법칙

다음 장에서 우리는 시간 그리고 신호, 열망, 반응, 보상의 네 단계가 우리가 매일 하는 대부분의 일들에 어떻게 영향을 끼치는지 살펴볼 것이다. 하지만 그전에 이 네 단계들을 반영해 좋은 습관을 고안하고 나쁜 습관을 제거할 수 있는 실제적인 행동 틀을 세워야 한다.

나는 이 틀을 '행동 변화의 네 가지 법칙'이라고 부르는데, 이것이 좋은 습관을 만들고 나쁜 습관을 깨뜨리는 간단한 규칙들을 제공하기 때문이다. 이 법칙 하나하나는 인간의 행동에 영향을 미치는 레버와 같다. 레버가 제대로 된 위치에 있다면 좋은 습관을 만드는 건 수월하다. 반대로, 잘못된 위치에 있다면 거의 불가능하다.

	좋은 습관을 만드는 방법
첫 번째 법칙(신호)	분명하게 만들어라
두 번째 법칙(열망)	매력적으로 만들어라
세 번째 법칙(반응)	하기 쉽게 만들어라
네 번째 법칙(보상)	만족스럽게 만들어라

이 법칙들은 나쁜 습관을 깨뜨리는 방법으로도 바꿀 수 있다.

	나쁜 습관을 깨뜨리는 방법
첫 번째 법칙(신호)	보이지 않게 만들어라
두 번째 법칙(열망)	매력적이지 않게 만들어라
세 번째 법칙(반응)	하기 어렵게 만들어라
네 번째 법칙(보상)	불만족스럽게 만들어라

이 네 가지 법칙이 너무 힘들다고 말한다면 그건 너무 무책임하게 들린다. 이 법칙들은 모두 비슷하다. 곧 알게 되겠지만 행동 변화의 네 가지 법칙은 스포츠, 정치, 예술, 의학, 코미디, 경영에 이르기까지

거의 모든 분야에 적용할 수 있다. 이 법칙들은 어떤 도전에 맞닥뜨려도 이용할 수 있다. 습관마다 각기 다른 전략이 필요하진 않다. 행동을 변화시키고 싶다면 다음과 같은 간단한 질문을 해보라.

1. 어떻게 그것을 분명하게 만들 수 있을까?
2. 어떻게 그것을 매력적으로 만들 수 있을까?
3. 어떻게 그것을 하기 쉽게 만들 수 있을까?
4. 어떻게 그것을 만족스럽게 만들 수 있을까?

'할 거라고 말해놓고 왜 하지 않았을까?' '왜 살을 빼지 않았을까?' '왜 담배를 끊지 않았을까?' '왜 연금 저축을 하지 않았을까?' '왜 재테크를 시작하지 않았을까?' '왜 중요한 줄 알면서 할 시간을 내지 않았을까?'

한 번이라도 이렇게 자문해본 적이 있는가? 이런 질문에 대한 답은 위 네 가지 법칙 어디서든 찾을 수 있다. 좋은 습관을 만들고 나쁜 습관은 버리는 핵심은 이 기초 법칙들을 이해하고 자신의 특성에 맞춰 적용하는 방법을 아는 것이다. 어떤 목표라도 본성에 위배되면 실패할 수밖에 없다.

습관은 각자의 인생에 존재하는 시스템에 따라 다르게 형성된다. 이제는 이 법칙들을 하나씩 살펴볼 것이다. 그리고 좋은 습관을 자연스럽게 형성하고 나쁜 습관들을 버리는 시스템을 만드는 과정에서 이 법칙들을 어떻게 이용할지 설명할 것이다.

· summary ·

- 습관은 자동적으로 실행될 때까지 여러 번 반복한 행동이다.
- 습관의 궁극적인 목적은 적은 에너지와 노력으로 인생의 문제들을 해결하는 것이다.
- 모든 습관은 신호, 열망, 반응, 보상의 네 단계의 피드백 순환으로 쪼개어 살펴볼 수 있다.
- 행동 변화의 네 가지 법칙은 더 나은 습관을 만드는 데 이용할 수 있는 규칙이다. 첫째, 분명하게 만들어라. 둘째, 매력적으로 만들어라. 셋째, 하기 쉽게 만들어라. 넷째, 만족스럽게 만들어라.

첫 번째 법칙

분명해야 달라진다

인생은 생각하는 만큼 바뀐다

심리학자 게리 클레인Gary Klein은 어느 날 내게 몇 년간 응급의료원으로 일했던 한 여성의 이야기를 들려주었다.[1] 사건이 일어난 것은 그녀가 가족 모임에 참석했을 때였다. 그녀는 아버지를 한 번 쳐다봤는데 아버지의 안색이 안 좋아 무척이나 신경이 쓰였다.

"아버지, 지금 별로 안색이 안 좋아 보여요."

아버지는 기분이 정말 좋은 상태였고 그래서 농담을 던졌다.

"얘야, 너도 오늘 별로 안 좋아 보이는구나."

"아니요. 그게 아니고요. 아버지 얼굴을 보니 지금 당장 병원에 가셔야 할 것 같아요."

몇 시간 후 그는 병원에 가서 검사를 받았다. 대동맥경화였고, 언제 심장마비가 일어날지 모른다는 판단 아래 응급 수술에 들어갔다. 딸의 직관이 없었다면 그는 목숨을 잃었을 것이다. 이 여성은 무엇을 본 것일까? 그녀는 어떻게 아버지의 얼굴에서 심장마비 위험이 있다는 것을 예측했을까?

대동맥이 폐색되면 신체는 주요 장기로만 혈액을 내보내 표피 근처 지엽적인 곳들에는 피가 흐르지 않게 되고, 그 결과 얼굴에도 혈액이 제대로 분배되지 않는다. 그녀는 병원에서 심부전을 일으킨 사람들을 수년간 봐오면서, 자신도 모르게 이런 패턴을 시각적으로 인지하는 능력을 계발한 것이다. 그날 본 아버지의 얼굴이 정확히 어땠기 때문에 그런 판단을 내렸는지 설명할 수는 없었지만 뭔가 확실히 잘못되었다는 것은 알았다.

다른 분야에서도 이와 유사한 이야기들이 존재한다. 예를 들어 군사 전문가는 레이더 스크린에 깜빡거리는 빛만 보고도 아군 비행기와 적군의 미사일을 구별할 수 있다.[2] 걸프 전쟁 동안 마이클 라일리 Michael Riley 소령은 레이더에서 아군 전함이 보유한 전투기와 똑같이 보이는 적군의 미사일을 발견하고 그 즉시 제거 명령을 내려 전함 전체를 구했다. 그러나 그의 상급 장교들은 그가 어떻게 이런 일을 해냈는지 설명할 수 없었다.

박물관 큐레이터들은 진품과 모조품이 세부적으로 어떻게 다른지 설명할 수는 없지만 전문적으로 위조된 모조품을 골라낼 수 있다.[3] 경험 많은 방사선 전문의들은 뇌 스캔 영상을 보고 뇌졸중이 생겨날 위치를 예측할 수 있다.[4] 어떤 미용사는 머리카락의 느낌만으로 고객의 임신 사실을 알아차렸다는 이야기도 있다.

인간의 뇌는 예측 기계다.[5] 뇌는 지속적으로 우리가 처한 환경을 받아들이고 거기서 우연히 맞닥뜨리는 정보들을 분석한다. 긴급의료원이 심장마비 환자의 얼굴을 본다든지, 군사 전문가가 레이더 스크린에 뜬 미사일을 보는 등 뭔가를 반복적으로 경험하면 뇌는 무엇이 중요한지 알아차리고, 상세한 내용들을 분류하고, 관련 신호들을 포착하고, 장차 사용할 정보들을 기록해둔다.

따라서 충분히 연습한다면 우리는 의식적으로 그 일에 대해 생각하지 않고서도 특정 결과를 암시하는 신호들을 집어낼 수 있다. 뇌는 경험을 통해 습득한 교훈들을 자동적으로 인코딩한다. 우리는 무엇을 배워나가고 있는지 늘 잘 설명할 수 있는 건 아니지만, 학습 과정은 계속 이뤄지고 있으며 주어진 상황에서 관련 신호를 포착하는 능력은 우리가 가진 습관의 기반이 된다.

우리는 뇌와 신체가 생각하는 과정 없이 얼마나 많은 일을 할 수 있는지 과소평가한다. 우리는 머리카락이 자라는지, 심장이 뛰는지, 폐가 호흡 과정을 처리하는지에 대해 말하지 않는다. 하지만 신체는 이 모든 일들을 처리한다. 더욱이 이건 자동조종장치다. 우리는 의식적 자아 그 이상이다.

허기를 느꼈다고 생각해보라. 언제 허기가 느껴지는지 어떻게 알까? 카운터 위에 놓인 쿠키를 봐야만 식사 때가 되었음을 깨닫진 않는다. 미각과 허기는 무의식의 지배를 받는다. 우리의 신체는 다양한 피드백 순환을 가지고 있고, 언제 다시 식사할 때가 되었는지 점차적으로 우리에게 알려주고, 우리 주변과 내부에서 무슨 일이 일어나는지 추적한다. 욕구는 우리 신체 전반에서 일어나는 호르몬과 화학적 순환 작용으로 일어난다. 뭔가가 확실히 알려주지 않아도, 우리는 돌연 배고픔을 느낀다.

이것이 습관에 관한 가장 놀라운 점 중 하나다. 습관을 시작하기 위해 반드시 어떤 신호를 인지해야 하는 것은 아니라는 말이다. 기회를 포착하고, 의식적으로 주의를 기울이지 않아도 행동을 취할 수 있다. 이는 습관이 유용한 이유다.

그러나 반대로 이는 습관이 위험한 이유이기도 하다. 습관이 형성되고 나면 자동적, 무의식적으로 행위가 일어난다. 무슨 일이 일어나고 있는지 미처 깨닫기 전에 과거의 패턴대로 행동하는 것이다.

누군가가 지적하지 않는 한, 우리는 자신이 그런 행동을 하고 있다는 걸 알아차리지 못한다. 기침을 할 때 손으로 입을 막는다든지, 질문을 하거나 다른 사람의 말을 가로막기 전에 양해를 구한다든지와 같이 미리 알아차리지 못하고 넘겨버리곤 한다. 그런 패턴들을 반복할수록 자신이 어떤 행동을 하고 있는지, 왜 그 행동을 하고 있는지 의문을 품지 않게 된다.

한 가게의 점원이 손님들이 사용하고 난 선불카드를 잘라버리라는 지시를 받았다.[6] 그는 줄지어 서 있는 선불카드 이용 고객들의 계산을 처리해주고 있었다. 그러다 한 손님의 차례가 되었고, 점원은 손님의 '신용카드'를 받아 들고는 가위로 잘라버렸다. 정말이지 완벽하게 자동적인 행위였다. 손님의 놀란 얼굴을 보고서야 그는 무슨 일이 일어났는지 깨달았다.

내가 알던 한 여성은 전직 유치원 교사로, 당시에는 일반 회사에서 일하고 있었다. 그녀는 성인들과 함께 일하고 있었지만 종종 과거의 습관이 나타나서 직원들에게 화장실을 다녀온 뒤에 '손은 씻었느냐'는 등의 질문을 했다고 한다.[7] 몇 년간 구조대원으로 일했던 한 남성은 아이들이 뛰는 것을 보면 이따금 "걸어!"라고 소리친다고 한다.[8]

시간이 흐를수록, 습관을 촉발시키는 신호들은 기본적으로 눈에 잘 보이는 무척이나 흔한 것이 된다. 주방 카운터에 있는 물건이나 소파 옆에 놓인 리모컨, 주머니 속에 든 휴대전화처럼 말이다. 이런 신호들에 대한 반응은 너무나 깊이 인코딩되어 있어서 우리는 어디서 나오는지도 모르는 행동을 해야 할 것처럼 느낀다. 바로 그렇기 때문에 우리는 의식적으로 행동 변화 과정을 시작해야 한다. 의식하지 않으면 변할 수 없다.

새로운 습관을 효율적으로 세우기 전에 먼저 현재의 습관을 파악해야 한다. 이것은 생각보다 훨씬 어려운 일인데, 일단 어떤 습관이 삶에 단단히 뿌리내리면 대개 무의식적이고도 자동적으로 일어나기 때문이다. 습관이 계속 무의식적으로 일어난다면 그것을 발전시킬 수도 없지 않은가.

심리학자 칼 융은 말했다. "무의식을 의식으로 만들기까지 당신 삶의 방향을 이끄는 것, 우리는 그것을 운명이라고 부른다."[9]

일본의 철도 시스템은 세계 최고 중 하나로 꼽힌다. 도쿄에서 기차를 타본 적이 있다면 철도원들이 독특한 행동을 한다는 걸 알 것이다. 이들은 기차를 운행할 때 특정한 일이 있을 때마다 이를 확인하고 크게 외치는 행동을 의례적으로 수행한다.

예를 들어 기차가 신호를 받으면 철도원은 "신호가 파란불입니다." 라고 외친다. 기차가 각 역에 들어오고 나갈 때는 속도계를 가리키고 그 시점의 정확한 속도를 불러준다. 발차 시간이 되면 시간표를 가리키고 그 시각을 소리친다. 플랫폼 밖에서는 다른 철도원들이 유사한 행동을 수행한다. 기차가 출발하기 전에 철도원은 플랫폼 가장자리에 가서 "이상 무!" 하고 외친다. 모든 세부 사항들을 확인하고, 지시하고, 크게 외친다.

일본을 방문했을 때 나는 이 방법이 한 여성을 위기에서 구해준 것을 봤다. 그녀의 어린 아들이 신칸센에 올라탔고 막 문이 닫히고 있었다. 신칸센은 시속 300킬로미터 이상으로 달리는 고속열차다. 그녀는 기차 밖 플랫폼에 홀로 남겨졌고, 기차는 막 출발하려는 참이었다. 출발 직전 철도원은 플랫폼 위아래를 가리키며 소리치는 안전 점검을 수행했다. 그러다 간발의 차로 이 여성을 발견했고, 발차하려는 열차를 간신히 멈춰 세웠다. 문이 열렸고 여성은 눈물을 흘리며 아들에게로 달려갔다. 잠시 후 열차는 안전하게 출발했다.

이렇게 확인하고 외치는 과정은 실수를 줄이기 위해 고안된 안전

시스템이다. 번거로워 보이지만 이 시스템은 믿을 수 없을 만큼 잘 작동한다. 이 시스템은 85퍼센트 이상 실수를 줄였고, 30퍼센트까지 사고율을 낮췄다.[10] 뉴욕 시의 MTA 지하철 시스템은 이 시스템을 수정해 '확인만' 하는 점검 방식을 도입했는데 2년 동안 수행한 결과 잘못 들어온 객차율을 57퍼센트 낮췄다.[11]

확인하고 외치는 이 시스템은 무의식적인 습관을 의식적인 수준으로, 즉 인지 수준을 끌어올리기 때문에 무척이나 효율적이다. 철도원은 눈, 손, 입, 귀를 다 사용하기에 뭔가 잘못되기 전에 문제를 알아차릴 수 있다.

내 아내도 이와 유사한 행동을 한다. 여행을 가려고 문을 나서려고 준비하면서 그녀는 가져가야 할 짐 대부분의 이름을 크게 부른다. "열쇠 챙겼고, 지갑 챙겼고, 안경 챙겼고, 남편도 챙겼고."

행동이 자동적으로 나올수록 그것에 대해 의식적으로 생각하는 일은 줄어든다. 이전에 어떤 행동을 수천 번 했다면 우리는 그 일들을 간과하기 시작한다. 이 일이 하기에 괜찮은 것인지 묻는 걸 그만두고 늘 하던 대로 그 일을 한다. 나쁜 습관을 버리지 못하고 실패하는 일 대부분이 이런 자기인식 결핍에서 나타난다.

습관을 변화시킬 때 가장 큰 어려움은 우리가 실제로 무엇을 하고 있는지 인식하지 못하는 데 있다. 나쁜 습관이 슬금슬금 되살아나는 이유도 이것으로 설명할 수 있다. 따라서 '확인하고 외치는' 시스템은 우리 생활에도 필요하다.

그래서 나는 습관 점수표를 만들었다. 이 점수표를 사용하는 간단한 연습을 통해 우리는 행동을 더욱 잘 인식할 수 있다. 자신만의 습관 점수표를 만들어보자. 먼저 일상적인 습관들을 죽 작성한다.

- 일어난다.
- 알람을 끈다.
- 휴대전화를 확인한다.
- 욕실로 간다.
- 체중을 잰다.
- 샤워를 한다.
- 이를 닦는다.
- 치실질을 한다.
- 데오드란트를 뿌린다.
- 수건을 건조대에 걸어둔다.
- 옷을 입는다.
- 차 한 잔을 마신다.

목록을 완성하면 각각의 행동들을 보고 스스로에게 물어보라. '이건 좋은 습관일까, 나쁜 습관일까, 아니면 그냥 습관일까?'

좋은 습관이라면 해당 항목 옆에 +를 표시하라. 나쁜 습관이라면 −를, 그냥 습관이라면 =을 표시하라. 예를 들면 다음과 같다.

- 일어난다. =

- 알람을 끈다. =
- 휴대전화를 확인한다. −
- 욕실로 간다. =
- 체중을 잰다. +
- 샤워를 한다. +
- 이를 닦는다. +
- 치실질을 한다. +
- 데오드란트를 뿌린다. +
- 수건을 건조대에 걸어둔다. =
- 옷을 입는다. =
- 차 한 잔을 마신다. +

어떤 상황에 어떤 표시를 하느냐는 각자의 상황과 목표에 따라 달라진다. 살을 빼려고 한다면 매일 아침 땅콩버터를 바른 베이글을 먹는 것은 나쁜 습관이다. 하지만 똑같은 행동도 근육량을 늘리려는 사람에게는 좋은 습관이 될 수 있다. 무엇을 지향하느냐에 따라 달라지는 것이다.

습관에 점수를 매기는 것은 또 다른 이유에서 조금 더 복잡할 수 있다. '좋은 습관'과 '나쁜 습관'이라는 꼬리표는 다소 오류가 있다. 애초에 좋은 습관이나 나쁜 습관이라는 건 없기 때문이다. 다만 효율적인 습관이 있을 뿐이다. 즉, 문제를 해결하는 데 효율적인지 그렇지 않은지가 중요하다. 습관은 각각의 방식으로 우리를 돕는데, 이는 나쁜 습관도 마찬가지다. 그리고 그렇게 돕는 방식이 우리가 같은 행동을 반복하는 이유다.

장기적 관점에서 자신에게 어떻게 이득이 되느냐에 따라 습관을 목록화하라. 일반적으로 말하면 좋은 습관은 온전히 긍정적인 결과를 가져온다. 반대로 나쁜 습관은 부정적인 결과를 가져온다. 흡연은 당장의 스트레스를 줄여주지만(단기적으로 우리에게 이득이다) 장기적인 관점에서 건강을 위한 행동은 아니다.

아직도 어떤 습관에 대해 평가하기 어렵다면 다음과 같은 질문을 해보자. 이 행동은 내가 바라는 사람이 될 수 있게 하는가? 이 습관은 내가 원하는 정체성을 쌓아나가는 한 표가 되는가, 위배되는 한 표가 되는가?

질문을 해보면 알겠지만 자신이 원하는 정체성을 강화시키는 습관은 대개 좋은 것이다. 반대로 자신이 원하는 정체성과 마찰을 일으키는 습관은 대개 나쁜 것이다.

자신만의 습관 점수표를 만들었다면 먼저 어느 것도 변화시킬 필요가 없다. 목표는 그저 실제로 무슨 일이 벌어지고 있는지를 아는 것이다. 판단하지 말고, 어떤 평가도 하지 말고 자신의 생각과 행동을 관찰해보자. 잘못에 대해 스스로 지적하거나 비판하지 마라. 또 성공한 일에 대해 스스로 칭찬하지도 마라.

매일 아침 초콜릿 바를 먹었다면 다만 그것을 인정하라. 마치 그런 행동을 한 누군가를 바라보듯이 말이다. 폭식을 했다면 다만 섭취해야 할 칼로리 이상을 먹어치웠다는 사실만 깨달아라. SNS를 확인하느라 시간을 낭비했다면 원하지 않는 방식으로 인생을 보냈다는 것을 깨달으면 된다.

나쁜 습관을 변화시키는 첫 번째 단계는 그것들을 직시하는 것이다. 추가로 도움이 필요하다고 느낀다면 자신의 행동에 대해 '확인하고 외치는' 방법을 시도해볼 수 있다. 그 행동에 대해 크게 말해보고, 행동 자체와 그것이 초래할 결과에 대해 생각해본다. 정크푸드를 먹는 습관을 없애고 싶은데 다시 과자로 손이 간다면 다음과 같이 크게 말하라. "나는 막 이 쿠키를 먹으려고 해. 하지만 이건 필요 없는 일이야. 먹으면 살찌고 건강을 해칠 거야."

나쁜 습관에 대해 큰 소리로 말하는 것을 직접 들으면 그것이 초래할 결과를 더욱 현실적으로 느끼게 된다. 그래서 자기도 모르게 과거의 습관으로 돌아가기보다는 그 행동에 무게를 더하게 된다.

해야 할 일 목록을 작성하고 이를 기억하고 있기만 해도, 이 접근법은 꽤나 유용하다. 그저 이렇게 소리 높여 말하라. "내일 나는 점심을 먹고 나서 우체국에 가야 해." 그러면 실제로 그 일을 할 가능성이 커진다. 행동에 대한 필요를 스스로 인식하면 모든 것이 달라질 수 있다.

행동 변화는 늘 인식에서 시작된다. 큰 소리로 말하거나 습관 점수표를 작성하는 것 같은 전략은 자신의 습관을 알게 해준다. 그리고 어떤 신호가 그것을 불러일으키는지 집중하게 되어 우리에게 이득이 되는 반응을 할 수 있게 도와준다.

· summary ·

- 충분히 익숙해지면 뇌는 의식적으로 생각하지 않고도 특정한 결과를 가져올 신호들을 집어낼 수 있다.
- 습관이 자동화되면 그 일을 하는 데 주의를 기울이지 않게 된다.
- 행동 변화 과정은 인식에서 시작한다. 습관을 변화시키기 전에 먼저 습관을 인식해야 한다.
- 확인하고 외치는 것은 행위를 말로 표현함으로써 무의식적 습관을 의식적인 단계로 끌어올린다. 즉, 인지 수준을 높여준다.
- 습관 점수표는 자신이 무슨 행동을 하고 있는지 더욱 잘 인식하게 해주는 간단한 연습이다.

아주 구체적으로 쪼개고 붙여라

2001년 영국에서 248명을 대상으로 2주 동안 운동 습관을 들이는 실험이 진행되었다.[1] 피험자들은 세 집단으로 나뉘었는데, 첫 번째 집단은 통제 집단으로 단순히 얼마나 자주 운동을 하는지에 대한 추적 조사를 실시했다. 두 번째 집단은 동기부여 집단으로 이들이 운동하는 것을 추적할 뿐만 아니라 운동의 장점에 대한 몇 가지 자료들을 읽게 했다. 또한 운동이 얼마나 관상동맥 질환 위험을 감소시키고 심장을 튼튼하게 하는지에 대한 프레젠테이션을 받았다.

마지막으로 세 번째 집단은 두 번째 집단과 같은 프레젠테이션을 받았다. 이들의 동기 수준은 두 번째 집단과 같았다. 하지만 이들은 여기에 더해 다음 주에 언제 어디서 운동을 할 것인지 계획을 세워야 했다. 특히 이들은 다음과 같은 문장으로 계획표를 끝마쳐야 했다. '다음 주에 나는 [X월 X일] [X시]에 [X]에서 최소 20분 동안 격렬한 운동을 할 것이다.'

첫 번째와 두 번째 집단은 35~38퍼센트의 사람들이 최소 주 1회 운동을 했다(흥미롭게도 두 번째 집단이 받은 동기부여 프레젠테이션은 행동에 유의미한 영향을 미치지 않았다). 하지만 세 번째 집단은 91퍼센트의 사람들이 최소 주 1회 운동을 했는데, 이는 평균 수치의 2배 이상이었다.

이들이 계획표에 쓴 문장은 '실행 의도'implementation intention라는 것으로, 언제 어디서 행동할지 사전에 계획을 세우는 것이다. 이는 우리가 특정한 습관을 실행하겠다는 의도를 갖게 해주는 방법이다. 주머니 속 휴대전화의 진동, 초콜릿 쿠키 냄새, 앰뷸런스의 사이렌 소리 등 습관을 촉발할 가능성이 있는 신호들은 광범위한 형태로 나타날 수 있다. 하지만 가장 일반적인 두 가지 신호는 시간과 장소다. 실행 의도는 이 두 가지 신호에 반응한다. 실행 의도를 만들어내기 위한 형식은 다음과 같다.

X라는 상황이 발생하면 Y라는 행동을 하겠다.

실행 의도가 목표를 유지하는 데 효율적이라는[2] 연구는 수백 가지나 된다. 이는 정확한 시간을 확실히 인지하는 것이다. 언제 감기 예방 접종을 하러 갈지,[3] 결장경 검사의 예약 시간을 기록해두는[4] 일들 말이다. 공부를 하는 것이든, 일찍 잠자리에 드는 것이든 실행 의도는 사람들이 습관을 계속 유지할 가능성을 높여준다.

연구자들은 심지어 실행 의도가 만들어지면 투표율도 증가한다는 사실을 알아냈다.[5] 사람들이 다음과 같은 질문에 대답할 때 실행 의도가 생겨났다. "투표소에 갈 때 어떤 길로 갈 거니?" "몇 시에 투표소에 갈 거니?" "몇 번 버스를 타고 투표소에 갈 거니?" 이제까지 성공한 정부 프로그램들은[6] 제때에 맞춰 세금 고지서를 발송하거나 언제 어디서 교통 범칙금을 내면 된다는 고지를 해서 시민들이 이를 확실히 지키도록 촉구한다.[7]

요점은 분명하다. 새로운 습관을 언제 어디서 수행할지 구체적인 계획을 세운 사람들은 그것을 지키는 경향이 더욱 크다. 무척이나 많은 사람이 이런 기본적이고 세부적인 사항을 생각하지 않고 습관을 바꾸려고 애쓴다.

우리는 흔히 이렇게 말한다. "난 더 건강하게 먹을 거야." "난 글을 더 많이 쓸 거야." 하지만 결코 언제 어디서 이 습관을 실행할지는 말하지 않는다. 실행에 대해서는 우연에 맡기고 '그 일을 하는 걸 기억만 하길' 바라거나 제때 맞춰 동기가 솟구치기를 바란다. 그러나 실행 의도는 '운동을 더 많이 하고 싶어.' '더 생산적인 사람이 되고 싶어.' '투표해야 해.' 같은 뭉뚱그려진 말들을 날려버리고 견고한 행동 계획을 세우게 만든다.

일반적으로 무엇을 해야 할지 분명하지 않을 때 동기는 결여된다. 행동을 해야 하는 시간과 장소가 늘 분명하지도 않다. 그렇기에 언제

올지 모를 타이밍을 기다리기보다는 습관에 시간과 장소를 부여해 실행 의도를 세워야 한다. 일단 실행 의도가 마련되면 동기가 솟아오르기를 기다리지 않아도 된다. 한 페이지를 오늘 쓸까, 말까? 명상을 오늘 아침에 할까, 점심에 할까? 행동이 일어나는 순간, 결심은 필요 없다. 정해놓은 계획을 따르기만 하면 된다. 자신의 습관에 이 전략을 적용하는 간단한 방법은 다음과 같은 문장을 써보는 것이다.

나는 [언제] [어디서] [어떤 행동]을 할 것이다.

- 명상: 오전 7시에 주방에서 1분 동안 명상할 것이다.
- 공부: 저녁 6시에 내 방에서 20분 동안 스페인어를 공부할 것이다.
- 운동: 저녁 5시에 동네 체육관에서 1시간 동안 운동을 할 것이다.
- 결혼 생활: 아침 8시에 주방에서 배우자에게 차 한 잔을 만들어줄 것이다.

습관이 언제 시작되는지 확실하지 않다면 매주, 매월, 매년 첫째 날에 시도해보라. 사람들은 이 시기에 적극적으로 행동에 나서는 경향이 있다. 대개 가장 희망으로 부푸는 시기이기 때문이다.[8] 희망을 품으면 행동할 이유가 생긴다. 새로운 출발은 동기를 일으킨다.

실행 의도의 장점은 더 있다. 원하는 것이 무엇인지, 어떻게 달성할 것인지 확정되면 우리를 그 과정에서 이탈시키는 것, 주의를 흐트러뜨리는 것, 경로에서 벗어나게 만드는 것을 거부할 수 있다.

우리는 종종 사소한 요구들을 쉽게 허락하고 수용한다. 그 요구 말고 자신이 해야 할 일의 필요성을 명확하게 알지 못하기 때문이다. 목표가 모호하면 온종일 일어나는 작은 예외들을 허용하기 쉽다. 성공을 위해 해야 할 중요한 일들이 간과된다.

습관에 시간과 장소를 부여하라. 시간과 장소를 명확히 제시하라. 이를 충분히 반복하면 '왜'라는 의문을 품지 않고 적시에 적정한 일을 하게 될 것이다.

작가 제이슨 츠바이크Jason Zweig는 이렇게 말했다.[9] "우리는 대개 의식적으로 운동하러 간다. 하지만 파블로프의 개가 종소리를 들으면 침을 흘리듯이 우리가 주로 운동하러 갔던 그 시간이 되면 안절부절못하기 시작한다."

일과 일상에서 실행 의도를 사용할 방법은 제법 많다. 내가 가장 좋아하는 접근법은 스탠퍼드 대학교의 포그B. J. Fogg 교수에게서 배운 것인데, 나는 이 전략을 '습관 쌓기'라고 부른다.[10]

습관이 시간과 장소를 만났을 때

프랑스 철학자 드니 디드로Denis Diderot는 생애 대부분을 가난 속에서 살았는데 1765년 어느 날 갑자기 상황이 반전되었다.[11] 그는 딸의 결혼을 목전에 두고 있었지만 결혼 비용을 치를 만한 여력이 없었다. 돈은 없었지만 그는 당대 최고의 지식 백과 중 하나인《백과전서》Encyclopédie의 저자이자 출판사 공동 설립자로, 유명 인사였다.

러시아 제국 황제 예카테리나 2세는 디드로가 재정 문제를 겪고 있다는 것을 듣고는 크게 신경이 쓰였다. 그녀는 평상시 애서가로서《백과전서》를 무척이나 즐겨 읽었던 것이다. 그녀는 디드로의 개인 장서들을 1,000루블에 사겠다고 제안했는데, 오늘날 가치로 환산하면 150,000달러가 넘는 금액이다.*

디드로는 갑자기 여유 자금이 생기자 딸의 결혼 비용을 치르는 것 외에도 자신을 위해 주홍색 망토를 하나 샀다.[12] 디드로의 주홍색 망토는 무척이나 아름다웠다. 하지만 곧 그 망토가 자신이 지닌 다른 물건들과는 전혀 어울리지 않는 사실을 알아차렸다. 그는 자신의 물건들과 우아한 망토 사이에 "조화도, 통일성도 없고, 아름답지도 않다."[13]는 걸 깨달았다.

디드로는 곧 자신의 소지품들을 더 나은 것으로 바꿔야겠다고 느꼈다. 양탄자를 다마스쿠스 산으로 바꿨고, 집을 값비싼 조각상들로 꾸몄다. 벽난로 위에 화려한 거울을 올렸고, 식탁도 훨씬 좋은 것으로 바꿨다. 짚으로 만든 오래된 의자도 버리고 가죽 의자를 샀다. 도미노가 와르르 무너지듯 하나를 사면 다음 것을 사들였다.

* 예카테리나 2세는 장서를 사들였을 뿐 아니라 자신에게 그 책이 필요할 때까지 디드로가 가지고 있어도 되며, 자신의 개인 사서로 일하면 매년 급여를 지불하겠다고 제안하기까지 했다.

디드로의 행동이 특이한 것은 아니다. 이렇게 하나를 사면 다른 것까지 사게 되는 경향은 흔하다. 이런 행동을 가리켜 디드로 효과라고 한다. 디드로 효과는 새로운 것을 사게 되면 추가 구매가 일어나 소비의 소용돌이가 생겨나는 것을 말한다.[14]

이런 광경은 어디서나 발견할 수 있다. 옷을 사면 그 옷에 어울리는 신발과 귀걸이를 새로 사야 한다. 소파를 사면 갑자기 거실 전체의 조화를 위해 다른 가구들을 사야 할 것 같다. 자녀에게 장난감을 사주면 자신을 위해서도 뭔가 사야 할 것 같은 기분이 든다. 소비의 연쇄 반응이다.

인간의 많은 행동이 이런 사이클을 따른다. 우리는 종종 막 끝마친 일을 염두에 두고 다음에 할 일을 결정한다. 욕실로 가서 손을 씻고 닦고, 그 후에는 사용한 수건을 세탁실에 가져가야겠다는 생각을 떠올리고, 또 그 후에는 쇼핑 목록에 세탁 세제를 추가하고…. 이런 식으로 끝없이 이어진다. 행동은 단독으로 일어나지 않는다. 각각의 행동은 다음 행동을 부르는 신호가 된다.

왜 이것이 중요할까? 새로운 습관을 세울 때 자신에게 이득이 되는 행동과 연결시킬 수 있기 때문이다. 새로운 습관을 세우는 가장 좋은 방법 중 하나는, 이미 매일 하고 있는 현재의 습관이 무엇인지 파악한 다음 그 위에 새로운 행동을 쌓아올리는 것이다. 이것이 '습관 쌓기'habit stacking다. 습관 쌓기는 특별한 형태의 실행 의도다. 새로운 습관을 특정 시간, 특정 장소와 짝짓는 것이 아니라 현재 습관에 짝짓는 것이다. 포그 교수가 '작은 습관'Tiny Habits 프로그램에서 제시한[15] 이 방법은 거의 어떤 습관에든 적용 가능한 신호를 만들 수 있다.*

습관 쌓기 공식은 다음과 같다.

[현재의 습관]을 하고 나서 [새로운 습관]을 할 것이다.

- 명상: 매일 아침 커피 한 잔을 내리고 나서 1분 동안 명상할 것이다.
- 운동: 퇴근 후 외출복을 벗고 나서 곧바로 운동복으로 갈아입을 것이다.
- 감사: 저녁 식사 자리에 앉고 나서 오늘 하루를 무사히 보낸 데 감사하는 말 한마디를 할 것이다.
- 결혼 생활: 저녁에 잠자리에 들어가서 배우자에게 키스를 해줄 것이다.
- 안전: 운동화를 신고 나서 친구나 가족에게 내가 어디서 얼마나 달릴 것인지 문자로 알려놓을 것이다.

습관 쌓기의 핵심은 해야 할 행동을 이미 매일 하고 있는 행동과 짝짓는 것이다. 이 기초적인 구조를 완전히 습득하고 나면, 작은 습관들을 함께 연결시킴으로써 더 큰 습관을 쌓을 수 있다. 이는 한 가지

---

* 포그 교수는 이 전략을 '작은 습관 레시피'라고 부른다. 하지만 나는 이 책 전체에서 '습관 쌓기'라고 부를 것이다.

습관 쌓기

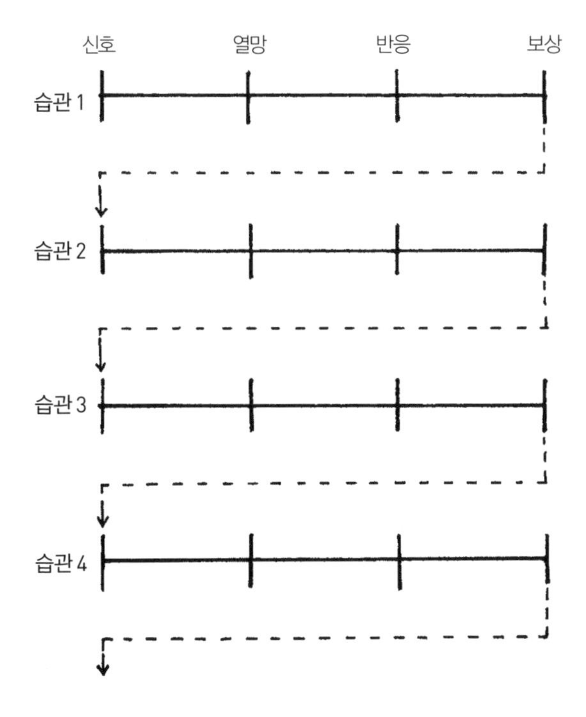

○ 습관 쌓기는 과거의 습관 위에 새로운 습관을 쌓아올림으로써 습관을 지속적으로 실행할 가능성을 높인다. 이 과정은 수많은 습관들을 함께 묶어 반복할 수 있는데, 각각의 행동은 다음 행동을 위한 신호가 된다.

행동에서 다음 행동으로 자연스럽고도 빠르게 넘어갈 수 있게 해준다. 긍정적인 디드로 효과인 것이다.

아침에 하는 일상적인 습관 쌓기는 다음과 같을 수 있다.

1. 매일 아침에 커피 한 잔을 내리고 나서 1분 동안 명상을 할 것

이다.

2. 1분 동안 명상을 하고 나서 오늘 할 일 목록을 작성할 것이다.
3. 오늘 할 일 목록을 작성하고 나서 즉시 첫 번째 일에 착수할 것이다.

저녁에 습관 쌓기를 할 수도 있다.

1. 저녁 식사를 하고 나서 그릇을 바로 식기세척기에 넣을 것이다.
2. 그릇을 치우고 나서 즉시 주방 조리대를 치울 것이다.
3. 주방 조리대를 치우고 나서 내일 아침에 쓸 커피 잔을 준비할 것이다.

또한 새로운 습관을 현재의 일상적인 일들 사이에 끼워 넣을 수도 있다. 예를 들어 아침마다 이미 다음과 같은 일상적인 일들을 한다고 해보자.

일어나서, 침대를 정돈하고, 샤워를 한다. 그런데 매일 밤 책을 더 읽는 습관을 들이고 싶다고 해보자. 습관 쌓기를 확장해서 다음과 같은 시도를 할 수도 있다. 일어나서, 침대를 정리하고, '베개 위에 책을 한 권 가져다놓고', 샤워를 한다. 이제 매일 밤 잠자리에 들 때 즐겁게 읽을 책 한 권이 베개 위에서 당신을 얌전히 기다리고 있을 것이다.

이처럼 습관 쌓기를 통해 우리를 미래의 행동으로 이끄는 간단한 규칙들을 만들 수 있다. 다음에 해야 할 행동을 위한 게임 계획 같은 것이다. 이 방식에 익숙해지면 상황이 적절할 때마다 우리를 이끌어 줄 일반적인 습관 쌓기를 계발할 수도 있다.

- 운동: 계단을 보면, 엘리베이터를 이용하는 대신 계단을 올라간다.
- 사교: 파티에 가면, 모르는 사람과 인사를 나눈다.
- 돈 관리: 100달러가 넘는 물건이 사고 싶어지면, 구매를 하루 미룬다.
- 건강한 식습관: 음식을 직접 만들어 먹으면, 언제나 접시에 채소를 먼저 담는다.
- 미니멀리즘: 새로운 물건을 사면, 물건 하나를 버린다(하나가 들어오면 하나가 나간다).[16]
- 기분: 전화가 울리면, 받기 전에 한 번 심호흡을 하고 웃는다.
- 건망증: 공공장소에서 자리를 뜰 때, 뒤에 남겨둔 것이 없는지 테이블과 의자를 확인한다.

이 전략을 어떻게 사용하느냐는 중요하지 않다. 성공적인 습관 쌓기 계획을 만드는 비결은 일을 시작하게 하는 올바른 신호를 모으는 것이다.

어떤 행동을 하기 위해 시간과 장소를 특별히 언급하는 실행 의도와 달리, 습관 쌓기에는 그것을 일깨우는 시간과 장소가 함축되어 있다. 습관 한 가지를 일상에 끼워 넣을 시기와 장소는 큰 차이를 만들어낼 수 있다.

예를 들어 아침 일과에 명상 시간을 넣고 싶다고 하자. 하지만 그 시간에 자녀들이 방 안을 뛰어다니고 어수선하기 그지없다면 시간과 장소를 잘못 선택한 것이다. 그 습관을 가장 성공적으로 실행할 수 있을 시간과 장소를 생각하라. 뭔가에 열중해 있는 시간에 어떤 습관을 시도하려고 하지 마라.

또한 신호는 시도하려는 습관과 같은 빈도로 일어나는 것이어야 한다. 만약 매일 어떤 습관을 실행하기로 했는데 매주 월요일에만 하는 기존 습관과 짝을 지어 습관 쌓기를 한다면 좋은 선택이 아니다.

습관 쌓기의 올바른 촉매를 찾는 방법 하나는 현재의 습관들을 죽 써보는 것이다. 앞에서 소개했던 습관 점수표를 활용할 수도 있다. 대신 목록은 두 열로 작성한다. 첫 번째 열에는 실패하지 않고 매일 하고 있는 습관들을 쓴다.*

예를 들면 이렇다.

- 침대에서 나온다.
- 샤워를 한다.
- 이를 닦는다.
- 옷을 입는다.

---

* 더 많은 예시와 지침들을 보고 싶다면 atomichabits.com/habitstacking에서 습관 쌓기 견본을 다운받을 수 있다.

- 커피를 내린다.
- 아침을 먹는다.
- 자녀를 학교에 데려다준다.
- 일을 하러 간다.
- 점심을 먹는다.
- 퇴근한다.
- 옷을 갈아입는다.
- 저녁을 먹는다.
- 불을 끈다.
- 잠자리에 든다.

목록이 훨씬 더 길어질 수도 있지만, 아마도 당신은 지금 내가 무슨 말을 하는지 알 것이다. 두 번째 열에는 매일 건너뛰지 않고 당신에게 일어나는 일들을 모두 써보자.

- 해가 떠오른다.
- 문자 메시지를 받는다.
- 알람이 울린다.
- 해가 진다.

이 두 가지 목록을 써보면 새로운 습관을 생활 어디에 덧씌워야 하는지 가장 좋은 자리를 찾을 수 있을 것이다.

습관 쌓기는 특히나 신호가 즉각적으로 일어나는 특정한 행동일 때 가장 잘 작동한다. 많은 사람이 너무 모호한 신호들을 선택한다. 나 역시 이런 실수들을 했다. 푸시업 습관을 들이려고 했는데 습관 쌓기를 '점심시간에 푸시업 열 개를 해야지.'라고 결정한 것이다. 처음에는 합당해 보였다. 하지만 곧 촉매가 불명확하다는 걸 깨달았다. 점심을 먹기 전에 푸시업을 한다고? 아니면 점심을 먹고 나서? 그럼 어디서 하지?

말도 안 되는 며칠을 보내고 나서 나는 이 습관 쌓기 전략을 수정했다. '점심을 먹으려고 노트북 컴퓨터를 닫았을 때 책상 앞에서 푸시업 열 개를 해야지.' 애매모호했던 내 전략은 순식간에 구체적인 것으로 바뀌었다.

'책을 더 많이 읽어야지.' '더 건강한 음식을 먹어야지.' 이런 습관은 훌륭하지만 언제 어떻게 행동할지를 지시하지는 못한다.

구체적으로, 명확하게 하라. 문을 닫은 후에, 이를 닦은 후에, 식탁에 앉은 다음에 같은 식으로 말이다. 분명하게 정하는 것은 중요하다. 새로운 습관에 관한 신호를 구체적으로 좁힐수록, 행동할 시간이 다가왔을 때를 더욱 잘 알아차릴 수 있다.

행동 변화의 첫 번째 법칙은 '분명하게 만들어라'다. 실행 의도와 습관 쌓기 같은 전략은 습관에 관한 분명한 신호를 만들고, 행동을 할 때와 장소에 관한 명확한 계획을 고안하는 가장 실용적인 방법이다.

· summary ·

- 행동 변화의 첫 번째 법칙은 '분명하게 만들어라'다.
- 가장 일반적인 신호 두 가지는 시간과 장소다.
- 시간과 장소에 새로운 습관을 끼워 넣으려면 '실행 의도' 전략을 사용하라.
- 실행 의도 공식은 다음과 같다. '나는 [언제] [어디서] [어떤 행동]을 할 것이다.'
- 습관 쌓기는 현재의 습관에 새로운 습관을 짝짓는 전략이다.
- 습관 쌓기 공식은 다음과 같다. '[현재의 습관]을 하고 나서 [새로운 습관]을 할 것이다.'

Chapter 06

환경이 행동을 결정한다

보스턴에 있는 매사추세츠 제너럴 병원의 내과 의사 앤 손다이크Anne Thorndike는 희한한 생각 하나를 떠올렸다.[1] 스스로 의지를 갖거나 동기를 변화시키지 않고도 병원 직원과 방문객들의 식습관을 더 낫게 만들 수 있는 방법에 대한 아이디어였다.

손다이크와 동료들은 병원 식당 구조를 조금씩 변경하는 6개월짜리 연구를 설계했다. 이들은 식당 안 음료 배치를 바꾸는 것부터 시작했다. 처음에 냉장고들은 식당 계산대 옆에 놓여 있었고 탄산음료로만 가득 채워져 있었다. 연구자들은 냉장고마다 생수병을 추가해서 넣어두었고 음식 배식대 옆에 생수병이 담긴 바구니를 놓았다. 주요 냉장고들 안에는 여전히 탄산음료가 있었지만, 이제는 모든 급수

변경 전　　　　　변경 후

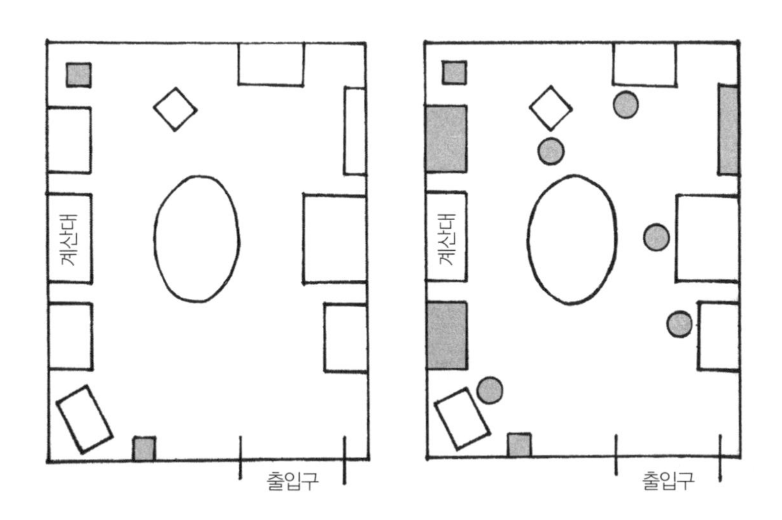

○ 왼쪽 그림은 환경을 변화시키기 전의 식당 모습이고, 오른쪽은 변화시킨 후의 모습이다. 어둡게 칠한 부분이 생수가 비치된 위치다. 생수를 더 많이 가져다놓자 사람들은 더 이상의 동기부여 없이도 자연스럽게 행동이 바뀌었다.

장소에서 생수를 마실 수 있었다.

이후 3개월 동안 병원의 탄산음료 판매는 11.4퍼센트 감소했다. 반면 생수 판매는 25.8퍼센트 증가했다. 이후 연구자들은 음식에 대해서도 한 가지 조정을 더 했고, 비슷한 결과가 나타났다. 식당에서 식사를 하는 사람들에게는 이 실험을 알리지 않았다.

사람들은 종종 꼭 '그것'이어서가 아니라 그게 '어디에 있느냐'에 따라 그 물건을 선택한다.[2] 주방에 들어갔을 때 조리대에 쿠키 접시가 놓여 있다면 누구나 하나 정도는 집어 먹을 것이다. 그전에는 쿠키를 먹겠다는 생각을 하지 않았고 배가 고프지 않았어도 말이다. 사무실 공용 테이블에 늘 도넛과 베이글이 놓여 있다면 지나갈 때마다 하나를 집어 들지 않기가 어렵다. 습관은 우리가 있는 공간과 우리 앞에 놓인 신호들에 따라 변화한다.

환경은 인간의 행동을 형성하는 보이지 않는 손이다. 우리 모두가 성격이 다르긴 해도 특정한 행동들은 특정한 환경 아래서 반복적으로 일어나곤 한다. 교회에서는 속삭이며 대화를 나누고, 어두운 길에서는 주변을 살피며 방어적인 태도로 행동한다. 이처럼 일반적인 변화 대부분이 내적이 아닌 외적 환경에 따라 일어난다. 이처럼 우리는 주위를 둘러싼 세계 때문에 변화한다. 습관은 모두 맥락을 따른다.

1936년 심리학자 쿠르트 레빈Kurt Lewin은 강력한 함의를 담은 간단한 공식 하나를 만들었다.

$$B=f(P,E)$$

행동Behavior은 사람Person과 그들을 둘러싼 환경Environment 간의 함수 관계다.[3]

비즈니스 세계에서는 곧 레빈의 방정식을 실험했다. 1952년 경제학자 호킨스 스턴Hawkins Stern은 '암시 충동구매'라고 불리는 현상을 언급했다.[4] "이것은 쇼핑객이 처음 물건을 보고 욕구를 이미지화하는 순간 촉발된다. 다시 말해 소비자들은 종종 그 물건을 '원해서'가 아니라 그 물건들이 어떻게 자기 앞에 '놓여 있느냐'에 따라 물건을 산다."

흔히 눈높이에 있는 물건이 바닥 쪽에 있는 물건보다 더 많이 팔리는 경향이 있다. 이런 이유로 이윤이 더 많이 남는 고가의 브랜드 물건들이 상점 진열대에서 손이 닿기 쉬운 위치에 놓이고, 저가의 물건은 손이 닿기 어려운 위치에 놓인다. 통로 양 끝에 놓인 매대의 물건 배치도 이 기준을 따른다. 통로 양 끝은 한마디로 소매업자들에겐 돈을 찍어내는 기계라 할 수 있는데, 상점 안을 구경하는 사람들이 한 번씩은 설 수밖에 없는 위치이기 때문이다. 실제로 코카콜라 판매의 45퍼센트는 통로 양 끝 매대에서 이뤄진다.[5]

물건이나 서비스를 더 확실히 접할수록 그것을 이용하는 경향은 더욱 높아진다. 사람들은 모든 술집에 버드 라이트 맥주가 비치되어 있어서 그걸 마시고,[6] 거리의 모든 코너마다 스타벅스가 있어서 그곳을 방문한다.

우리는 모든 일을 스스로 선택하고 결정한다고 생각한다. 탄산음료가 아니라 생수를 선택했다면 스스로 원해서 그런 거라고 생각한다. 하지만 우리가 매일 하는 많은 행동들은 목적이나 선택에 따른 것이 아니라 대부분 확실하게 눈에 보이는 선택지라는 이유로 실행된 것이다.

살아 있는 생물들은 세계를 감지하고 받아들이는 자신만의 방법을 가지고 있다. 독수리는 놀라운 가시거리를 가지고 있고, 뱀은 감각이 고도로 발달된 혀로 공기의 맛을 느낌으로써 냄새를 맡을 수 있다. 상어는 근처에 있는 물고기들이 발생시키는 전기와 진동의 양을 아주 미세한 것까지 추적할 수 있다. 심지어 박테리아도 주변 환경에 존재하는 독성 물질을 추적하는 미세한 감각세포, 즉 화학 수용체를 가지고 있다.

인간은 감각신경 체계로 인지한다. 우리는 시각, 소리, 냄새, 촉각, 맛으로 세계를 감지한다. 하지만 자극 감각이라는 다른 방법도 사용한다. 이는 의식적으로 일어나기도 하고, 무의식적으로 일어나기도 한다. 예를 들어 태풍이 몰아치기 전에 기온이 떨어지는 것을 알아차리고, 복통을 앓으면서 메스꺼움을 느끼고, 우둘투둘한 땅을 걸으면 균형 감각이 무너진다. 이 외에도 우리 신체 내의 수용체들은 혈액 내의 염분량이 많거나 갈증이 날 때 물을 마셔야 할 필요성 같은 광범위한 내부 자극을 포착한다.

하지만 인간의 온갖 감각 능력들 중 가장 강력한 것은 시각이다. 인간의 신체는 약 1,100만 개의 감각 수용체를 가지고 있다.[7] 이 중 어림잡아 1,000만 개 정도가 시각적인 자극을 포착한다. 일부 전문가들은 뇌를 이루는 세포 절반이 시각에 이용되고 있다고 추정하기도 한다.[8] 다른 감각보다 시각에 더 의존하고 있다면 시각적 신호들이 행동의 가장 큰 촉매가 된다는 사실은 놀랍지 않다.

이런 이유에서 우리가 '보는' 것에 작은 변화가 일어나면 우리가 '하는' 일에 큰 변화가 일어날 수 있다. 따라서 생활 및 직장 환경에 생산적인 신호들을 채우고 비생산적인 신호들을 제거하는 것은 매우 중요하다.

다행히도 이런 관점에서 좋은 소식이 있다. 우리는 환경의 희생양이 되지 않고 환경의 설계자가 될 수 있다는 것이다.

아침마다 사과를 먹게 된 비밀

1970년대 에너지 위기와 석유파동 기간에 네덜란드의 연구자들은 국가의 에너지 사용을 유심히 살펴보았다. 이들은 암스테르담 인근의 한 교외에서 몇몇 주택 소유자들이 이웃에 비해 30퍼센트나 에너지를 덜 사용한 것을 발견했다. 집의 크기나 전기 사용량당 요금은 비슷했는데 한 가지 예외적인 차이가 있었다. 바로 전기 계량기의 위치였다.

어떤 집은 계량기가 지하에 있었고, 어떤 집은 현관 복도 위쪽에 있었다. 쉽게 추측할 수 있듯이, 현관 복도에 계량기가 있는 집이 전기를 덜 사용했다. 에너지 사용량을 분명하게 파악할 수 있어서 더 절약했던 것이다.[9]

습관은 모두 어떤 신호에 의해 시작된다. 우리는 시각적으로 나타나는 신호를 더욱 잘 알아차리는 경향이 있다. 불행하게도 우리의 생활과 직장 환경은 종종 어떤 행동을 하기 어렵게 되어 있다. 즉, 행동을 유발하는 명확한 신호가 없다.

기타를 보이지 않는 곳에 넣어두면 연습하지 않게 된다. 손님방 한 구석에 있는 책장에 책을 꽂아두면 책을 읽지 않게 된다. 찬장의 맨 위쪽에 비타민 통을 두면 비타민을 먹지 않게 된다. 습관을 일으키는 신호들이 미미하거나 감춰져 있다면 그것들을 지나치기 쉽다.

반대로 분명한 시각적 신호는 우리의 주의를 끌어 습관적 행동을 하게 한다. 1990년대 초, 암스테르담 스히폴 공항의 청소부들은 남성

소변기 중앙에 파리같이 생긴 작은 스티커를 붙였다. 그러자 남성들은 소변기로 더 가까이 다가갔고, 파리를 향해 소변을 봤다. 결과적으로 소변이 변기 바깥으로 튀는 일이 유의미한 수준으로 낮아졌다. 후속 연구에서는 이 변기 스티커가 화장실 청소 비용을 연간 8퍼센트 낮춘 것으로 밝혀졌다.[10]

나 역시 눈에 띄는 신호가 일으키는 힘을 경험했다. 나는 가게에서 사과를 사오면 냉장고 아래쪽 야채 칸에 넣어두고 까맣게 잊곤 했다. 그걸 떠올릴 때쯤이면 사과가 다 뭉그러져 있기 일쑤였다. 눈에 띄지 않는 곳에 두었기 때문에 먹지 않은 것이다.

그래서 환경을 다시 설정하기로 했다. 나는 커다란 과일용 그릇을 사서 식탁 한가운데 놓은 다음 사과를 사서 그 그릇에 담아두었다. 언제든 쉽게 볼 수 있도록 한 것이다. 그러자 마법처럼 나는 매일 사과를 몇 개씩 먹게 되었다. 사과가 내 시야에 분명하게 들어오는 곳에 있었을 뿐인데 사과 먹는 습관이 자연스럽게 들었다.

그러면 이제 환경을 다시 구성하고, 원하는 습관을 세우기 위한 신호를 더욱 분명하게 만드는 몇 가지 방법을 소개하겠다.

- 매일 밤 영양제를 먹는 걸 잊지 않고 싶다면, 욕실 세면대 옆에 약병을 놓아라.
- 기타 연습을 더욱 자주 하고 싶다면, 기타를 거실 한가운데 두어라.
- 감사 편지를 보내는 걸 기억하고 싶다면, 책상 위에 카드를 한

무더기 쌓아두어라.

- 물을 더 많이 마시고 싶다면, 아침마다 물병을 채워 집의 공용 공간들에 두어라.

어떤 습관을 삶의 큰 부분으로 만들고 싶다면 그와 관련된 신호를 자주 인지할 수 있는 환경을 만들어라. 지속적인 행위 대부분은 대개 다양한 신호들을 갖는다. 흡연자들이 담배를 꺼내도록 촉진하는 신호들이 얼마나 많은지 생각해보라. 차를 운전할 때, 친구가 담배 피우는 모습을 볼 때, 직장에서 스트레스를 받았을 때 등 수없이 많다.

좋은 습관에도 같은 전략을 이용할 수 있다. 주변 환경에 촉매들을 간간이 섞어놓음으로써 하루 동안 그 습관에 대해 생각할 확률을 높이는 것이다. 가장 좋은 선택은 가장 잘 보이는 신호다. 좋은 습관에 대한 신호들이 눈앞에 정확히 놓여 있으면 좋은 결정을 내리기가 쉽고 자연스러워진다.

환경 디자인은 우리가 세상과 관계 맺는 방식에 큰 영향을 주는데도 우리는 이에 거의 참여하지 않는다. 우리 대부분은 다른 사람들이 만들어놓은 세상에서 살고 있다. 하지만 이제부터라도 우리는 자신에게 긍정적인 신호는 더 많이 보이고 부정적인 신호는 덜 보이도록 생활과 환경을 바꿀 수 있다.

환경 디자인은 우리가 자신을 통제할 수 있게 해주고, 자기 삶의 설계자가 되도록 만들어준다.

자신의 세계를 디자인하라. 그 세계의 소비자가 되지 마라.

습관을 촉발하는 신호는 처음에는 매우 특정한 것일 수 있다. 하지만 시간이 지나면 우리의 습관은 한 가지 촉매에 따른 것이 아니라 행동을 둘러싼 전체 '맥락'과 연결되기 시작한다. 예를 들어 사람들은 집에 혼자 있을 때보다 사회적 상황에서 술을 더 많이 마신다.

이처럼 우리의 마음은 습관을 집, 사무실, 체육관같이 그 행위가 일어나는 장소들에 연결한다. 각각의 장소는 특정 습관이나 일상 행위들에 연결되고 강화된다. 우리는 책상, 주방 조리대, 침실에 놓인 용품들과 특정한 관계를 맺는다.

그래서 주변 환경에 존재하는 사물 그 자체가 아니라 우리가 그것들과 맺고 있는 관계에 따라 행동한다. 행위에 미치는 환경의 영향을 고려하는 것은 습관을 만들기 위한 유용한 방법이다.

환경이 물건으로 채워진 공간이라고 생각하지 마라. 관계로 이뤄지는 것이라고 생각하라. 우리가 주변 공간과 어떻게 상호작용하고 있는지의 관점에서 생각하라.

누군가에게는 소파가 매일 밤 한 시간씩 책을 읽는 장소가 된다. 또 누군가에게는 퇴근 후 아이스크림 한 통을 먹으며 텔레비전을 보는 장소가 되기도 한다. 똑같은 장소라 해도 사람들마다 각기 다른 기억을 가지고 있으며 그에 따라 습관도 달라진다.

다행히도, 우리는 특정한 맥락에 특정한 습관을 연결시킴으로써 스스로 훈련할 수 있다. 불면증과 관련된 한 가지 연구에서 과학자들은 불면증 환자들에게 피곤할 때만 침대에 누우라고 지시했다. 이들은 졸릴 때까지 다른 방에 가서 앉아 있어야 했다. 시간이 지나자 이들은 침대를 수면 행위와 연결시키기 시작했고, 침대에 누웠을 때 빨리 잠들 수 있었다. 이들의 뇌가 그 방에서 해야 할 행동이 휴대전화를 본다든가 텔레비전을 본다든가 시계를 뚫어져라 보고 있는 것이 아니라 잠이라는 사실을 습득한 것이다.[11]

맥락의 힘은 행동을 변화시키는 중요한 전략을 하나 더 알려준다. 새로운 환경에서는 습관을 바꾸기가 쉽다는 것이다.[12] 우리가 현재의 습관을 계속 이어가도록 몰아가는 촉매들과 신호들에서 탈출하게 도와주기 때문이다. 색다른 커피숍, 공원 벤치, 평소 거의 이용하지 않는 방구석 자리 등 새로운 장소로 가서 새로운 습관들을 만들어 보라.

경쟁 신호들을 눈앞에 둔 상태에서 새로운 습관을 들이는 것보다 새로운 맥락에 연결시키는 것이 더 쉽다. 매일 밤 침실에서 텔레비전을 본다면 일찍 잠자리에 들기 어렵다. 늘 비디오게임을 하던 거실에서는 주의를 분산시키는 것이 없다 해도 공부하기 어렵다.

하지만 평소의 환경 밖으로 한 발자국만 나가면 늘 하던 행동을 답습하지 않을 수 있다.[13] 과거의 환경 신호와 다투지 말고, 방해꾼 없이 새로운 습관을 형성하라.[14]

더욱 창조적으로 생각하고 싶은가? 더 큰 방, 옥상 테라스, 고가의 구조물이 있는 건물로 가라. 특정 패턴을 떠올리게 하는 현재와 관계된 것, 일상적인 일을 하는 장소에서 나와라.

더 건강한 식습관을 가지고 싶은가? 우리는 매일 가는 슈퍼마켓에서 자동으로 쇼핑을 한다. 새로운 야채 가게에 가라. 그 가게 어디에 무엇이 있는지 뇌가 자동적으로 생각하지 않게 되면, 건강하지 않은 식료품을 피하기가 훨씬 쉬워질 것이다.

전반적으로 새로운 환경에 접근하기 힘들 때는 현재의 환경을 다시 설계하거나 배치해보라. 일하고, 공부하고, 운동하고, 취미 생활을 하고, 요리하는 공간을 분리하라. 내가 발견한 유용한 주문은 '한 공간에서는 한 가지 일만'이다.

처음 사업을 시작했을 때 나는 종종 소파나 주방 식탁에서 일했다. 그러자 밤에 일을 하지 않는 게 무척이나 어려워졌다. 일을 끝내는 시간과 개인 시간을 시작할 때가 명확히 구분되지 않았던 것이다. 주방 식탁은 내 사무실인가, 밥을 먹는 곳인가? 소파는 쉬는 곳인가, 이메일을 보내는 곳인가? 모든 일이 같은 장소에서 일어나고 있었다.

몇 년 후 마침내 사무 공간으로 쓸 수 있는 방이 딸린 집으로 이사했다. 갑자기 일은 '이곳에서', 개인 생활은 '저곳에서' 하게 되었다. 일과 생활을 분명하게 나누는 선이 생기자 뇌에서 직업적인 부분의 전원을 끄기가 쉬워졌다. 각 방은 한 가지 주요 용도를 가지고 있었다. 주방은 요리를 하는 곳이었다. 사무 공간은 일을 하는 곳이었다.

가능하다면 한 가지 습관이 일어나는 맥락을 다른 것과 섞지 않도록 하라. 맥락들을 섞기 시작하면 습관들도 뒤섞인다. 그러면서 그중 더 쉬운 일을 하게 된다.

다재다능한 현대 과학 문명 역시 여기서 비롯된 장단점을 가지고 있다. 스마트폰은 온갖 업무에 사용되는 강력한 도구다. 하지만 전화를 거의 모든 용도로 이용하게 되면 이를 한 가지 일에만 연결 짓기가 어려워진다. 생산적인 사람이 되고 싶다고 해도 언제 어디서든 스마트폰을 켜서 SNS를 검색하고, 이메일을 확인하고, 게임을 하는 환경을 구축할 수 있다. 신호가 뒤죽박죽이 되는 것이다.

어쩌면 당신은 이 시점에서 "난 뉴욕에 살아. 내 아파트는 스마트폰만 해. 나 역시 용도별로 쓸 수 있는 방이 있었으면 좋겠어."라고 말할지도 모른다. 좋다. 공간을 따로 쓸 수 없다면 책을 읽는 의자, 글을 쓰는 책상, 밥을 먹는 식탁처럼 방을 활동 구역별로 나눠라. 일상 공간뿐 아니라 디지털 공간도 이와 같이 따로 둘 수 있다. 아는 작가 중에 컴퓨터로는 글만 쓰고, 태블릿으로는 책만 읽고, 스마트폰으로는 SNS와 문자 메시지만 이용하는 이가 있다. 모든 습관이 자기 구역을 가지고 있는 것이다.

이 전략을 고수할 수 있다면 각 맥락이 특정한 습관이나 생각 모드와 연결되기 시작할 것이다. 습관은 이렇게 예측 가능한 환경에서 자라난다.

일하는 책상에 앉으면 자동적으로 그 일에 집중할 것이다. 그 목적에 맞춰 설계된 공간에 있으면 휴식 역시 더 쉽게 이룰 수 있다. 침실에서만 잠을 자기로 하면 빨리 잠들 수 있다. 안정적이고 예측 가능한 행동을 바란다면 안정적이고 예측 가능한 환경이 필요하다. 모든 것이 자기 자리를 지키고, 그 목적에 부합하는 안정적인 환경에서는 습관이 쉽게 형성된다.

· summary ·

- 맥락을 조금 바꾸기만 해도 시간이 지남에 따라 행동이 크게 변화한다.
- 습관은 모두 신호에서 시작된다. 그리고 우리는 두드러진 신호에 더 잘 집중하는 경향이 있다.
- 자신의 주변 환경에 좋은 습관을 불러일으키는 신호들을 눈에 잘 띄게 배치하라.
- 습관은 한 가지 촉매로 형성되기보다는 행위를 둘러싼 전체 맥락과 점차적으로 관계를 맺는다. 그리고 이 맥락이 신호가 된다.
- 새로운 환경에서 새로운 습관을 만들기 쉽다. 과거의 신호들과 맞서 싸우지 않아도 되기 때문이다.

Chapter 07

나쁜 습관 피하기 기술

1971년, 베트남 전쟁이 16년째 이어질 무렵 코네티컷 주 하원의원 로버트 스틸Robert Steele과 일리노이 주 하원의원 모건 머피Morgan Murphy는 미국 국민들이 놀랄 만한 사실 하나를 발견했다. 그들이 베트남에 주둔 중인 군대를 방문했을 때 미군 병사 15퍼센트 이상이 헤로인에 중독되어 있었던 것이다. 이후 나온 보고서에 따르면 베트남 파병군인 중 35퍼센트가 헤로인을 흡입해봤고, 무려 20퍼센트가 중독 증상을 보이는 것으로 드러났다.[1] 그들이 처음 생각했던 것보다 훨씬 심각한 상황이었다.

이 사실은 워싱턴에 한바탕 회오리바람을 몰고 왔다. 닉슨 행정부에 마약남용예방 특수활동기구Special Action Office of Drug Abuse Prevention가 창

설되어 귀환한 파병 군인들의 마약 중독 여부를 추적하고 예방과 재활 활동이 시작되었다.[2]

리 로빈스Lee Robins는 이 활동의 책임을 맡은 연구자로, 그의 연구는 중독에 관한 일반적인 믿음을 완전히 뒤집었다. 귀환 후 헤로인을 복용했던 군인들 중 단 5퍼센트만이 1년 안에 다시 중독되었고, 3년 안에 다시 중독된 이는 12퍼센트밖에 안 되었다. 다시 말해 베트남에서 헤로인을 복용했던 열 명 중 아홉 명이 거의 하룻밤 사이에 중독 증상에서 벗어난 것이다.[3]

이 발견은 헤로인 중독은 영원히 벗어날 수 없고 돌이킬 수 없는 것이라는, 당시 팽배했던 시각을 완전히 뒤집는 것이었다. 로빈슨은 환경에 근본적인 변화가 있다면 중독은 자발적으로 해소될 수 있다고 밝혔다.

베트남에서 군인들은 하루 종일 헤로인 흡입을 유도하는 신호들에 둘러싸여 시간을 보냈다. 헤로인에 접근하기도 쉬웠고, 전쟁으로 인한 끊임없는 스트레스에 노출되었으며 함께 헤로인을 복용하는 이들과 동지애를 느낄 수도 있었다. 게다가 베트남은 그들의 고향에서 수천 킬로미터 떨어진 곳이었다. 하지만 미국으로 귀환하자 이런 촉매들이 전혀 없는 환경에 놓였고, 맥락이 바뀌자 습관도 바뀌었다.

전형적인 마약 중독자들의 상황을 떠올려보자. 누군가가 집에서 혹은 친구들과 함께 마약에 중독되었고, 클리닉에 가서 중독 치료를 받는다. 클리닉은 마약 중독자의 습관을 촉진하는 환경적 자극이 모두 제거되어 있다. 그런데 치료 후 다시 처음에 중독을 유발했던 온갖 신호가 존재하는 공간과 사람들에게로 돌아오면 또다시 쉽게 마약에 빠진다. 우리가 알고 있는 대부분의 전형적인 중독자들은 베트남 미군에 대한 연구 결과와 정확히 반대다. 헤로인 중독자 90퍼센트가 중독 치료 후 집으로 돌아와 다시 중독된다.[4]

베트남 파병 군인 연구는 나쁜 습관에 대해 우리가 갖고 있는 문화적 믿음을 거부한다. 건강하지 못한 습관은 도덕적으로 해이한 탓이라는 고정관념을 깨는 것이다. 당신이 비만이라든가, 흡연자라든가, 중독자라면 아마도 살아오는 내내 자제력이 부족해서 그렇게 되었다는 소리를 들었을 것이다. 어쩌면 정상이 아니라는 소리까지 들었을 수도 있다. 우리가 안고 있는 온갖 문제를 도덕과 규범으로 해결할 수 있다는 생각은 우리 문화에 깊숙이 박혀 있다.

하지만 최근의 연구는 조금 다른 것을 보여준다. 과학자들은 어마어마한 자제력을 가진 듯 보이는 사람들을 분석하고, 그들 역시 고통을 겪고 있는 다른 사람들과 다르지 않다고 말한다. 다만 '규범적인' 사람들은 영웅적 의지나 자제력이 없이도 삶을 더 낫게 설계한다.[5] 다시 말해 그들은 유혹적인 상황에서 보내는 시간이 적었다.

엄청난 자제력을 지닌 사람들은 전형적으로 자제력을 발휘할 필요를 최소화한 사람들이다. 자제력을 발휘할 일이 무척이나 적다면 자제하기도 쉽다.[6] 그렇다. 인내, 열정, 의지는 성공의 근본적인 요소이지만 이런 자질들은 더 규율 잡힌 사람이 아니라 더 규율 잡힌 환경에서 더 잘 발휘된다.

이는 뇌에서 습관이 형성될 때 어떤 일이 일어나는지를 이해하면

납득할 수 있다. 어떤 습관이 마음속에 인코딩되어 있다면 그와 관련된 상황이 발생할 때 바로 그 습관을 이용할 수 있다.[7]

텍사스 주 오스틴의 심리치료사 패티 올웰Patty Olwell은 친구와 함께 승마를 하는 동안 종종 담배 한 대를 피워 물면서 흡연을 시작했다. 하지만 이후 그녀는 담배를 끊었고, 그러고 나서 몇 년이 흘렀는데 이때 승마도 그만두었다. 십수 년 후 그녀가 다시 말에 올라타자 다시 흡연에 대한 갈망이 생겨났다. 그 신호가 여전히 내재되어 있었던 것이다.[8] 오랫동안 그 신호에 노출되지 않고 있었음에도 말이다.

어떤 습관이 한번 인코딩되면 그와 관련된 환경적 신호가 다시 나타났을 때 해당 행동이 촉구된다. 이 때문에 행동 변화 기법들이 역효과를 낼 수 있다. 비만인 사람은 체중 감량 프레젠테이션을 들으며 부끄러움을 느끼고 스트레스를 받을 수 있다.[9] 그러면 결과적으로 많은 이들이 자신이 좋아하는 대응 전략으로 회귀하게 된다. 즉, 과식을 한다. 마찬가지로 새까만 폐 사진을 흡연자들에게 보여주는 것은 불안 수준을 고도로 높여서 다시 담배에 손을 뻗고 싶은 충동을 일으킨다.[10] 신호에 조심스럽게 접근하지 않으면 당신이 그만두고 싶은 바로 그 행동을 하게 될 수 있다.

나쁜 습관은 그 자체로 촉매가 된다. 그 과정 자체가 서로의 촉매가 된다. 이런 습관들은 무감한 상태를 조성해, 잘못하고 있다고 느끼면서 정크푸드를 먹고, 정크푸드를 먹으며 잘못하고 있다고 느낀다. 텔레비전을 보면서 게을러졌다는 기분을 느끼고, 게을러졌기 때문에 텔레비전을 더 본다. 건강에 대한 염려로 불안해지고, 불안해졌기 때문에 담배를 피운다. 건강은 더욱 나빠지고, 더 불안해진다. 끝없이 추락하는 나선형 고리다. 나쁜 습관은 통제할 수 없는, 멈추지 않는 기차처럼 계속된다.

연구자들은 이런 현상을 '신호 유발 욕구'cue-induced wanting라고 부른다. 외부의 촉매가 나쁜 습관을 되풀이하게 만드는 강박적 갈망을 일으키는 것이다. 우리는 일단 뭔가를 알아차리면 그것을 원하기 시작한다. 이 과정은 내내 일어난다. 우리가 그것을 알아차리지 못하는 순간에도 말이다. 과학자들은 중독자들에게 0.033초 동안 코카인 사진을 보여주는 것만으로도 이것이 뇌의 보상 체계를 자극하고 욕구를 일으킨다는 사실을 발견했다.[11] 중독자들은 심지어 뭘 봤는지조차 몰랐을 정도여도, 뇌가 이것을 의식하는 속도는 무척이나 빠르다. 약물은 그렇게 뇌에 새겨진다.

한마디로, 습관을 버릴 수는 있지만 잊을 수는 없다. 습관이라는 정신적 홈이 뇌에 새겨지면 이를 완전히 제거하기란 거의 불가능하다. 한동안 행하지 않는다 해도 그렇다. 이는 단순히 유혹에 저항하는 것이 비효율적인 전략이라는 의미이기도 하다. 방해꾼들로 가득 찬 인생에서 홀로 도인 같은 태도를 유지하기는 어렵다. 거기에는 엄청난 에너지가 들어간다.

단기적으로 유혹을 이겨내는 것을 선택할 수도 있다. 그러나 장기적으로 우리는 살고 있는 환경의 생산물일 뿐이다. 직설적으로 말해서, 부정적인 환경에서 긍정적인 습관을 지속적으로 유지하는 사람을 나는 본 적이 없다.

나쁜 습관을 그 근원부터 베어내는 것이 더 믿을 만한 접근 방식이다. 나쁜 습관을 제거하는 가장 실용적인 방법은 그것을 유발하는 신호에 노출되는 일을 줄이는 것이다.

- 어떤 일을 끝마칠 수 없을 것 같다면, 휴대전화를 몇 시간 동안 다른 방에 놓아두어라.
- 현실이 계속 불만족스럽다면, 질투와 시기심을 자극하는 SNS 계정 팔로잉을 끊어라.
- 텔레비전을 너무 많이 보는 것 같다면, 침실에서 텔레비전을 없애라.
- 전자기기에 너무 많은 돈을 쓰고 있다면, 최신 전자제품에 대한 기사를 읽지 마라.
- 비디오게임을 너무 오래 하고 있다면, 비디오 콘솔의 전원을 끄고 벽장에 넣어라.

이 실행 안들은 첫 번째 행동 변화의 법칙을 반대로 배치한 것이다. '분명하게 만들어라'가 아니라 '보이지 않게 하라'다. 나는 종종 이런 단순한 변화가 얼마나 효율적인지 그 결과에 놀라곤 한다. 하나의 신호를 제거하면 종종 습관 전체가 사라진다.

자제력은 단기적 전략이지, 장기적 전략은 아니다. 우리는 한두 번쯤 유혹에 저항할 수 있겠지만 매번 자신의 욕구를 무시하는 의지력을 끌어올릴 수는 없다.

올바른 행동을 하고 싶을 때마다 의지를 새로이 투입하지 말고 자신의 에너지를 환경을 최적화하는 데 더 써라. 이것이 자제력의 비밀이다. 좋은 습관을 불러오는 신호들을 분명하게 드러나게 하고, 나쁜 습관을 일으키는 신호들은 보이지 않게 하라.

· summary ·

- 나쁜 습관을 버리고 싶다면 첫 번째 행동 변화의 법칙을 반대로 뒤집어라. '보이지 않게 하라.'
- 습관이 한번 형성되면 그것을 잊기란 거의 불가능하다.
- 자제력이 극도로 높은 사람들은 유혹적인 환경에서 시간을 덜 보낸다. 유혹에 저항하기보다는 피하는 편이 쉽다.
- 나쁜 습관을 제거하는 가장 효과적인 방법 중 하나는 그것을 유발하는 신호에 노출되는 일을 줄이는 것이다.
- 자제력은 단기적 전략이지, 장기적 전략이 아니다.

• 좋은 습관을 만드는 법 •

첫 번째 법칙 ◦ 분명하게 만들어라

1 습관 점수표를 활용하라. 현재 습관을 써보고 그것들을 인식하라.

2 실행 의도를 이용하라. '나는 [언제] [어디서] [어떤 행동]을 할 것이다.'

3 습관 쌓기를 이용하라. '[현재의 습관]을 하고 나서 [새로운 습관]을 할 것이다.'

4 환경을 디자인하라. 좋은 습관의 신호를 분명하게, 눈에 보이게 만들어라.

두 번째 법칙 ◦ 매력적으로 만들어라

세 번째 법칙 ◦ 하기 쉽게 만들어라

네 번째 법칙 ◦ 만족스럽게 만들어라

• 나쁜 습관을 버리는 법 •

첫 번째 법칙 ◦ 보이지 않게 만들어라

1	신호에 노출되는 횟수를 줄여라. 주변 환경에서 나쁜 습관을 유발하는 신호를 제거하라.

두 번째 법칙 ◦ 매력적이지 않게 만들어라

세 번째 법칙 ◦ 하기 어렵게 만들어라

네 번째 법칙 ◦ 불만족스럽게 만들어라

두 번째 법칙

매력적이어야 달라진다

Chapter 08

왜 어떤 습관은 더 하고 싶을까

1940년대의 네덜란드 과학자로 훗날 노벨상을 수상하는 니코 틴버겐Niko Tinbergen은 재갈매기 추적 조사를 통해 동기부여 요인에 대한 실험을 진행했다.[1]

종종 북아메리카 해안을 따라 날아다니는 흰색과 회색 새들을 본 적이 있을 것이다. 다 자란 재갈매기는 부리에 작은 붉은색 점이 있는데, 틴버겐은 막 부화한 어린 새들이 먹이를 먹고 싶을 때면 그 점을 쫀다는 것을 발견했다. 그는 판지로 가짜 부리가 달린 새의 머리를 만들어 부모 새들이 자리를 떴을 때 둥지로 가서 어린 새들에게 이 모형을 주었다. 부리는 딱 봐도 가짜였고, 그는 아기 새들이 가짜 부리를 완전히 거부하리라 생각했다.

하지만 아기 새들은 판지 부리에 찍힌 붉은 점을 보고는 그것이 엄마의 부리라도 되는 양 마구 쪼아댔다. 아기 새들은 분명 이 붉은 점을 선호했는데, 태어날 때부터 유전적으로 프로그램되어 있는 것 같았다. 또 아기 새들은 점이 클수록 더 빨리 쪼았다. 틴버겐은 거대한 붉은 점 세 개가 찍힌 부리를 하나 만들어 둥지에 가져다두었다. 그러자 아기 새들은 기쁨에 겨워 날뛰면서, 살면서 본 가장 큰 부리라도 되는 듯 붉은 점들을 쪼아댔다.

틴버겐과 동료 연구자들은 다른 동물들도 이와 유사한 행동을 한다는 것을 발견했다. 예를 들어 회색 기러기는 땅에 둥지를 짓는데, 종종 엄마 기러기가 둥지를 떠났을 때 알 하나가 둥지 바깥에 굴러 나오기도 했다. 이런 일이 일어나면 기러기들은 알이 있는 곳까지 뒤뚱뒤뚱 걸어가 부리와 목 사이에 끼우고 다시 그 알을 둥지로 가지고 돌아왔다.

그런데 틴버겐은 기러기들이 둥글기만 하면 어떤 물체든 가지고 온다는 것을 알아냈다.[2] 당구공이든 전구든 기러기들은 둥지로 가지고 왔다. 한 기러기는 엄청나게 애쓴 끝에 배구공을 가지고 와서 둥지에 놓기까지 했다. 아기 재갈매기들이 붉은 점을 자동적으로 쪼아대듯, 회색 기러기들 역시 본능적인 규칙을 따르고 있었다. 마치 '근처에서 둥근 물체를 보면 굴려서 둥지로 가지고 와야 해. 둥근 물체의 크기가 클수록 가져오는 게 더 힘들어질 거야'라고 생각하고 있는 듯했다.

이렇듯 동물들의 뇌에는 행동에 관한 특정 법칙들이 미리 탑재되어 있는 것 같다. 그 규칙이 과장된 형태로 나타나도, 마치 크리스마스트리 전구에 불이 들어오듯 반짝 하고 켜지는 것이다. 과학자들은 이런 과장된 신호들을 '초정상자극'supernormal stimuli 이라고 부른다. 초정상자극은 붉은 점 세 개가 찍힌 부리라든가, 배구공 크기만 한 알같이 실제보다 더 강화된 자극으로 보통의 반응보다 훨씬 강한 반응을 끌어낸다.

인간도 역시 과장된 현실에 빠지곤 한다. 예를 들어 정크푸드는 우리의 보상 체계를 광분 상태로 몰고 간다. 야생에서 먹을 것을 구하기 위해 수십만 년간 사냥과 수렵채집 생활을 하면서 인간의 뇌는 염분, 당, 지방에 높은 가치를 부여하게끔 진화했다. 이런 음식들은 대개 칼로리가 높으며, 고대 선조들이 사바나를 떠돌던 시기에는 무척이나 희귀한 것이었다. 당시에는 다음 식사를 언제 할 수 있을지 몰랐기에 가능한 한 많이 먹는 것이 가장 좋은 생존 전략이었다.

하지만 오늘날 우리는 열량 과다 환경에 살고 있다. 음식은 풍부해졌지만 뇌는 여전히 부족한 듯 계속해서 음식을 갈망한다. 염분, 당, 지방에 높은 가치를 부여하는 일은 더 이상 건강에 이득이 되지 않지만 갈망은 계속 유지되고 있다. 뇌의 보상 중추가 5만 년 동안 변하지 않았기 때문이다. 현대의 식품 산업은 진화적 목적 저 너머에 있는, 구석기 시대의 본능을 확장시키는 데 의존하고 있다.[3]

식품 과학의 주요 목적은 소비자들이 더 좋아할 만한 상품을 만들어내는 것이다. 봉투, 상자, 유리병 등에 담긴 거의 모든 식품들은 가공, 조합되고 조미료가 추가되는 등 어떤 방식으로든 강화되어 있다.[4] 식품 회사들은 포테이토칩을 최고로 바삭하게 만들고, 탄산음료에 가장 많이 거품을 넣기 위해 수백만 달러를 쓰고 있다. 또한 입안에서 음식이 어떻게 느껴지는지, 즉 식감을 최적화하기 위해 수많은 이들이 연구하고 있다. 예를 들어 프렌치프라이는 '노란 빛깔에 겉은 바삭하고 속은 촉촉하게'라는 조합을 최대한 강화해야 한다.[5]

다른 가공식품들 역시 '동적 대조'dynamic contrast가 강화되어 있다. 이 말은 '바삭하면서도 부드러운'과 같이 여러 감각들을 조합한다는 의미다. 바삭한 피자 크러스트 위에 녹아내린 치즈의 부드럽고 쫄깃한 식감, 바삭한 오레오 쿠키 가운데 필링된 부드러운 크림층을 떠올려보라. 반면에 가공되지 않은 자연식품은 계속 똑같은 식감을 제공한다. 케일을 입안에서 열일곱 번 씹으면 어떤지 생각해보라. 곧 우리의 뇌는 케일의 맛에 흥미를 잃고 포만감을 느끼기 시작한다. 하지만 피자처럼 동적 대조가 극대화된 식품은 새롭고 흥미로운 경험을 제공하며 더 먹고 싶게 만든다.

궁극적으로, 이런 전략들을 세우기 위해 식품과학은 각각의 음식들에서 '더없는 행복'을 찾아 고군분투한다.[6] 소금, 설탕, 지방의 세심한 조합으로 뇌를 흥분시키고 계속 그것을 찾게 만들기 위해서다. 결과는 물론 과식이다. 소금, 지방, 설탕, 밀가루가 포함된 식품은 뇌에 더할 나위 없이 매혹적이기 때문이다. 먹는 행동과 비만에 관해 연구하는 신경과학자 스테판 구예네트Stephan Guyenet는 이렇게 말한다. "우리는 뇌를 흥분시키는 신호에 무척이나 잘 반응하게 되었죠."[7]

현대의 식품 산업 그리고 여기에 저당 잡힌 과식 습관은 두 번째 행동 변화 법칙인 '매력적으로 만들어라'의 한 예일 뿐이다.

기회가 매력적일수록 습관이 형성될 가능성이 더 많아진다. 주위를 둘러보라. 사회는 실제를 고도로 가공 처리한 것들로 가득 차 있고, 이는 우리 선조들이 진화해온 세상보다 훨씬 매력적이다. 상점들에는 옷을 팔기 위해 엉덩이와 가슴이 부각된 마네킹을 전시한다. SNS는 짧은 시간 안에 집이나 직장에서 받아본 적 없는 '좋아요'를 주고 칭찬을 해준다. 온라인 포르노그래피는 현실 세계에서는 묘사하기 불가능한 자극적인 장면들을 한데 이어붙인다. 광고는 조명과 화장 기술, 포토샵 편집 기술을 조합해 원래의 모습은 찾아볼 수 없는 인형 같은 모델을 만들어낸다.

이런 것들이 현대 세계의 초정상자극이다. 이것들은 모습을 극도로 과장해서 우리를 자연스럽게 끌어들이고, 결과적으로 우리의 본능을 풀어헤쳐 과도한 쇼핑 습관, SNS 습관, 포르노그래피 습관, 식습관으로 우리를 이끈다.

역사적으로 봤을 때 미래의 자극들은 오늘날보다 훨씬 더 매력적일 것이다. 보상은 더 농축되고 자극은 더 유혹적인 것이 트렌드가 될 것이다. 정크푸드는 자연식품보다 칼로리가 더 농축되고, 독주는 맥주보다 알코올이 더 많이 농축되고, 비디오게임은 보드게임보다 더 많은 것이 포함돼 있다. 자연의 것과 비교해 이렇게 쾌락이 단단히 들어찬 경험은 저항하기가 힘들다. 우리는 조상들의 뇌를 가지고서 그들이 한 번도 맞닥뜨린 적이 없는 유혹에 직면해 살고 있다.

따라서 어떤 행동을 할 가능성을 높이고 싶다면 그것을 매력적인 것으로 만들어야 한다. 우리의 목적은 저항할 수 없는 습관을 만드는 것이다. 모든 습관을 초정상자극으로 변형시킬 수는 없지만 어떤 습관은 더욱 유혹적으로 만들 수 있다. 이를 위해서는 먼저 갈망이 무엇이고, 어떻게 작용하는지 이해해야 한다. 모든 습관들이 공유하고 있는 생물학적 특징, 즉 도파민 분비에 대해 먼저 알아보도록 하자.

'좋아하는 것'보다 '원하는 것'에 끌린다

이제 과학자들은 열망이 발생하는 정확한 순간을 추적할 수 있다. 바로 도파민이라고 불리는 신경전달물질을 측정하는 것이다.

도파민의 중요성은 1954년에 부상했다.[8] 신경과학자 제임스 올즈James Olds와 피터 밀너Peter Milner가 실험을 통해 갈망과 욕구 뒤에 자리한 신경학적 과정을 밝힌 것이다.[9] 이들은 쥐의 뇌에 전극을 심고 도파민 분비를 차단했는데, 그 결과 놀랍게도 쥐들은 삶의 의지를 잃었다.[10] 먹지도, 성행위를 하지도, 어떤 것에도 열망을 드러내지 않았다.[11] 며칠 지나지 않아 쥐들은 갈증으로 죽었다.

후속 연구들에서 다른 과학자들은 도파민이 나오는 뇌 영역을 억제해 도파민 분비를 차단한 쥐들의 입안에 설탕물을 분사해 넣어주었다. 맛있는 물질이 들어오자, 쥐들의 얼굴이 기쁨으로 환해졌다. 도파민이 차단되었다 해도 쥐들은 이전처럼 당을 좋아했다. 하지만 더 이상 그것을 원하지는 않았다. 즐거움을 경험하는 능력은 유지되었으나 도파민이 나오지 않는다면 욕구는 일어나지 않았다. 욕구 없이는 행동도 일어나지 않았다.

다른 연구자들이 이 과정을 발전시켜 뇌의 보상 체계에 도파민을 흘러넘치게 하자, 동물들은 정신없이 빠르게 움직였다. 또 다른 연구에서는 매시간 상자 안으로 도파민을 강하게 유입시키자 쥐들은 상자에 코를 찔러 넣었다. 몇 분 지나지 않아 쥐들은 시간당 800번이나 상자 속에 코를 박기 시작할 정도로 강력한 욕망을 느꼈다.[12] (인간들도 다르지 않다. 평균적인 슬롯머신 도박꾼들은 시간당 600회 휠을 돌린다.[13])

습관은 도파민이 주도하는 피드백 순환 작용이다.[14] 마약 흡입, 정크푸드 섭취, 비디오게임 하기, 소셜 미디어 검색처럼 고도로 습관화된 행위는 모두 높은 도파민 수준과 관계가 있다.

음식을 섭취하고, 물을 마시고, 성행위를 하고, 사회적 소통을 하는 등 우리의 기본적이고 습관적인 행동 역시 같다고 말할 수 있다. 수년 동안 과학자들은 쾌락과 관계된 물질은 도파민뿐이라고 생각했지만 지금 우리는 그것이 수많은 신경학적 과정에서 주요 역할을 하는 것일 뿐임을 알고 있다.[15] 동기, 학습, 기억, 처벌, 혐오, 봉사 활동 역시 마찬가지다.

습관에 관해 기억해야 할 내용은 바로 이것이다. 도파민은 즐거운 경험을 할 때뿐만 아니라 즐거운 경험이 예상될 때도 분비된다는 점이다.[16] 도박 중독자들은 도박에서 돈을 딴 후가 아니라 베팅을 하기 '직전'에 도파민이 분비된다. 코카인 중독자들은 코카인을 흡입했을 때가 아니라 코카인을 봤을 때 도파민이 파도처럼 분비된다. 보상이 예상될 때 그 기대감으로 도파민 수치가 올라가는 것이다. 도파민 수치가 올라가면 행동의 동기가 생겨난다.[17] 우리를 행동하게 만드는 것은 보상에 대한 예측이지, 보상의 실현이 아니다.

재미있게도 보상을 '받았을 때'와 보상이 '예측될 때' 뇌에서 활성화되는 보상 체계는 같다.[18] 이것이 경험을 달성하는 것보다 경험을 예측할 때 종종 기분이 더 좋아지는 이유 중 하나다.

아이들은 크리스마스 아침에 선물을 열어볼 때보다 전날 밤 선물 받을 것을 생각하면서 더 기뻐한다. 어른들은 휴가를 보낼 때보다 다가올 휴가를 기대할 때 더욱 즐거워한다. 과학자들은 이것이 '원하는 것'과 '좋아하는 것' 사이의 차이라고 말한다.

뇌에는 '좋아하는 것'(선호)보다 '원하는 것'(욕구)에 관한 보상에 훨씬 더 많은 신경회로가 할당되어 있다. 뇌의 욕구 중추는 거대하다. 뇌간, 중격의지핵, 복측피개부 영역, 배후선조체, 편도체, 전두엽피질 영역 등이다. 반대로 뇌의 선호 중추는 훨씬 더 작다. 종종 '쾌락 과열점'hedonic hot spot으로 불리는 이것들은 뇌 전체에 미세한 섬들처럼 흩뿌려져 있다. 그래서 만일 '원하는 것'에 대해 중격의지핵이 100퍼센트 활성화된다면, 반대로 '좋아하는 것'에 대해서는 그 구조의 10퍼센트만이 활성화된다.[19]

열망과 욕구가 중요하기 때문에 뇌는 이를 담당하는 영역에 훨씬 더 많은 공간을 할당하고 있다. 욕구는 행동을 재촉하는 엔진이다. 모든 행위는 그에 앞선 예측으로 인해 일어난다. 반응을 이끌어내는 것은 갈망이다.

습관 형성의 네 단계와 도파민 활성화

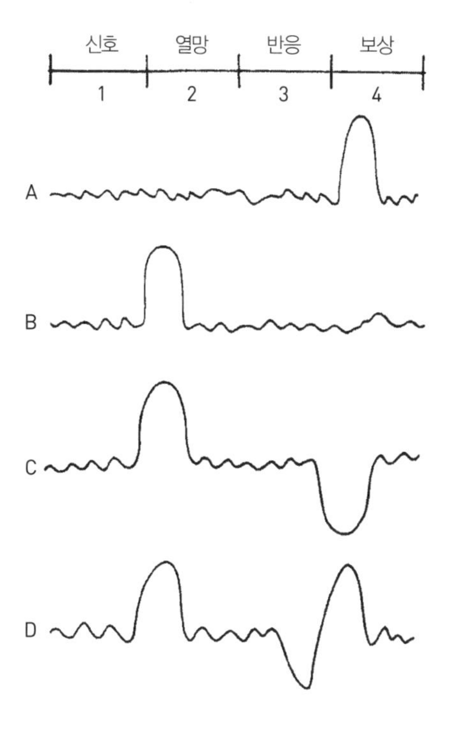

○ 습관이 학습되기 전(A), 처음에는 보상을 경험했을 때 도파민이 나온다. 다음 시기(B)에는 행동을 취하기 전, 신호를 알아차린 직후에 도파민이 나온다. 이 활성화는 신호를 알아챘을 때 행동을 취하려는 욕구와 갈망을 느끼게 한다. 습관이 일단 습득되면 보상을 경험해도 도파민은 나오지 않는데, 이미 보상을 예측했기 때문이다. 그러나 신호를 보고 보상을 기대했으나 얻지 못하면 실망감으로 인해 도파민 수치가 떨어진다(C). 도파민 반응의 민감성은 보상이 늦게 제공되었을 때도 분명히 볼 수 있다(D). 먼저 신호를 포착하고, 도파민이 분비되고 갈망이 생겨난다. 다음에 반응이 나타나지만 보상이 기대한 것만큼 빨리 나타나지 않으면 도파민 수치는 떨어지기 시작한다. 마지막으로 보상이 바라던 것보다 조금 늦게 나타나면 도파민이 다시 분비된다. 마치 뇌가 "자, 봐! 내가 맞잖아. 다음에도 이렇게 하는 걸 잊지 말아야지."라고 말하는 것만 같다.

이런 시각은 두 번째 행동 변화 법칙의 중요성을 알려준다. 즉, 습관을 매력적으로 만들어야 한다는 것이다. 보상 경험에 대한 기대가 행동의 동기를 부여하기 때문이다. 그러면 이제 '유혹 묶기'temptation bundling라는 전략을 살펴보도록 하자.

일상에 새로운 습관 덧붙이기

아일랜드 더블린에서 전자공학을 공부하는 학생 로넌 번Ronan Byrne은 넷플릭스 보는 것을 좋아하는데, 운동을 더 많이 해야겠다는 생각이 들어 다음과 같은 방법을 고안해냈다.

그는 전자공학과 학생답게 기술을 살려서 페달 밟기용 자전거를 분해하고,[20] 거기에 컴퓨터 본체와 텔레비전을 연결했다. 그러고 나서 특정한 속도로 페달을 밟을 때만 넷플릭스가 나오도록 컴퓨터 프로그램을 짰다. 페달을 밟는 속도가 느려지면 다시 속도를 올릴 때까지 보고 있던 영상이 정지했다. 이를 본 한 사람의 말을 빌리자면, 그는 "넷플릭스를 폭식하는 동안 비만이 해소됐다."[21]

그는 자신의 운동 습관을 더욱 매력적으로 만들고자 유혹 묶기 전략을 이용했다. 유혹 묶기 전략은 하고 싶은 행동과 해야 하는 행동 사이의 연결 고리를 만듦으로써 작동한다. 번의 경우는 넷플릭스를 보는 일(하고 싶은 일)과 페달 밟기용 자전거를 타는 일(해야 하는 일)을 한데 묶은 것이다.

비즈니스 세계는 유혹 묶기의 달인이라 할 수 있다. ABC 방송은 2014~2015년 목요일 밤 텔레비전 편성표를 공개했는데, 여기에는 거대한 규모의 유혹 묶기 전략이 깔려 있었다.

매주 목요일 ABC는 숀다 림스Shonda Rimes가 각본을 쓴 세 가지 프로그램을 방영한다. 바로 〈그레이 아나토미〉, 〈스캔들〉, 〈살인죄에서 벗어나는 법〉How to Get Away with Murder이다. ABC는 이것들을 'ABC의 TGIT(Thank God It's Thursday의 약자)'라는 말로 브랜드화했다. 그리고 이 브랜드를 홍보할 때 시청자들이 팝콘을 튀기고, 레드 와인을 마시고, 저녁을 즐기게끔 고무했다.

ABC의 편성부장 앤드루 쿠비츠Andrew Kubitz는 이 홍보 뒤에 있는 아이디어를 설명했다. "우리는 목요일 저녁을 시청률을 잡을 기회로 봤습니다. 커플이든 여성이든 자리에 앉아서 레드 와인을 마시고 팝콘을 씹으며 즐길 기회로 말이죠."[22] 매우 영민하게도 이 전략은 시청자가 하도록 만들어야 하는 것(ABC 방송을 보는 것)과 시청자들이 하고 싶어 하는 것(휴식, 와인 마시기, 팝콘 먹기)을 연결시켰다는 점이다.

시간이 지남에 따라 사람들은 ABC 방송 시청을 즐거운 휴식과 연관 짓기 시작했다. 매주 목요일 저녁 8시에 레드 와인을 마시고 팝콘을 먹고 싶다면 결국 '목요일 저녁 8시'는 휴식을 즐기는 시간이라는 것을 의미한다. 보상이 신호와 연결되어 텔레비전을 켜는 습관은 더욱 매력적인 일이 되었다.

어떤 행동을 좋아하는 일과 동시에 할 수 있다면 더욱 매력적으로 느껴질 것이다. 가령 연예인에 관한 최신 정보를 듣고 싶은데 몸매를 가꾸기도 해야 한다고 해보자. 유혹 묶기 전략을 사용해 체육관에서 타블로이드 신문이나 리얼리티 방송 프로그램을 보는 방법이 있다. 페디큐어를 하고 싶은데 받은메일함을 정리해야 한다면 기한을 넘긴 업무 메일들을 처리하면서 페디큐어를 받으면 된다.

유혹 묶기 전략은 프리맥 원리Premack's Principle로 알려진 심리치료법을 적용한 방법이다. 데이비드 프리맥David Premack 교수의 이름이 붙은 이 법칙은 '할 가능성이 높은 행동은 하지 않을 행동을 하게 만든다'는 개념이다.[23]

만일 기한이 지난 업무 이메일을 처리하고 싶지 않다면 그 일을 하기 위한 상태를 만들면 된다. 즉, 이메일을 처리하는 과정에서 자신이 정말 원하는 뭔가를 얻을 수 있어야 한다.

유혹 묶기 전략을 앞에서 살펴본 습관 쌓기 전략과 조합해서 우리의 행동 지침이 되어줄 규칙들을 만들어보자.

1. [현재 습관]을 한 후에, [내게 필요한 습관]을 한다.
2. [내게 필요한 습관]을 한 후에, [내가 원하는 습관]을 한다.

예를 들어 신문을 읽고 싶은데 감사 인사를 해야 한다면 다음과 같이 할 수 있다.

1. 모닝커피를 마신 후에, 어제의 일에 대해 감사 인사를 해야지. (해야 하는 일)

2. 감사 인사를 한 후에, 신문을 읽어야지. (원하는 일)

스포츠 경기를 보고 싶은데 고객에게 전화를 걸어야 한다면 다음과 같다.

1. 점심을 먹고 회사로 복귀한 뒤에, 고객 세 명에게 전화해야지. (해야 하는 일)
2. 고객 세 명에게 전화한 후에, ESPN을 봐야지. (원하는 일)

페이스북을 확인하고 싶은데 운동을 더 해야 한다면 다음과 같다.

1. 스마트폰을 치워두고, 버피 테스트 열 개를 해야지. (해야 하는 일)
2. 버피 테스트 열 개를 하고, 페이스북을 확인해야지. (하고 싶은 일)

하고 싶은 일에 대한 희망은 결과적으로 고객 세 명에게 전화를 거는 것, 버피 테스트 열 개를 하는 것을 고대하게 만든다. 그것이 최신 스포츠 뉴스를 읽는 것 또는 페이스북을 체크하는 것을 의미하기 때문이다.

요약하면 초정상자극은 현실 세계를 강화한 것으로, 행동을 취하고자 하는 우리의 욕망을 증가시킨다. 유혹 묶기 전략은 어떤 습관을 우리가 이미 원하고 있는 어떤 대상과 연관지어 습관을 강화하는 방법이다. 깰 수 없는 습관을 만드는 것은 어려운 일이지만, 이 간단한 전략을 사용하면 습관을 더욱 매력적인 것으로 만들 수는 있다.

· summary ·

- 두 번째 행동 변화 법칙은 '매력적으로 만들어라'다.
- 기회가 매력적일수록 습관이 형성되기 쉽다.
- 습관은 도파민이 주도하는 피드백 순환 작용이다. 도파민이 분비되면 어떤 행동을 하겠다는 동기도 생겨난다.
- 우리를 행동하게 만드는 것은 보상의 성취가 아니라 보상에 대한 예측이다. 예측이 커질수록 도파민도 더욱 많이 분비된다.
- 유혹 묶기 전략은 습관을 더욱 매력적으로 만드는 한 가지 방법이다. 이 전략은 '원하는 일'과 '해야 하는 일'을 짝짓는 것이다.

Chapter 09

왜 주위 사람에 따라 내 습관이 변할까

1965년 라즐로 폴가Laszlo Polgar라는 헝가리인이 클라라라는 여인에게 기이한 편지를 몇 통 썼다. 라즐로는 노력의 힘을 굳게 믿는 사람이었다. 그는 선천적 재능에 대해서는 완전히 부정했다. 그렇기 때문에 어떤 분야든 계획적으로 연습하고 좋은 습관을 계발하면 누구나 천재가 될 수 있다고 주장했다. "천재는 태어나지 않는다. 다만 교육받고 훈련될 뿐이다."[1]

라즐로는 이 생각을 굳건히 믿었고, 아직 태어나지도 않은 자기 아이들에게 이를 시험해보고 싶었다. 그래서 '기꺼이 자신과 한배에 탈 아내가 필요했던' 그는 클라라에게 편지를 썼다. 교사였던 클라라 역시 라즐로만큼 굳건하진 않았지만 적절한 훈육이 이뤄진다면 누구든 자신의 기술을 발전시킬 수 있다고 믿었다.

라슬로는 자신의 실험에 적당한 분야로 체스를 선택했다. 그리고 자녀들을 체스 영재로 길러내기 위한 계획을 세웠다. 아이들은 당시 헝가리에서 드물었던 홈스쿨링을 하고, 집은 체스 관련 서적들과 유명한 체스 기사들 사진으로 도배할 계획이었다. 아이들은 서로를 상대로 계속 체스를 두고, 그들이 알고 있는 모든 시합에 참가해 그 시합 결과를 모두 세심하게 파일로 정리할 것이다. 아이들의 삶은 체스에 바쳐질 터였다.

라슬로의 구애와 설득이 성공한 후 몇 년이 지나지 않아, 두 사람은 세 딸의 부모가 되었다. 수전, 소피아, 유디트였다. 장녀 수전은 네 살 때 체스를 두기 시작했고 6개월 만에 성인을 이겼다. 둘째 소피아는 장녀보다 나았는데, 열네 살이 되었을 때 체스 세계챔피언이 되었고 몇 년 후 그랜드마스터가 되었다.

막내 유디트는 셋 중에서 최고였다. 다섯 살 무렵 아빠를 이겼고, 열두 살에는 최연소로 세계 100대 기사에 꼽혔다. 열다섯 살 4개월 때는 역사상 최연소 그랜드마스터가 되었다. 이전 기록 보유자인 바비 피셔Bobby Fisher보다 어렸다. 스물일곱 살에는 세계 최고의 여성 체스 기사가 되었다.

폴가 자매들의 유년 시절은 이례적이라고 말할 수 있다. 하지만 인터뷰에서 자매들은 유년 시절이 힘들지 않았고 즐거웠다고 말했다. 그들은 체스 두는 것을 좋아했다. 그것만으로도 충분했다. 언젠가 소피아가 한밤중에 목욕탕에서 계속 체스를 두는 모습을 보고 아버지

라즐로는 그만 자러 가라고 딸을 달랬다. "소피아, 이제 체스 말들을 좀 놔주렴." 그러자 소피아는 대답했다. "아빠, 이 친구들이 날 놔주지 않는걸요!"

폴가 자매들은 무엇보다 체스를 우선시하는 문화 속에서 성장했고, 그에 대해 인정받고 보상받았다. 그녀들의 세상에서 체스에 대한 강박 상태는 일반적인 것이었다. 이 사례에서 볼 수 있듯이 어떤 습관이든 자신이 속해 있는 문화권에서 일반적인 것이라면 그 습관은 매력적인 것이 된다.

우리의 행동을 결정짓는 세 집단

인간은 무리 동물이다. 무리 안에 들어가고, 다른 사람들과 관계를 맺고, 또래들의 존경과 인정을 얻고 싶어 한다. 이런 경향은 생존에 필수적이다. 인간의 역사 대부분에서 우리 선조들은 부족 생활을 했다. 무리에서 떨어져 나오는 것, 혹은 최악의 경우 무리에서 쫓겨나는 것은 죽음을 의미했다. 한마디로 "외로운 늑대는 죽지만 무리는 살아남는다."The lone wolf dies, but the pack survives는 것이다.*

다른 사람들과 협력하고 유대 관계를 맺으면 안전이 보장되고 짝짓기 가능성이 높아지며, 자원에 대한 접근성도 높아진다. 찰스 다윈은

* HBO TV드라마 〈왕좌의 게임〉의 이 대사를 적절히 인용할 수 있어서 기쁘다.

"역사적으로 볼 때 타인과 협력하고 가장 효율적으로 임기응변하는 법을 배운 사람이 승리했다."라고 썼다. 인간의 가장 깊은 곳에 박힌 욕망 중 하나는 소속감이다. 고대부터 이어진 이런 이끌림은 현대를 살아가는 우리에게도 큰 영향을 미치고 있다.

아주 어린 시절의 습관은 '선택하는 것'이 아니라 '모방한 것'이다. 우리는 일반적으로 친구, 가족, 교회 또는 학교, 지역사회와 국가로부터 넘겨받은 대본을 따른다. 이런 집단에는 각자의 가치관과 기준들이 존재한다. 언제 결혼해야 하는지, 결혼을 할지 말지, 아이는 어떻게 가질지, 휴일은 어떻게 기념할지, 아이의 생일 파티에 얼마나 지출할지 등에 대한 기준들이다.

이런 사회적 규범들은 보이지 않는 규칙으로 작용해 매일의 행동을 이끈다. 우리는 이것들을 마음속 가장 중요한 곳에 두지는 않더라도 늘 염두에 두고 산다. 종종 우리는 생각하거나 의문을 품지 않고, 어떨 때는 기억해내지 않고도 자기 문화에 있는 습관들을 따른다. 프랑스 철학자 미셸 드 몽테뉴는 이렇게 썼다. "사회의 관습과 삶의 행위들은 우리의 정신에 완전히 스며 있다."

집단을 따르는 것은 대부분 부담스럽게 느껴지지 않는다. 모두 어딘가에 소속되길 원한다. 체스 기술에 대해 보상을 해주는 집안에서 자랐다면 체스를 두는 것은 무척이나 매력적으로 보일 것이다. 모두 값비싼 옷을 입는 직장에서 일하고 있다면 당신 역시 그들처럼 돈을 펑펑 쓰는 습관이 생긴다. 친구들 모두가 어떤 농담을 나누거나 신조어를 사용하고 있다면 당신 역시 그렇게 하고 있을 것이다. 그리고 그들은 곧 당신이 '그렇게 한다는 것'을 알게 될 것이다. 우리에게 도움이 되는 행동은 매력적으로 느껴진다.

우리는 특히 다음 세 집단의 습관을 모방한다.[2]

1. 가까운 사람
2. 다수
3. 유력자

각각의 집단은 자신의 습관을 더욱 매력적으로 만드는 기회를 제공한다.

1. 가까운 사람을 모방한다

가까운 사람들은 우리의 행동에 가장 강력한 영향을 끼친다.

우리는 주변 사람들의 습관을 보고 배운다. 부모님이 논쟁에 대처하는 방식, 또래들이 다른 사람들과 시시덕거리는 방식, 동료 직원들이 결과를 얻어내는 방식 등을 모방한다. 친구가 대마초를 피우면 당신 역시 한 번쯤 해볼 것이다. 아내가 잠자리에 들기 전에 문단속을 이중으로 하면 당신 역시 그런 습관을 갖게 된다.

나 역시 나도 모르게 주변 사람들의 행동을 모방하고 있다는 것을 알게 되었다. 이를테면 나는 대화하면서 자동으로 상대와 같은 자세를 취한다. 대학 시절에는 룸메이트와 비슷한 말투로 대화를 했다. 다른 나라를 여행할 때는 하지 말아야지 하면서도 무의식적으로 그들의 말투를 따라 했다.

우리는 가까운 사람일수록 그 사람의 습관을 모방하기 쉽다. 1만 2,000명을 32년간 추적 조사한 획기적인 연구에 따르면 "비만이 될 확률은 친구가 비만인 경우 57퍼센트로 증가했다."[3]

다른 연구들도 마찬가지다. 한 연구에서는 애인이나 배우자가 살을 뺀 경우 상대 역시 그 시기의 약 3분의 1 동안 체중을 감량했다.[4] 친구와 가족은 일종의 또래 집단으로서 보이지 않는 압박을 통해 우리를 그들이 향하는 방향으로 몰아간다. 물론 또래 집단이 나쁘게 작용하는 건 우리 주변에서 그 집단이 안 좋은 영향력을 미칠 때다. 우주비행사 마이크 마시미노Mike Massimino는 비행사가 되기 전 MIT를 졸업하고 소규모 로보틱스 수업에 참가했다. 그런데 그 수업을 듣는 사람들 열 명 중 네 명이 우주비행사가 되었다.[5] 이와 유사하게, 11세나 12세 때 가장 친한 친구의 아이큐가 높으면 그 사람 역시 15세 무렵에 아이큐가 높아진다.[6] 타고난 지능이 그렇지 않다 해도 말이다. 우리는 주변 사람들의 자질과 행동을 흡수한다.

이런 사례들을 종합해보면, 더 나은 습관을 세우는 가장 효율적인 방법 중 하나는 자신이 원하는 행동이 일반화된 집단에 들어가는 것이다. 매일 어떤 습관을 행하는 사람들을 보고 있으면 그 습관을 새로이 습득하기 쉽다. 건강한 사람들에게 둘러싸여 있다면 운동하는 것을 공통의 습관으로 여길 것이다. 재즈를 좋아하는 사람들 사이에 있다면 매일 재즈 듣는 것을 당연하게 생각할 공산이 크다.

우리를 둘러싼 문화는 무엇이 '일반적'인지에 관한 기대치를 설정한다. 따라서 어떤 습관을 들이고 싶다면 그런 습관을 지닌 사람들 사이에 있어라. 그러면 함께 성장할 것이다.

습관을 매력적으로 만들고 싶다면 자신이 원하는 행동이 일반적인 집단, 자신과 공통점을 가지고 있는 집단으로 들어가라. 스티브 캄Steve Kamb은 뉴욕에서 너드 피트니스Nerd Fitness라는 사업을 한다. 이 센터는 '너드(범생이), 부적응자, 변종들의 체중을 감량하고 더 건강하게 만들어주는 곳'이다. 캄의 고객들은 비디오게임 팬, 영화광들이 많다.

이런 유형의 사람들 말고도 대부분의 사람들은 피트니스 센터에 처음 왔을 때나 다이어트를 시도할 때 주변을 둘러보고 위화감을 느낀다. 하지만 주변의 사람들이 〈스타워즈〉 팬이라든지, 운동을 한 번도 시도하지 않았다든지 등 공통점이 있다면 위화감이 사라지고 자연스럽게 행동한다. 자신과 같은 사람들이 하고 있는 일이라고 느끼기 때문이다.

무리에 소속되는 것보다 더 동기를 지속시키는 것은 없다. 그것은 개인적으로 추구하는 것을 공통의 것으로 바꿔준다. 이전에 나는 나의 것이었다. 나의 정체성은 단일했다. 나는 책을 좋아하는 사람 또는 음악을 하는 사람 또는 운동선수였다. 하지만 북클럽이나 밴드, 사이클 모임 등에 참여한다면 나의 정체성은 주변에 있는 그들과 연결되기 시작한다. 우리는 책을 좋아하는 사람들 또는 음악을 하는 사람들 또는 사이클 타는 사람들이 된다. 이런 정체성이 공유되면 나의 개인적인 정체성도 강화된다. 따라서 목표를 달성한 뒤에도 집단의 일원으로 남아 있는 것이 습관을 유지하는 데 중요하다. 새로운 정체성을 끼워 넣고 행동을 장기적으로 지속하는 걸 돕는 건 우정과 커뮤니티다.

2. 다수를 모방한다

1950년대 심리학자 솔로몬 애시Solomon Asch는 오늘날 심리학과 학부생들이 필수적으로 거쳐 가는 실험을 시행했다.[7] 실험을 시작할 때 피험자는 낯선 사람들과 함께 방 안에 들어간다. 피험자는 모르지만, 사실 낯선 사람들은 연구자가 심어놓은 배우들로서 실험 중에 질문을 받으면 지시받은 대로 답하도록 약속이 되어 있었다.

연구자는 사람들에게 선이 하나 그려진 카드 한 장을 먼저 보여주고 나서, 선 몇 개가 그려진 두 번째 카드를 보여준다. 그런 다음 두 번째 카드에서 첫 번째 카드와 길이가 비슷한 선을 하나 고르라고 한다. 다음 그림은 실험에 사용된 카드 두 장의 예시다.

이 실험은 늘 똑같이 시작한다. 먼저 예비 실험을 몇 차례 하는데, 이때는 모두 정확한 선을 고른다. 몇 차례 돈 후 사람들에게 똑같은 질문을 다시 한다. 이때 방 안에 있는 배우들만 의도적으로 잘못된 답을 내놓는다. 예를 들어 왼쪽 그림의 선 길이와 같은 것이 'A'라고 대답하는 것이다. 모두 그 선이 아니라고 알고 있지만 배우들은 그 선이 같은 것이라는 데 동의한다.

이 작전을 모르는 피험자는 당혹스러워한다. 눈이 커지고 신경질적인 웃음을 멈추지 않는다. 그리고 다른 사람들의 행동을 확인한다.

사회적 규범에 대한 동조

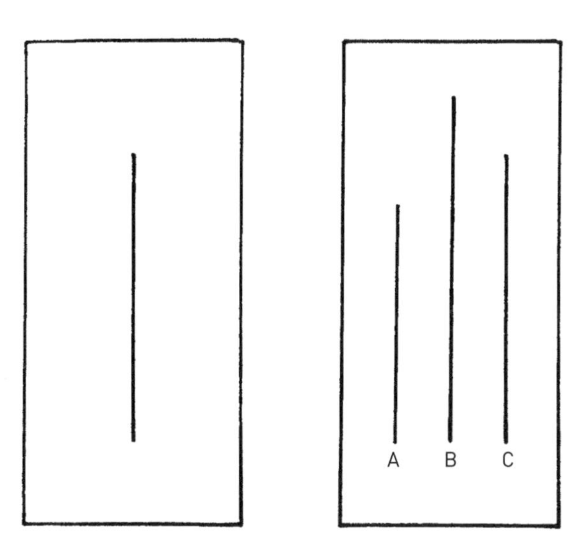

ㅇ 이 두 장의 카드 그림은 솔로몬 애시가 그 유명한 사회적 동조 실험에서 사용했던 것이다. 첫 번째 카드(왼쪽)의 선 길이는 분명 C선과 똑같다. 하지만 배우 집단이 길이가 다르다고 주장하면 피험자는 종종 마음을 바꿔서 자기 눈을 믿기보다 대중을 따른다.

한 사람씩 똑같이 잘못된 답을 할수록 불안감이 커진다. 곧 피험자는 자신의 눈을 의심하기 시작한다. 마침내 그는 마음속으로는 아니라고 생각하면서도 다른 이들과 같은 답을 내놓는다.

애시는 다양한 방식으로 수차례 이 실험을 진행했다. 그리고 배우를 많이 심을수록 피험자들의 동조가 더 많이 이뤄졌다. 방 안에 배우가 한 사람인 경우 피험자는 선택에 영향을 받지 않았다. 마치 마네킹 모형과 함께 있는 듯 독자적으로 행동했다. 배우가 두 사람이면 약간 영향을 받았다. 배우가 세 명에서 네 명, 여덟 명까지 늘어났을 때 피험자는 점차 자신의 선택을 곱씹기 시작했다. 실험 말미에 피험자의 약 75퍼센트는 집단이 내놓은 잘못된 답에 동의했다.[8]

어떻게 행동해야 하는지 확실하지 않을 때 우리는 집단을 보고 행동 방향을 찾는다. 계속해서 주변 환경을 살피고 의문을 품는다. '다른 사람들은 어떻게 하고 있지?' 사람들이 아마존, 옐프, 트립어드바이저의 리뷰를 확인하는 이유는 가장 좋은 것을 모방하고 싶어서다. 이는 대부분 영리한 전략이다. 다수가 증거로 보여주기 때문이다.

하지만 여기에는 문제가 있다. 집단이 하는 일반적인 행동은 종종 개인이 욕망하는 행동을 제압한다. 예를 들어 어느 집단에서 효율적으로 땅콩을 쪼개는 방법을 습득한 침팬지는 그보다 덜 효율적인 방법을 사용하는 새로운 집단으로 옮겼을 때, 그 무리에 섞이기 위해 전에 사용하던 훨씬 나은 방법을 사용하지 않는다.[9]

인간 역시 마찬가지다. 우리는 집단의 규범을 따라야 한다는 어마어마한 내적 압력을 받는다. 무리의 일원이 되는 건 종종 논쟁에서 이기는 것, 똑똑해 보이는 것, 진실을 찾아내는 것보다 보상이 훨씬 크다. 대부분 우리는 홀로 옳은 길을 따르기보다 집단과 함께 잘못되는 길을 선택한다.

인간은 다른 사람들과 잘 지내는 방법을 알고 있다. 그리고 그렇게 하고 싶어 한다. 이것은 타고난 것이다. 물론 이를 무시할 수도 있다. 다른 사람들의 생각에 신경 끄거나 집단을 무시하는 걸 선택할 수 있다. 하지만 그런 일은 즉각 효력을 발휘한다. 우리가 속한 문화와 다른 방향으로 달리려면 또 다른 노력이 필요하다.

습관을 바꾸는 것이 무리에 도전하는 일이 될 때 변화는 매력적이지 않다. 반대로 습관을 바꾸는 것이 무리와 합치될 때 변화는 무척이나 매력적인 것이 된다.

3. 유력자를 모방한다

인간은 어디서나 힘, 명성, 지위를 추구한다. 우리는 재킷에 배지를 달고 싶어 한다. 사장이나 임원의 명패를 원한다. 알려지고, 인정받고, 칭찬받고 싶어 한다. 이는 헛되어 보일 수 있지만 대체로 현명한 생각이기도 하다. 역사상 거대한 힘과 지위를 가진 사람은 더 많은 자원에 접근하고, 생존에 대해 덜 걱정하고, 더 매력적인 짝을 찾곤 했다.

우리는 자신에게 존경, 인정, 칭송, 지위를 안겨주는 행동을 하려고 한다. 체육관에 가서 근육을 키우고, 극도로 어려운 악보를 연주하고, 자녀를 훌륭하게 키우고 싶어 한다. 이런 것들이 자신을 다른 사람들과 구분해주기 때문이다. 일단 여기에 적응하면 우리는 두각을 드러낼 방법들을 찾기 시작한다.

우리가 엄청나게 효율적으로 움직이는 사람들의 습관에 무척이나 관심이 있는 건 이런 이유에서다. 성공한 사람의 행동을 모방하려고 하는 것은 성공을 욕망하기 때문이다. 일상의 많은 습관들은 자신이 찬탄하는 사람들을 모방한 것이다. 자기가 속한 산업에서 가장 성공한 회사의 마케팅 전략을 모방하고, 가장 좋아하는 제빵사의 조리법대로 음식을 만든다. 가장 좋아하는 작가의 작법을 빌려오고, 상사의 대화법을 흉내 낸다. 자신이 선망하는 사람을 모방한다.

그렇게 해서 지위가 높아진 사람들은 인정과 존경, 타인의 칭찬을 즐긴다. 우리는 어떤 행동이 인정, 존경, 칭찬을 가져다준다면 그 행동에 매력을 느낀다.

또한 우리는 자신의 지위를 낮출 만한 행동들을 피하고 싶어 한다. 울타리를 손질하고 잔디를 깎는 것은 이웃에게 게으른 모습을 보이지 않고 싶어서다. 엄마가 찾아왔을 때 집을 치우는 것은 게으르다는 평가를 받고 싶지 않아서다. 우리는 계속해서 다른 사람들이 자신을 어떻게 생각할지 궁금해하고, 그 대답에 근거해 행동을 수정한다.

앞에서 언급했던 폴가 자매들은 사회적 기준이 행동에 얼마나 큰 영향을 미치는지 보여주는 증거라 할 수 있다. 이 자매들은 매일 많은 시간을 들여 체스 연습을 하고, 수십 년간 엄청난 노력을 했다. 그들은 자신들의 습관과 행동들이 매력적이라고 생각했는데, 이는 그들의 문화가 가치를 인정해주었기 때문이다. 부모의 칭찬, 그랜드마스터가 되는 것 같은 수많은 성취들이 계속해서 노력할 이유가 되었다.

· summary ·

- 어떤 행동이 매력적으로 느껴지느냐는 자신이 속한 문화가 결정한다.
- 우리는 자신이 속한 문화가 인정하고 칭찬하는 습관들을 받아들이길 원한다. 무리에 소속되고 싶어 하는 강한 욕망을 가지고 있기 때문이다.

- 우리는 세 사회 집단의 습관을 모방하는 경향이 있다. 가까운 사람(가족과 친구), 다수(무리) 그리고 유력자(지위와 명성이 있는 사람)다.
- 더 나은 습관을 세우는 가장 효율적인 방법은 내가 원하는 행동이 일반적 행동인 문화, 내가 이미 하고 있는 일이 그 집단의 행동인 문화에 합류하는 것이다.
- 무리의 일반적인 행동은 종종 개인이 욕망하는 행동을 제압하기도 한다. 대부분의 경우 우리는 홀로 옳은 길을 따르기보다 무리와 함께 잘못된 길을 택한다.
- 어떤 행위가 인정, 존경, 칭찬을 가져다주면 우리는 그 행위에 매력을 느낀다.

Chapter 10

나쁜 습관도 즐겁게 고칠 수 있을까

2012년 말 나는 이스탄불에서 가장 유명한 거리인 이스티크랄 카데시에서 몇 블록 떨어진 낡은 아파트에 앉아 있었다. 나흘간의 터키 여행 중이었고, 가이드였던 마이크는 몇 발자국 떨어진 곳에 놓인 해진 암체어에서 쉬고 있었다.

사실 마이크는 진짜 가이드는 아니었다. 그는 미국 메인 주 출신으로, 터키에서 산 지 5년째에 접어든 친구인데 내가 이 나라에 온다고 하자 선뜻 나서서 구경을 시켜주겠다고 했다. 어느 날 밤, 나는 마이크와 함께 그의 터키인 친구들이 주최한 저녁 식사에 초대를 받았다.

모인 사람들은 일곱 명이었고, 최소 하루 한 갑의 담배를 피우는 그들 틈에서 나는 유일한 비흡연자였다. 한 터키 친구에게 어떻게 흡연을 시작했느냐고 물었다.

"응, 뭐든 친구와 함께 시작하는 거지. 친구 하나가 담배를 피우면 같이 피우게 되잖아."

그런데 대화 중 놀랍게도 그 방 안에 있었던 사람들의 절반 정도가 담배를 가까스로 끊었던 시기가 있었다는 것을 알게 되었다. 마이크는 한때 몇 년간 비흡연 상태였던 적이 있었고, 이번에도 그는 담배를 끊겠다고 선언했다. 그 이유는 앨런 카Allen Carr의 《손쉽게 담배를 끊는 방법》Easy Way to Stop Smoking이라는 책 때문이었다.

"이 책은 흡연의 정신적 무게에서 나를 자유롭게 해주고 있어." 그가 말했다. "책에는 이렇게 쓰여 있어. '스스로에게 거짓말하는 걸 그만두어라. 당신은 자신이 정말은 흡연을 원하지 않는다는 걸 알고 있다. 흡연을 즐기지 않는다는 것도 알고 있다.' 이 문장은 더 이상 내가 희생자가 아니라는 기분을 느끼게 해줘. 그리고 더는 담배를 필요로 하지 않는다는 걸 깨닫게 해준다고."

나는 한 번도 흡연을 시도해본 적이 없었지만 나중에 호기심이 일어 그 책을 봤다. 저자가 흡연자들의 흡연 욕구를 제거하고자 제시한 전략은 흥미로웠다. 그는 흡연과 연결된 각각의 신호를 체계적으로 재구성하고, 거기에 새로운 의미를 부여했다. 예를 들면 그는 이런 식으로 말한다.

- 당신은 뭔가를 그만뒀다고 생각하지만, 사실은 어느 것도 그만둔 것이 아니다. 담배는 당신에게 아무것도 아니기 때문이다.

- 당신은 흡연이 사회생활에 필요한 것이라고 생각하지만, 실제로는 그렇지 않다. 당신은 담배를 한 대도 피우지 않아도 사람들과 잘 어울릴 수 있다.
- 당신은 흡연이 스트레스를 경감시킨다고 생각하지만, 실제로는 그렇지 않다. 흡연은 당신의 신경을 이완시키는 것이 아니라 파괴한다.
- 당신은 흡연이 휴식이라고 생각하지만, 실제로는 그렇지 않다. 몸과 마음이 건강해야 진정한 휴식을 취할 수 있다.

저자는 이런 문장들을 계속 반복한 후 이렇게 말한다. "당신의 마음속에서 담배를 치워버려라. 당신은 아무것도 잃지 않을 것이다. 그리고 건강, 에너지, 돈뿐만 아니라 자신감, 자기존중, 자유, 무엇보다 그 과정에서 삶의 질이라는 놀랍고도 긍정적인 결과를 얻을 것이다."

이 책의 마지막 장을 읽을 때쯤이면 흡연은 세상에서 가장 터무니없는 일로 여겨진다. 더 이상 흡연이 어떤 이득도 가져다주지 않는다고 생각되면 담배를 피울 이유도 없어진다.

이는 두 번째 행동 변화 법칙을 반대로 뒤집은 것이다. '매력적이지 않게 만들어라.' 지금 이 아이디어가 지나치게 간단해 보인다는 건 알고 있다. 그저 마음을 바꾸는 것으로 담배를 끊을 수 있다는 말 아닌가. 하지만 좀 더 설명을 들어보라.

당신이 게임을 하는 진짜 이유

행동의 바탕에는 일단 표면적으로는 열망이 자리하며, 더 깊은 곳에는 동기가 있다. 나는 종종 이런 식으로 뭔가를 하고 싶은 열망을 표현한다. "타코를 먹으러 가고 싶어." 왜 타코가 먹고 싶으냐고 누군가 묻는다면 아마도 "내가 살기 위해 음식이 필요하기 때문이지."라고 말하지는 않을 것이다.[1]

하지만 진실은 이렇다. 마음속 어딘가에, 나는 살아남기 위해 먹어야 하므로 타코를 먹겠다는 동기가 있다. 내 열망이 타코라는 특정한 대상에 있다 해도 기저에 깔린 동기는 음식과 물을 섭취하는 것이다. 그런 동기들에는 다음과 같은 것들이 있다.*

- 에너지를 아낀다.
- 음식과 물을 획득한다.
- 사랑을 찾고 후손을 남긴다.
- 다른 사람들과 연결되고 유대를 맺는다.
- 사회적 인정과 포용을 얻는다.
- 불확실성을 줄인다.
- 지위와 명예를 얻는다.

---

* 이는 부분적인 목록일 뿐이다. atomichabits.com/business에 접속하면 더 많은 목록과 이를 사업에 적용하는 방법에 관한 사례를 볼 수 있다.

열망은 이와 같은 동기를 드러낸 것이다. 우리의 뇌는 담배를 피우고, 인스타그램을 확인하고, 비디오게임을 하고 싶어 하는 욕망을 가지고 진화하지 않았다. 더 깊은 수준에서 우리는 불확실성을 줄이고 불안을 경감시키고 사회적 인정과 포용을 획득하거나 지위를 얻고 싶어 한다. 새롭게 만든 자신의 습관을 들여다보라. 그러면 거기에 새로운 동기가 있는 게 아니라 인간 본능 깊숙한 곳에 내재된 동기가 있었음을 알게 될 것이다.

- 사랑을 찾고 후손을 남긴다. = 데이트 앱인 틴더Tinder를 이용한다.
- 다른 사람들과 연결되고 유대를 맺는다. = 페이스북을 검색한다.
- 사회적 인정과 포용을 획득한다. = 인스타그램 포스트를 작성한다.
- 불확실성을 줄인다. = 구글을 검색한다.
- 지위와 명예를 얻는다. = 비디오게임을 한다.

우리의 습관은 고대부터 이어져 내려온 욕망의 현대판 해결책이다. 한마디로 오랜 악덕의 새로운 형태다. 인간 행위의 기저에 깔린 동기는 여전히 똑같다. 다만 우리가 행하는 특정한 습관들이 시대에 따라 다를 뿐이다.

여기에 주목할 부분이 있다. 동기의 근원이 같다 해도 이를 해결하는 방식은 수없이 많다. 어떤 사람은 담배를 피움으로써 스트레스가 줄어든다는 것을 배웠을 수도 있다. 또 어떤 사람은 달리기를 함으로써 화를 누그러뜨릴 수 있다는 걸 배웠을 수도 있다. 우리의 현재 습관이 우리 앞에 놓인 문제를 해결하는 최선의 방식이 아닐 수도 있다. 그저 각자가 습득한 방식일 뿐이다. 일단 문제와 관련된 해결책을 찾아내면 우리는 그 행동을 계속하게 된다.

습관은 모두 '연결' 작용이다. 이런 연결성은 우리가 어떤 습관을 계속할 만한 가치가 있는지 아닌지를 결정한다. 첫 번째 법칙을 논의할 때 다뤘던 것처럼, 뇌는 지속적으로 정보를 흡수하고 주변 환경에서 신호들을 찾아낸다. 신호를 받아들이는 매 순간 뇌는 시뮬레이션을 하고, 다음에 어떤 일이 벌어질지 예측한다.

1. 신호: 난로가 뜨겁다는 것을 알아차린다.
2. 예측: 난로를 건드리면 화상을 입을 테니 건드리지 말아야지.

1. 신호: 신호등이 초록색으로 바뀌는 것을 본다.
2. 예측: 속도를 올리면 사거리를 통과하는 데 무리가 없을 거고, 목적지에 더 빨리 갈 거야. 그러니 속도를 올려야지.

우리는 신호를 보고 과거의 경험에 기반해 분류하고 적절한 반응을 결정한다. 이 모든 행동은 순간적으로 일어나지만 습관에는 중대한 역할을 한다. 모든 행동은 예측에 따라 일어나기 때문이다.

인생은 반응으로 이뤄지는 것 같지만 실제로는 예측으로 이뤄진다. 하루 종일 우리는 지금 막 본 것이나 과거에 잘됐던 일에 기반해 어떻게 행동하는 것이 최선일지 추측한다. 끝없이 다음 순간 어떤 일이 일어날지 예측한다.

우리의 행동은 이런 예측들에 따른 것이다. 다시 말해 우리의 행동은 우리에게 일어난 사건 그 자체, 현실에 따라서가 아니라 그 사건을 어떻게 해석하느냐에 따라 달라진다. 예를 들어 두 사람이 똑같이 담배를 보고도 한 사람은 담배를 피우고 싶어지고, 다른 한 사람은 냄새조차 맡고 싶지 않을 수 있다.

따라서 똑같은 신호라 해도 각자의 예측에 따라 좋은 습관이 나타날 수도, 나쁜 습관이 나타날 수도 있는 것이다. 습관은 그것들이 어떻게 이뤄질지에 대한 예측에 따라 형성된다.

이 예측들은 그 일에 대한 느낌으로 이어진다. 다시 말해 '열망'이라고 묘사할 수 있는 것, 느낌, 갈망, 촉구 등을 알아차린다. 느낌과 감정은 우리가 인지한 '신호'cue를 변형하며, 예측을 우리가 적용할 수 있는 '동작 신호'signal로 만든다.

또한 느낌은 우리가 지금 무엇을 감지해야 할지를 설명해준다. 예를 들어 우리는 추위에 대해서도 이를 알아차리느냐 아니냐에 따라 지금 당장 따뜻한지 추운지를 느낀다. 기온이 1도가 떨어지면 아무것도 느끼지 못한다. 하지만 10도가 떨어지면 춥다고 느끼고, 옷을 한 겹 더 입는다. 춥다는 느낌은 행동을 촉구하는 동작 신호다. 우리는 언제나 신호들을 감지하고 있지만 상황에 따라 더 낫다고 예측될 때만 행동한다.

열망은 뭔가를 놓쳤다는 데 대한 감각이다. 이는 우리의 상태를 바꾸고 싶다는 욕망이다. 기온이 떨어지면 신체가 현재 느끼는 상태와, 어떤 상태가 되고 싶은지 사이에 차이가 발생한다. 이렇게 현재 상태와 욕망하는 상태의 차이가 행동의 이유가 된다.

욕망은 지금 내가 어디에 있는지와, 미래에 어디에 있고 싶은지의 차이다. 심지어 아주 사소한 행동일지라도 현재와 다르게 행동하고 싶다고 느끼면 동기의 씨앗이 될 수 있다. 음식을 막 먹어치우거나 담배를 피우거나 SNS 상을 떠돌아다닐 때 우리가 정말로 원하는 것은 포테이토칩이나 담배, '좋아요' 한 무더기가 아니다. 정말로 원하는 것은 다르게 '느끼는' 것이다.

우리의 느낌과 감정들은 현재 상태를 유지할지, 행동을 변화시켜야 할지를 말해준다. 신경과학자들은 감정과 느낌이 제 기능을 하지 못하면 실제로 결정 능력을 잃는다는 사실을 발견했다.[2] 이는 감정과 느낌이 무엇을 추구할지, 무엇을 피해야 할지에 대한 동작 신호임을 말해준다.

신경과학자 안토니오 다마지오Antonio Damasio는 이렇게 설명한다.

"어떤 대상을 좋아하거나, 나쁘다고 여기거나, 무관심하게 만드는 것은 감정이다."[3]

요약하면 우리의 특정한 열망과 습관들은 실제 마음속 근간에 자리한 동기들을 다루는 시도다. 어떤 습관이 어떤 동기를 성공적으로 다루면 우리는 그것을 다시 하고자 하는 열망이 생겨난다.

우리는 SNS를 확인하는 것이 사랑받는 감정을 느끼게 해준다거나, 유튜브를 보는 것이 불안감을 잊게 해준다거나 같은 예측들을 습득한다. 어떤 습관이 긍정적인 느낌과 연결되면 매력적이게 되고 우리는 이를 이로운 방향으로 이용할 수 있다.

긍정적인 느낌을 만들고 싶다면

긍정적인 경험과 연결시키는 법을 배운다면 어려운 습관 역시 매력적인 것이 될 수 있다. 때때로 마인드세트를 살짝만 바꿔도 된다. 예를 들어 우리는 종종 어떤 날 무슨 일을 해야 할지에 대해 이야기한다. 일찍 일어나 출근해야 해, 영업을 위해 전화를 몇 통 해야 해, 저녁에는 가족을 위해 음식을 만들어야 해 등.

자, 이제 여기서 단어 하나만 바꿔보자. '해야 한다'have to를 '해내다'get to로 바꾸는 것이다.[4]

일찍 일어나 출근을 해낸다, 영업을 위해 전화를 몇 통 해낸다, 가족을 위해 음식을 만들어낸다 등. 단순히 단어 하나를 바꿈으로써 각 사건에 대한 관점을 바꾼다. 즉, 이런 행동들을 '부담'이 아니라 '기회'로 보도록 바꾸는 것이다.

여기서 중요한 점은 양쪽의 현실 모두 진실이라는 것이다. 우리는 이런 일들을 '해야 하고', 그럼으로써 그것들을 '해낸다.' 그러나 양쪽 중 어떤 마인드세트를 취해야 하는지에 대해서는 다음 이야기를 읽고 생각해보자.

언젠가 휠체어를 사용하는 남자에 관한 이야기를 들은 적이 있다. 움직임이 제한되어 힘들지 않느냐는 질문에 남자는 이렇게 대답했다고 한다. "저는 휠체어 때문에 제약을 받지 않습니다. 휠체어는 오히려 자유를 주지요. 휠체어가 없다면 저는 침대를 떠날 수도, 집을 나설 수도 없을 테니까요."[5] 이런 관점 변환은 그의 삶의 방식을 완전히 바꿔놓았다.

어떤 습관에 관해 결함보다는 이득이 되는 쪽에 집중하는 것은 우리의 마음가짐을 다시 설정하고, 어떤 습관을 더욱 매력적으로 만드는 빠르고 손쉬운 방법이다.

- 운동: 많은 사람이 운동에 대해 에너지를 고갈시키는 일이자 도전해야 할 '과업'으로 여긴다. 하지만 반대로 운동이 기술을 늘리고 우리의 잠재력을 끄집어내는 방법이라고 생각할 수도 있다. 매일 자신에게 "아침에 조깅하러 나가야 해."라고 말하는 대신 "인내심을 키우고 더 빠르게 달릴 수 있게 해주는 시간이야."라고 말해보자.[6]
- 돈: 돈을 절약하는 것은 종종 희생과 연관된다. 하지만 단순한 진실 하나를 깨달으면 절약이 '제한'이 아니라 '자유'임을 알게 된다. 지금 아끼며 사는 것은 미래의 생활수준을 증가시킨다는 깨달음이다. 즉, 이번 달에 아낀 돈은 다음 달의 소비능력을 증가시킨다.

- 명상: 오늘 3분 더 명상을 하려고 해도 갑자기 잡생각이 끼어들면 쉽게 망칠 수 있다. 그러나 이런 좌절의 순간을 심호흡을 할 기회로 생각하며 기쁘게 여길 수도 있다. 잡생각은 명상 훈련을 하는 데 필요한 좋은 것이다.
- 중요한 행사 전의 초조함: 많은 사람이 중요한 프레젠테이션을 하거나 규모가 큰 대회에 나가기 전에 불안해한다. 심하면 호흡이 가빠지고 심박수가 증가하며 흥분이 고조되기도 한다. 이런 느낌들을 부정적으로 받아들이면 신경이 곤두서고 위기를 느낀다. 하지만 긍정적으로 받아들이면 유연하고 감사하게 여기게 된다. 예를 들면 '신경이 날카롭다'를 '지금 흥분되고 아드레날린이 솟구쳐서 잘 집중할 수 있을 것 같아'로 재규정할 수 있다.[7]

이런 마인드세트의 작은 변화는 특정한 습관이나 상황과 관련된 느낌을 마법처럼 바꿀 수 있게 도와준다.

한 단계 더 나아가고 싶다면 '동기부여 의식'을 만들어보자. 이는 습관을 자신이 즐기는 어떤 것과 연관시키는 연습으로, 이렇게 하면 동기부여가 필요한 순간에 그 신호를 이용할 수 있다. 예를 들어 성관계를 하기 전에 늘 같은 음악을 듣는다면 그 행동과 음악을 연관시키기 시작할 것이다. 그 기분을 얻고 싶을 때면 언제든 재생 버튼을 누르기만 하면 된다.

피츠버그 출신의 권투 선수이자 작가인 에드 러티모어Ed Latimore는 이런 방법을 특별히 인지한 건 아니지만 유사한 전략을 통해 이득을 봤다.[8] 그는 이를 '기이한 자각'이라고 불렀다. 그는 이렇게 말했다. "글을 쓰는 동안 헤드폰을 착용한 것만으로 집중력과 주의력이 올라갔다. 음악을 전혀 틀지 않았는데도 말이다."

그는 이 전략을 모르는 상태에서 저절로 훈련이 되었던 것이다. 처음에 그는 헤드폰을 썼고, 좋아하는 음악 몇 곡을 들으면서 작업에 집중했다. 그런 일을 다섯 번, 열 번, 스무 번 되풀이하자 헤드폰을 쓰는 것은 자동적으로 집중력을 높이는 일과 관련된 신호가 되기 시작했다. 열망은 자연스럽게 뒤따랐다.

운동선수들은 시합 상태의 마인드세트로 자신을 몰아넣기 위해 이와 유사한 전략들을 사용한다. 야구 선수 시절 나는 경기 전에 스트레칭을 하고 투구 연습을 하는 특정한 의식을 갖고 있었다. 이 의식은 모두 10분 정도 걸렸고, 나는 매번 같은 방식으로 그 의식을 행했다. 경기하기 위해 몸을 덥히는 것 말고도 이 의식이 중요했던 이유는 나를 올바른 정신 상태로 만들어주었기 때문이다. 나는 이 사전 의식을 경쟁심 및 집중력을 높이는 것과 연관 짓기 시작했다. 심지어 사전에 동기부여가 되지 않은 경우에도, 이 의례를 행함으로써 '시합 상태'에 들어갈 수 있었다.

이 전략은 다른 목적에도 얼마든지 적용할 수 있다. 예를 들어 더 행복한 기분을 느끼고 싶다고 말하라. 강아지를 쓰다듬는 것이든, 거품 목욕을 하는 것이든 당신을 정말로 행복하게 만들어줄 어떤 것을 찾아라. 그러고 나서 당신이 사랑하는 뭔가를 하기 전에 매번 수행할 짧은 의식을 만든다. 세 번 심호흡을 하고 미소 짓는 일 같은 것도 괜찮다.

세 번 심호흡을 하고, 미소 짓는다. 강아지를 쓰다듬는다. 반복한다.

마침내 당신은 이 심호흡과 미소를 좋은 기분으로 들어가는 의식으로 여기기 시작할 것이다. 행복을 느끼는 것을 '의미하는' 신호가 되는 것이다.

한번 확립되면 감정 상태를 변화시켜야 할 때 언제든 사용할 수 있다. 직장에서 스트레스를 받는가? 세 번 심호흡을 하고 미소를 지어라. 인생이 서글픈가? 세 번 심호흡을 하고 미소를 지어라. 습관이 일단 구축되면 신호는 열망을 촉발한다. 심지어 당시의 상황과 조금도 관계가 없다고 해도 말이다.

나쁜 습관의 원인을 찾고 수정하는 것의 핵심은, 그것과 관계된 연상 틀을 바꾸는 것이다. 쉽지 않지만 예측을 다시 설계하면 어려운 습관도 매력적인 습관으로 변화시킬 수 있다.

· summary ·

- 나쁜 습관을 버리고 싶다면 두 번째 행동 변화의 법칙을 반대로 뒤집어라. '매력적이지 않은 것으로 만들어라.'
- 모든 행동은 표면적인 열망과 내적 동기를 가지고 있다.
- 우리의 습관은 고대부터 이어져온 욕망을 현대의 방식으로 해결한 것이다.

- 신호가 같아도 각자의 예측에 따라 좋은 습관이 나타날 수도, 나쁜 습관이 나타날 수도 있다.
- 나쁜 습관을 하지 않았을 때의 이득을 생각하면 더 이상 나쁜 습관을 지속하고 싶지 않다.
- 습관은 긍정적인 느낌과 연관될 때 매력적인 것이 되고, 부정적인 느낌과 연관될 때 매력적이지 않은 것이 된다. 어려운 습관을 행동으로 옮기기 직전에 당신이 좋아하는 일을 할 수 있게 해주는 동기부여 의식을 만들어라.

• 좋은 습관을 만드는 법 •

첫 번째 법칙 ◦ 분명하게 만들어라

1. 습관 점수표를 활용하라. 현재 습관을 써보고 그것들을 인식하라.
2. 실행 의도를 이용하라. '나는 [언제] [어디서] [어떤 행동]을 할 것이다.'
3. 습관 쌓기를 이용하라. '[현재의 습관]을 하고 나서 [새로운 습관]을 할 것이다.'
4. 환경을 디자인하라. 좋은 습관의 신호를 분명하게, 눈에 보이게 만들어라.

두 번째 법칙 ◦ 매력적으로 만들어라

1. 유혹 묶기를 이용하라. '하고 싶은 행동'을 '해야 하는 행동'과 짝지어라.
2. 당신이 원하는 행동이 일반적인 집단에 들어가라.
3. 동기부여 의식을 만들어라. 어려운 습관을 행동으로 옮기기 직전에 좋아하는 뭔가를 하라.

세 번째 법칙 ◦ 하기 쉽게 만들어라

네 번째 법칙 ◦ 만족스럽게 만들어라

• 나쁜 습관을 버리는 법 •

첫 번째 법칙 ◦ 보이지 않게 만들어라

1 | 신호에 노출되는 횟수를 줄여라. 주변 환경에서 나쁜 습관을 유발하는 신호를 제거하라.

두 번째 법칙 ◦ 매력적이지 않게 만들어라

1 | 마인드세트를 재구축하라. 나쁜 습관을 피했을 때 얻을 이득에 초점을 맞춰라.

세 번째 법칙 ◦ 하기 어렵게 만들어라

네 번째 법칙 ◦ 불만족스럽게 만들어라

Part 4

세 번째 법칙

쉬워야 달라진다

Chapter 11

1만 시간의 법칙은 틀렸다

플로리다 대학교의 제리 율스만Jerry Uelsmann 교수는 영화사진 수업 첫날, 학생들을 두 집단으로 나눴다. 강의실 왼쪽에 있던 학생들은 '양적 집단'이라고 이름 붙여졌고, 이들은 수행한 과제의 양만으로 평가를 받기로 했다. 강의 마지막 날 율스만은 이 학생들이 제출한 사진의 '양'만 봤다. 즉, 과제 사진 100장을 제출하면 A, 90장을 제출하면 B, 80장을 제출하면 C, 이런 식으로 학점을 매겼다.

반대로 강의실 오른쪽에 있던 학생들은 '질적 집단'으로 이름 붙여졌다. 이들은 과제의 '질'만 평가받았다. 한 학기 동안 오직 한 장의 사진만 과제로 제출했는데, 이 사진 한 장의 질적 완성도에 따라 학점을 받았다.

학기 말에 율스만은 가장 완성도 높은 사진들이 양적 집단에서 나왔다는 것을 보고는 놀라움을 금할 수 없었다. 한 학기 동안 이 학생들은 수없이 사진을 찍고, 구도와 조명을 실험해보고, 다양한 인화 방법을 테스트해보면서 수많은 실수를 통해 배워나갔다. 수백 장의 사진을 만들어내는 과정에서 이들의 기술이 놀라울 정도로 향상됐다. 반대로 질적 집단은 사진의 완성도에만 매달렸다. 결국 이들은 입증되지 않은 이론들이나 보통 수준밖에 안 되는 사진에는 노력을 기울이지 않았다.[1*]

이렇듯 섣부르게 접근하면 변화를 위한 최선의 방법을 찾아내지 못하고 수렁에 빠지게 된다. 예를 들면 살을 빼는 가장 빠른 방법, 근육을 키우는 최고의 프로그램, 완벽한 부업 아이디어만을 찾는 것이다. 행동을 취하지는 않고 최선의 접근법을 생각해내는 데만 몰두한다. 이 최선에 대해 볼테르는 이렇게 말했다. "최선은 '선'good의 적이다."[2]

이 말은 동작motion과 실행action 사이의 차이를 말해준다. 이 두 가지 개념은 유사하게 들리지만 결코 같지 않다. 동작은 계획을 세우고 전략을 확립하고 배우는 것이다. 좋은 일이지만 결과를 만들어내지는 않는다.

반대로 실행은 행위로서 결과를 도출한다. 예를 들어 내가 쓰고자

---

* 유사한 이야기가 데이비드 베일즈David Bayles의 《예술가여, 무엇이 두려운가》Art & Fear에도 언급된다. 그 이야기를 허락을 받고 게재했다. 전체 내용은 책 뒤쪽 주석에 설명해두었다.

하는 기고문들에 대해 20여 가지의 아이디어를 냈다면 이것은 동작이다. 그러나 실제로 앉아서 기고문을 쓰고 있다면 이것은 실행이다. 더 나은 다이어트 계획을 검색하거나 그 주제에 대해 책을 몇 권 읽는 것은 동작이다. 하지만 건강한 음식을 실제로 먹는다면 이것은 실행이다.

동작은 유용하지만 결코 그 자체로 결과를 만들어내지는 않는다. 개인 트레이너에게 몇 번 문의를 하느냐는 중요하지 않다. 동작은 몸매를 만들어주지 않는다. 오직 운동을 하는 실행만이 결과를 얻을 수 있다.

동작이 결과로 이어지지 않는다면 왜 우리는 그렇게 행동할까? 실제로 계획이 필요하거나 더 많이 배워야 하기 때문에 동작이 필요할 때도 있다. 하지만 우리는 종종 실패할 위험 없이 그 과정을 겪는 듯한 기분을 느낄 수 있기 때문에 '움직이기만' 한다.

우리 대부분은 비판을 피하는 데 선수들이다. 실패하거나 사람들의 평가를 받는 건 기분 좋은 일은 아니므로 그런 일이 발생할 상황을 피하는 것이다. 이것이 우리가 실제로 실행하기보다는 동작 정도까지만 하는 가장 큰 이유기도 하다. 실패하고 싶지 않고, 하더라도 가능하면 나중으로 미루고 싶은 것이다.

동작은 쉽다. 아직 자신이 그 과정 중에 있다고 느끼게 해준다. 우리는 생각한다. '나는 지금 잠재고객 네 명과 대화를 했어. 좋아. 제대로 가고 있는 거야.' '내가 쓰고 싶은 책에 대해 몇 가지 아이디어를 떠올렸어. 이걸 합치면 돼.'

동작은 뭔가를 했다는 느낌을 준다. 하지만 실제로는 뭔가를 하는 준비를 한 것뿐이다. 준비가 '미루기'의 또 다른 형태가 돼서는 안 된다. 무엇이든 실제로 변화하는 게 중요하다. 우리는 한낱 준비만 하는 것만을 바라지 않는다. 연습을 바란다.

어떤 습관에 통달하려면 가장 중요한 건 '반복'이다. 완성하는 것이 아니다. 새로 익혀야 할 습관의 면면을 그려볼 필요는 없다. 그것을 연습하기만 하면 된다. 여기서 세 번째 법칙이 도출된다. 그저 반복하라. 그러면 된다.

많이 해야 할까, 오래 해야 할까

습관은 반복된 행동을 통해 점차적으로 자동화되면서 만들어진다. 어떤 행동을 반복할수록, 뇌는 그 행동을 하는 데 더 효율적인 구조로 변화한다. 신경과학자들은 이를 '장기적 강화'라고 부르는데,[3] 최근에 패턴화된 행동들을 기반으로 뇌에서 뉴런들의 연결이 강화되는 것을 말한다.

행동이 반복될 때마다 세포와 세포 사이에 주고받는 신호들이 증진되고, 신경학적 연결들이 촘촘해진다. 이 현상은 1949년 처음 이를 설명했던 신경과학자 도널드 헤브Donald Hebb의 이름을 따서 헤브의 법칙Hebb's Law이라고 알려져 있다.

"함께 촉발된 뉴런들은 함께 연결된다."[4]

습관을 반복하면 뇌에서 물리적 변화가 일어난다. 음악가들은 소뇌가 다른 사람들보다 큰데[5] 이 부위는 기타 현을 뜯거나 바이올린을 활로 켜는 것 같은 신체적 움직임과 중대한 관련이 있다. 수학자들은 하두정소엽inferior parietal lobule 내의 회백질이 큰데[6] 이 부위는 계산하는 데 중요한 역할을 한다. 이것의 크기는 그 분야에 많은 시간을 들이는 것과 직접적인 연관이 있다. 나이가 많고 경험이 많은 수학자일수록 회백질 크기가 큰 것으로 나타났다.

런던 택시 운전사들의 뇌를 분석한 연구에서[7] 과학자들은 다른 사람들에 비해 이들의 해마가 상당히 크다는 것을 발견했다. 이 부위는 공간지각 능력과 관계가 있다. 더욱 흥미로운 점은 은퇴한 뒤에는 다시 해마 크기가 감소했다는 점이다. 우리 몸의 근육이 웨이트 트레이닝에 반응하듯이, 뇌의 특정 부위도 사용 여부에 따라 조정되며 사용하지 않으면 위축된다.

물론 습관을 세우는 데 있어 반복의 중요성은 신경과학자들이 이 사실을 알아내기 훨씬 전부터 알려져 있었다. 1860년 영국의 철학자 조지 루이스George Lewes는 이렇게 썼다.

"새로운 언어를 말하는 것, 악기를 연주하는 것, 익숙하지 않은 움직임을 배울 때 가장 어려운 것은 '느낌'이다. 각 감각들이 전달되는 경로들이 확립되지 않았기 때문이다. 자주 반복함으로써 길을 만들면 어려움은 사라진다. 그 행동들은 다른 곳에 마음이 쏠려 있어도 자동으로 수행할 수 있게 된다."[8]

상식과 과학적 증거 둘 다 같은 말을 하고 있다. '반복은 변화의 한

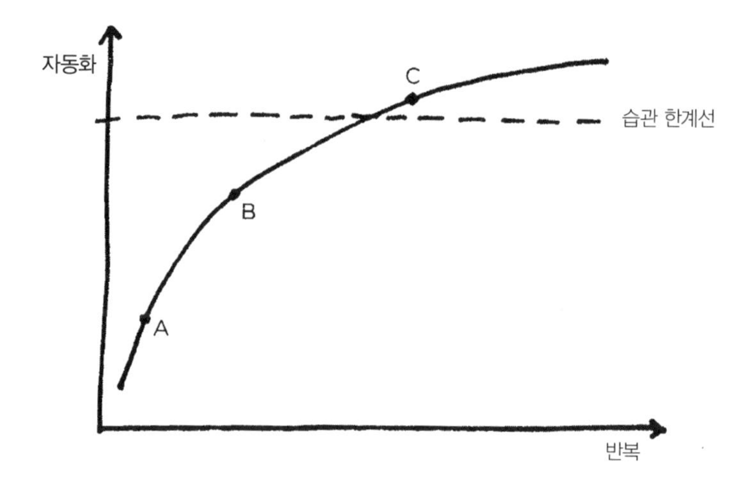

○ 시작 지점에서(A) 습관은 상당한 노력과 집중을 필요로 한다. 몇 번 반복되면(B) 조금 더 쉬워지지만 여전히 의식적으로 신경을 써야 한다. 충분히 반복되면(C) 습관은 의식적이라기보다는 자동적으로 일어난다. 습관이 자동적으로 일어나게 되는 한계점, 즉 습관 한계선을 넘어가면 행동은 의식 없이 더 하게 되거나 덜 할 수 있다. 새로운 습관이 형성된 것이다.

형태'라는 것이다.[9]

어떤 행동을 반복하는 순간마다 우리는 그 습관과 연관된 특정한 신경학적 회로를 활성화한다. 즉, 단순한 반복이라 할지라도 새로운 습관을 체화하는 가장 중요한 단계라는 말이다.

엄청난 양의 사진을 찍은 학생들은 기술이 늘고, 완벽한 사진을 만들어내는 데만 몰두한 학생들은 기술이 늘지 못한 이유도 이 때문이다. 한쪽은 실제로 연습을 했고, 다른 쪽은 수동적으로 배우기만 했

1일 10분씩 걷기

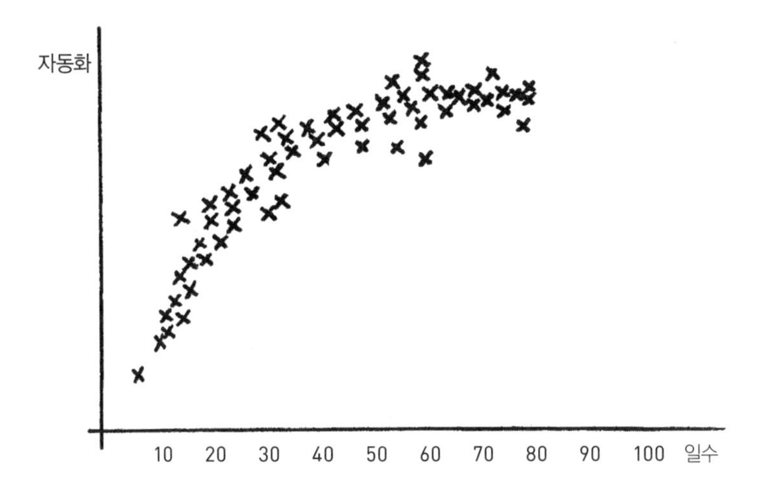

○ 이 그래프는 매일 아침 식사 후 10분씩 걷는 습관을 세운 사람의 그래프다. 행위가 반복될수록 점점 자동화되는 것을 볼 수 있다.

다. 한쪽은 '실행'했고, 한쪽은 동작만 있었다.

모든 습관은 노력이 필요한 연습에서 자동적인 행위로 넘어가는 유사한 궤적을 그리는데, 이 과정을 '자동화'라고 한다. 자동화는 각 단계를 떠올리지 않고도 행동을 수행하는 능력으로, 행동이 무의식에 새겨질 때 일어난다.[10]

위 그림은 '매일 10분씩 걷기'라는 실제 습관에 관한 자동화 수준을 추적한 연구 결과를 보여준다. '학습곡선'이라 불리는 이 도표의 모양은 행동 변화에 관한 중요한 진실을 알려준다. 습관은 '시간'이 아니라 '횟수'에 기반해 형성된다는 것이다.[11]

사람들은 내게 가끔 이런 질문을 한다. "새로운 습관을 만드는 데 시간이 얼마나 걸리나요?" 하지만 진짜로 물어야 할 질문은 이것이다. "새로운 습관을 만들려면 몇 번이나 그 행동을 해야 할까요?" 즉, 습관이 자동화되려면 얼마나 오래하느냐가 아니라 얼마나 자주 반복하느냐가 중요하다.

습관 형성에서 시간은 어떤 효력도 없다. 21일이냐, 30일이냐, 300일이냐는 중요하지 않다. 중요한 것은 행동을 수행하는 비율이다. 어떤 행동을 사흘에 두 번 하는 것과 200번 하는 것은 엄청나게 다른 결과를 초래한다.

차이를 만들어내는 것은 횟수다.

우리의 현재 습관은 수백, 수천 번 반복하는 과정에서 내재화된 것이다. 새로운 습관 역시 그만큼의 반복이 필요하다. 행동이 정신 속에 완전히 내장되고, 습관 한계선을 넘어설 때까지 성공적인 시도들을 충분히 엮어내야 한다.

따라서 습관을 자동화하기 위해 얼마나 많은 시간을 들였느냐는 중요하지 않다. 그 과정이 이뤄지는 데 필요한 만큼 그 행동을 취했느냐가 중요하다.

습관을 만들려면 연습이 필요하다. 연습을 실행하는 가장 효율적인 방식은 세 번째 행동 변화 법칙과 관련이 있다. '쉽게 만들어라.' 이제부터는 이 법칙을 정확히 어떻게 적용하는지 살펴보자.

· summary ·

- 세 번째 행동 변화 법칙은 '쉽게 만들어라'다.
- 가장 효율적인 학습 형태는 실행이다. 계획 세우기가 아니다.
- 실행하는 데 초점을 맞춰라. 움직임에 맞추지 마라.
- 습관은 반복된 행동을 통해 점차적으로 자동화되면서 만들어진다.
- 습관을 형성하는 데 들인 시간보다 그 습관을 실행한 횟수가 더 중요하다.

Chapter 12

웬만하면 쉽게 갑시다

인류학자이자 생물학자인 재레드 다이아몬드Gared Diamond는 《총, 균, 쇠》에서 단순한 사실을 지적했다. "대륙의 형태는 각각 다르다."

이 말은 너무나 당연해서 별로 중요하지 않아 보이지만, 인간 행동에 아주 깊은 영향을 미친다.

아메리카 대륙의 주요 축은 북쪽에서 남쪽으로 이어진다. 즉, 북아메리카와 남아메리카로 길고 가느다랗게 대륙 모양이 형성되어 있다. 넓고 편평한 모양이 아니다. 아프리카 대륙 역시 마찬가지다. 반면 유럽, 아시아, 중동 대륙은 반대다. 대륙의 모양이 동서로 뻗어 있다. 다이아몬드에 따르면 이런 대륙 모양의 차이가 수 세기에 걸쳐 농업이 전파되는 데 중요한 역할을 했다.[1]

인간 행동에 영향을 미치는 대륙의 형태

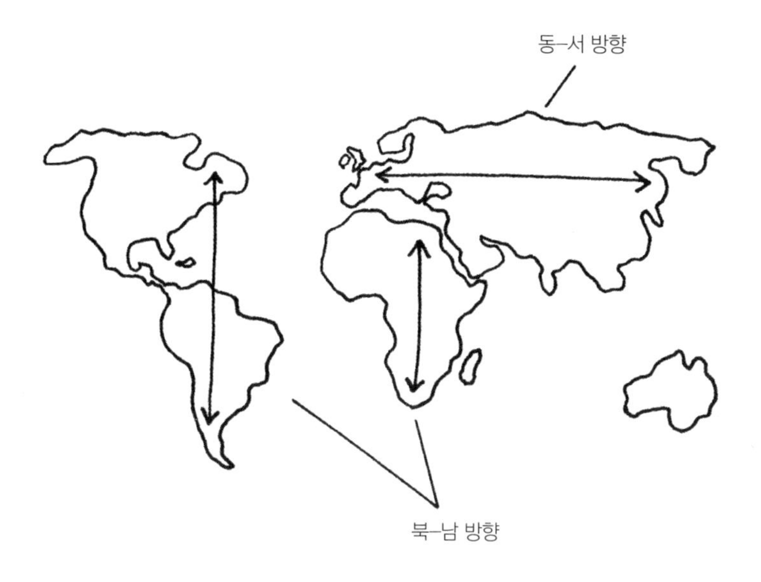

○ 유럽과 아시아 대륙은 동–서를 축으로 한다. 반면 미국과 아프리카는 북–남을 축으로 하기 때문에 유럽과 아시아보다 위아래로 기후 분포가 다양하다. 그래서 농업은 다른 지역보다 유럽과 아시아 지역에서 두 배 빨리 전파되었다. 수백, 수천 년 동안 농부의 행동은 이런 환경의 영향을 받았을 것이다.

농업이 전 세계로 퍼져나가기 시작할 때 농부들은 북에서 남보다 동에서 서로 진출하기가 더욱 쉬웠다. 이는 위도가 같은 위치인 경우 기후가 유사하기 때문이다. 이 때문에 유럽과 아시아 대륙의 농부들은 프랑스에서 중국까지 길게 뻗는 형태로 몇몇 곡물을 재배할 수 있었다.

반대로 북쪽에서 남쪽으로 이동하면 기후가 엄청나게 다양해진다.

캐나다와 플로리다 기후가 얼마나 다른지 생각만 해도 알 것이다. 제아무리 세계에서 가장 재능 있는 농부라고 해도 캐나다에서 겨울에 플로리다 산 오렌지를 재배할 수는 없을 것이다. 눈은 흙을 대체하기 힘들다. 북-남 방향으로 곡물들을 재배하려면 농부들이 각 기후에 적합한 새로운 작물을 찾고 재배해야만 한다.

결과적으로, 농업 전파 속도는 아메리카 대륙보다 아시아와 유럽 대륙이 두세 배 더 빨랐다. 수 세기 동안 이 차이는 무척이나 큰 영향을 끼쳤다.

식량 생산 증가는 더 빠른 인구 성장을 이끌었다. 인구가 많아지자 더 강한 집단들이 만들어지고, 새로운 기술 개발을 위한 도구들을 더 잘 갖추게 됐다. 곡식이 인근 지역으로 전파되면서 인구 증가 속도는 다른 대륙보다 좀 더 빨랐다. 이는 작은 변화였지만, 시간이 지나면서 점점 더 상당한 차이를 초래했다.

농업 전파는 세계적인 규모로 세 번째 행동 변화 법칙을 보여준다. 우리는 흔히 동기가 행동 변화의 주요 요소라고 알고 있다. '정말로' 그것을 원하면 실제로 하게 된다는 것이다. 하지만 진실은 다르다. 우리가 가지고 있는 진짜 동기는 게으르게 지내는 것, 편리한 일을 하는 것이다. 가만히 생각해 보면 이는 어리석은 게 아니라 영리한 전략이다.

에너지는 귀중한 것이다. 뇌는 가급적 에너지를 아끼는 방향으로 움직인다. 최소 노력의 법칙을 따르는 것은 인간 본성이다.[2] 두 가지 유사한 선택지 사이에서 결정해야 할 때 사람들은 자연스럽게 수고가 적게 드는 선택지로 기울게 된다.*

예를 들어 농경지를 확장하려고 한다면 기후가 다른 북쪽으로 향하기보다는 동일한 작물을 기를 수 있는 동쪽으로 향할 것이다. 우리는 취할 수 있는 행동들 중에서 최소의 노력으로 가장 큰 가치를 만들어내는 행동을 한다. 쉽게 말해 우리는 쉬운 일을 하는 쪽으로 동기가 부여된다.

모든 행동에는 특정한 양의 에너지가 드는데, 에너지가 많이 들수록 그 행동을 덜 하게 된다. 예를 들어 하루 100번 푸시업을 하는 걸 목표로 세웠다고 하자. 이는 엄청난 에너지를 소모하는 일이다!

동기가 일어나고 흥미를 느꼈던 처음에는 그 일을 시작할 만큼 힘을 모을 수 있다. 하지만 며칠이 지나면 너무 큰 노력이 들어가기에 지치고 만다. 이와 달리 하루에 한 번 푸시업하는 것 같은 작은 습관은 시작할 때 거의 에너지가 들지 않는다. 어떤 습관에 필요한 에너지가 적을수록 그 일을 할 가능성이 커진다.

우리 삶에서 많은 부분을 차지하는 어떤 행동을 살펴보자. 무척 적은 수준의 동기로도 그 일을 하고 있음을 알게 될 것이다. 휴대전화 스크롤을 내리고, 이메일을 확인하고, 텔레비전을 보는 것 같은 습관은 우리의 많은 시간을 빼앗아간다. 그건 이 행동들이 대개 노력 없이 이뤄지기 때문이다. 현저하게 편리한 일들인 것이다.

---

* 이는 물리학의 기본 법칙으로 '최소 행동의 법칙'이라고 불린다. 두 지점 사이를 갈 때 최소한의 에너지가 드는 경로를 선택하는 것을 말한다. 이 간단한 원리는 우주의 법칙 근간을 이룬다. 이 개념에서 우리는 동작과 상대성의 법칙을 설명할 수 있다.

어떤 의미에서 습관이란 우리가 정말로 원하는 것을 얻어내지 못하게 방해하는 장애물일 뿐이다. 습관을 들이기가 어렵기 때문에 반작용이 일어날 가능성이 높다. 예를 들면 다이어트는 몸매를 만드는 것을 방해하는 장애물이고, 명상은 고요함을 느끼는 것을 방해하는 장애물이며, 일기 쓰기는 생각을 분명히 하는 것을 방해하는 장애물이다.

우리는 습관 그 자체를 원하는 것이 아니다. 우리가 정말 원하는 것은 그 습관이 가져다줄 결과다. 장애물이 클수록, 즉 습관을 들이기 어려울수록 내가 되고 싶은 상태와 멀어진다. 이것이 습관을 쉽게 만들어야 하는 이유다. 그래야 하고 싶은 기분이 들지 않을 때도 그 일을 할 수 있다. 좋은 습관을 하기 쉽게 만든다면 우리는 그 일을 계속할 것이다.

하지만 이와 정반대 같아 보이는 순간들은 대체 어떻게 된 걸까? 그러니까 우리 모두가 무척 게으르다면 아이를 기르고, 사업을 시작하고, 에베레스트 산을 등반하는 사람들은 어떻게 설명할 것인가?

분명 우리는 무척이나 힘든 일을 할 능력이 있다. 문제는 어떤 날은 그 일을 하는 게 힘들다고 느끼고, 어떤 날은 손쉽게 하고 싶은 기분을 느낀다는 것이다. 힘든 날에는 가능한 한 좋아하는 일들을 많이 해서 도전적인 삶을 자연스럽게 극복하는 것이 중요하다. 직면하는 저항이 적을수록 더 강한 자신이 나오기 쉽다.

'쉽게 만들어라'의 진짜 의미는 그저 쉬운 일을 하라는 것이 아니다. 장기간에 걸쳐 대가를 치르며 일하는 순간에, 가능하면 그 일을 쉽게 하라는 말이다.

구글과 아마존에서 파는 것

지금 정원에서 중간 부분이 구부러진 호스를 들고 있다고 생각해보라.[3] 호스에서 물이 나오기는 하지만 충분히 나오지는 않는다. 호스로 나오는 물의 양을 늘리고 싶다면 두 가지 선택지가 있다. 첫 번째는 밸브를 더 세게 돌려서 물이 좀 더 세게 나오도록 하는 것이다. 두 번째는 호스의 구부러진 부분을 펴서 물이 자연스럽게 잘 나오게 만드는 것이다.

행동으로 옮기기 어려운 습관을 꾸준히 하기 위해 동기를 끌어올리려는 시도는 밸브를 세게 돌려서 구부러진 호스로 물이 나오게 하는 일과 같다. 그 일을 할 수는 있지만 많은 노력이 필요하고 삶의 긴장도가 높아진다.

반면 습관을 간단하고 쉽게 만드는 일은 호스의 구부러진 부분을 펴는 것과 같다. 삶에서 마찰을 극복하기 위한 시도를 하기보다는 마찰을 줄이는 것이다.

습관과 관련해 마찰을 줄이는 가장 효율적인 방법은 환경을 재구성하는 것이다. 앞서 우리는 신호를 더욱 분명하게 만드는 방법으로 환경 디자인에 대해 논의한 바 있다. 하지만 기존의 환경을 최대한 활용해 행동을 쉽게 만들 수도 있다. 예를 들어 새로운 습관을 '어디서'

실행할지 결정할 때, 이미 우리의 일상적인 행동이 이뤄지고 있는 곳을 선택하면 된다.

습관은 그것이 생활 흐름에 적합한 것일 때 세우기가 더 쉽다. 예를 들어 퇴근길 중간에 체육관이 있다면 운동하러 가기가 더 쉽다. 이는 체육관 앞에 멈춰 서는 일이 생활 패턴과 크게 마찰을 일으키지 않기 때문이다. 만일 체육관이 퇴근길에서 멀리 떨어진 곳에 있다면, 심지어 몇 블록 떨어져 있다면 그곳에 일부러 가야 한다.

집이나 직장에서 효율적으로 생활하는 것도 마찰을 줄이는 일이다. 종종 우리는 무척 마찰이 큰 환경에서 어떤 습관을 시작하곤 한다. 친구와 저녁을 먹으러 나가면서 혹독한 다이어트를 하려고 한다. 집안일이 쌓여 있는 환경에서 책을 쓰려고 한다. 스마트폰에 온정신을 팔고 있으면서 일에 집중하려고 한다. 이런 방식으로는 안 된다. 우리는 우리를 유혹하는 장애물들을 제거해야 한다. 1970년대 일본의 전자제품 제조업체는 바로 이런 방식으로 생산성을 높였다.

《뉴요커》에 실린 칼럼 〈늘 더 낫게 하라〉Better All the time에서 제임스 서로위키James Surowiecki는 이렇게 썼다. "일본 회사들은 '린 생산법'lean production이라고 알려진 방식을 강조했다. 이 방식은 생산 과정에서 일어나는 온갖 종류의 낭비를 끈질기게 제거하면서 작업 환경을 재구축하기도 한다. 그리하여 작업자들은 몸을 돌려 작업 도구에 가 닿는 데 낭비되는 시간이 없다. 그 결과 일본 공장들은 훨씬 효율적으로 바뀌었고, 일본 제품들은 미국 제품보다 더 품질이 좋았다. 1974년에 미국의 컬러텔레비전은 일본의 텔레비전보다 수리 요청 전화를 다섯 배나 더 많이 받았다. 1979년까지 미국 노동자들은 자신이 담당하는 부품을 조립하는 데 세 배나 더 시간이 걸렸다."[4]

나는 이 전략을 '삭감에 따른 부가'addition by subtraction라고 부른다.[5*] 일본 기업들은 제조 과정에서 모든 마찰 요소들을 찾아내고 제거했다. 낭비되는 노력을 삭제함으로써 고객과 수익을 늘리는 것이다.

이와 유사하게 우리의 시간과 에너지를 차츰차츰 빼앗아가는 마찰 요소들을 제거하면 더 적은 노력으로 더 많은 성과를 얻을 수 있다(정리를 하면 기분이 좋아지는 이유도 여기에 있다. 앞으로 나아감과 동시에 환경이 우리에게 부과하는 인지 부하가 가벼워지기 때문이다).

우리가 잘 알고 있는 최고의 서비스나 물건은 삶에서 발생하는 마찰, 즉 수고를 줄여주는 것들이다. 음식 배달 서비스는 식료품 쇼핑이라는 수고를 줄여준다. 데이트 앱은 복잡한 소개 과정을 줄여준다. 차량 공유 서비스는 시내를 가로지르는 수고를 줄여준다. 문자 메시지는 메일을 보내는 수고를 줄여준다.

일본 텔레비전 제조업체는 작업 환경을 재구축해서 낭비되는 움직임을 줄였고, 이로써 생산 과정을 자동화하고 많은 단계들을 단순화하거나 제거했다. 제품의 형태가 단순화되었고, 계정을 만드는 데 요구되는 클릭 수가 점차적으로 줄어들었다. 물건에 표시된 지시 사항을 이해하기 쉽게 만들거나 소비자들이 선택해야 하는 질문들을 최소화했다.

---

* 이 말은 조직을 전체적으로 강하게 만들기 위해 감원할 때도 쓰인다.

구글 홈, 아마존 에코, 애플 홈포드 같은 음성인식 스피커가 처음 출시되었을 때 나는 이것을 구매한 친구에게 어떤 점이 좋은지 물었다. 친구는 전화기를 꺼내 음악 앱을 켜고 플레이리스트를 고르지 않고도 그냥 "컨트리 음악 좀 틀어줘."라고 말하기만 하면 된다고 말했다. 단 몇 년 만에 음반가게에 가서 CD를 사지 않고도 언제 어디서나 음악을 무제한으로 들을 수 있게 되었다. 행동을 방해하는 마찰이 현저하게 없어진 것이다. 비즈니스는 더 쉽게 같은 결과를 낼 수 있는 방법에 대한 끝없는 탐구 과정이라 할 수 있다.

정부에서도 이와 유사한 전략들을 효율적으로 사용한다. 영국 정부는 세금 징수율을 높이기 위해 세금 서식을 우편으로 보내는 대신 웹페이지에서 다운받을 링크를 직접 걸어주는 것으로 전환했다. 단계 하나를 줄이자 응답률은 19.2퍼센트에서 23.4퍼센트로 증가했다. 영국과 같은 국가 단위에서 이 정도 비율은 수백만 달러의 세금 수익을 의미한다.[6]

이 개념은 적절한 일을 가급적 쉽게 하는 환경을 만든다는 것이 핵심이다. 좋은 습관과 관련된 마찰을 줄이고 나쁜 습관과 관련된 마찰을 증가시킨다면 더 나은 습관이 보다 쉽게 만들어질 수 있다.

노력은 최소로, 성과는 최대로

오즈월드 너콜스Oswald Nuckols는 미시시피 주 나체즈에 살고 있는 IT 개

발자다. 그의 방 청소 습관은 '방을 리셋한다'는 전략에 따른다.[7] 예를 들어 텔레비전을 다 보고 나면 그는 텔레비전 스탠드 뒤쪽에 리모컨을 두고, 소파에 놓인 쿠션들을 정리하고, 담요를 개켜둔다. 차에서 일어날 때는 쓰레기를 밖으로 가져와 버린다. 샤워를 할 때면 샤워 물이 덥혀지는 동안 목욕탕을 구석구석 닦는다(그는 "샤워를 하면서 내 몸을 씻기 직전이 목욕탕을 청소하기에 가장 완벽한 시간이다."라고 말한다).[8]

방 하나하나를 리셋한다는 것은 단순히 마지막 행동 후에 청소를 한다는 것이 아니라, 다음 행동을 준비하는 것이다. 그는 이렇게 말했다. "내 방에 들어갔을 때 모든 게 제자리에 있어요. 매일 모든 방을 리셋하기 때문이죠. 잡동사니들도 늘 바르게 놓여 있는 편이에요. 사람들은 내가 열심히 청소한다고 생각하지만 나는 사실 게을러요. 그저 사전 대책을 강구하는 게으름뱅이일 뿐이죠. 그건 많은 시간을 절약하게 해줍니다."

의도한 목적을 위해 공간을 조직하는 것은 다음 행동을 더 하기 쉽도록 준비하는 것이다. 예를 들어 내 아내는 연하장 카드를 한 박스 가지고 있는데 틈날 때마다 그것을 생일, 조문, 결혼, 졸업 등으로 분류한다. 그리고 필요할 때면 언제든 적절한 카드를 꺼내 보낸다. 아내는 보낸 카드들을 기가 막힐 정도로 잘 기억하는데, 이는 카드를 보낼 때 발생하는 마찰을 줄였기 때문이다.

수년 동안 나는 정반대로 행동했다. 누군가 아이를 출산하거나 하면 '카드를 보내야지'라고 생각한다. 하지만 몇 주가 지나고 가게에 가서 축하 카드를 집어 들 때면 이미 늦었다. 이 습관은 쉽지 않다.

환경을 조성하는 방법들은 많다. 그럼으로써 즉시 그 일을 할 수 있는 준비를 하는 방법 말이다. 만일 건강한 아침 식사를 만들고 싶다면 전날 밤에 가스레인지에 냄비를 올리고, 조리대에는 요리용 스프레이를 준비해두고, 필요한 조리 도구와 그릇들을 배치해놓는다. 그러면 아침에 일어났을 때 아침 식사를 만들기가 쉬워진다.

- 그림을 더 많이 그리고 싶은가? 연필, 볼펜, 노트, 그림 도구들을 책상 위, 손이 닿기 쉬운 곳에 두어라.
- 운동을 하고 싶은가? 운동복, 신발, 운동 가방, 물병을 미리 준비해두어라.
- 다이어트에 속도를 내고 싶은가? 주말에 과일과 채소를 잘라서 용기에 소분해두면 주중에 쉽게 과일과 채소를 먹을 수 있다.

이는 좋은 습관을 최소의 마찰로 만들 수 있는 간단한 방법들이다. 이 법칙을 반대로 뒤집어서 나쁜 습관을 하기 어렵게 만드는 환경을 조성할 수도 있다.

예를 들어 텔레비전을 너무 많이 보는 것 같다면 텔레비전을 보고 난 후 매번 코드를 뽑아둔다. 그리고 보고 싶은 프로그램이 확실히 있을 때만 코드를 꽂는 것이다. 이 설정은 텔레비전을 볼 특별한 이유가 없을 때 틀지 않게 해줄 마찰을 만들어낸다.

이것으로도 안 된다면 한 단계 더 나아가자. 텔레비전을 본 뒤 매번 텔레비전 코드를 뽑고 리모컨에서 배터리를 빼 서랍장 안에 넣어둔다. 그러면 텔레비전을 다시 보려고 할 때 추가로 10초가 더 든다. 그래도 안 될 만큼 고집이 세다면, 텔레비전을 보고 나서 매번 거실 밖 벽장 안에 넣어두어라. 그러면 정말로 보고 싶을 때만 텔레비전을 꺼내게 될 것이다. 마찰이 클수록 습관은 줄어든다.

나는 가능하면 점심 먹을 때까지는 휴대전화를 다른 방에 가져다 둔다. 곁에 두면 아침 내내 아무 이유 없이 휴대전화만 들여다보기 때문이다. 하지만 다른 방에 두면 그것에 대해 거의 생각하지 않게 된다. 이유 없이 휴대전화를 가지러 가지 않을 만큼 마찰이 큰 것이다. 결과적으로 나는 매일 아침 방해받지 않고 일을 할 수 있는 서너 시간을 얻고 있다.

다른 방에 휴대전화를 두는 것으로 충분하지 않다면 몇 시간 동안 맡아달라고 친구나 가족에게 부탁하라. 동료에게 오전 동안 휴대전화를 맡겼다가 점심시간에 돌려받아라.

실제로 해보면, 원하지 않는 행동을 막아주는 마찰이 생각보다 얼마나 적은지 놀라울 정도다. 맥주를 눈에 띄지 않는 곳, 냉장고 뒤쪽에 감춰두면 덜 마시게 된다. 휴대전화에서 SNS 앱을 지워버리면 다시 다운로드해서 접속하기 전까지 일주일 정도는 자유롭게 쓸 수 있다.

물론 심각한 중독은 이런 속임수들로 억제할 수 없지만, 우리 대부분은 아주 조금의 마찰로도 좋은 습관을 유지하거나 나쁜 습관으로 무심코 흘러갈 수 있다. 좋은 행동들은 더 하기 쉽게, 나쁜 행동들은 하기 어렵게 만드는 환경을 마련해 이런 변화들이 계속 생겨나고 그것들이 누적된 결과를 떠올려보자.

한 개인으로, 부모로, 코치로, 관리자로서 우리는 스스로 이런 질문을 해봐야 한다. '제대로 된 일을 더 쉽게 할 수 있는 세상을 어떻게 만들 수 있을까?' 가장 중요한 일들을 쉽게 할 수 있도록 당신의 삶을 다시 디자인하라.

· summary ·

- 인간의 행동은 최소 노력의 법칙을 따른다. 우리는 원래 노력이 가장 적게 드는 선택지에 끌린다.
- 제대로 된 일을 가능한 한 쉽게 할 수 있는 환경을 만들어라.
- 좋은 행동들과 관련된 마찰을 줄여라. 마찰이 적어지면 습관을 만들기가 쉬워진다.
- 나쁜 행동과 관련된 마찰을 늘려라. 마찰이 커지면 습관을 지속하기가 어려워진다.
- 중요한 행동을 더 쉽게 할 수 있도록 환경을 마련하라.

Chapter 13

변화를 위한 최소한의 시간

현대의 최고 안무가이자 무용가 트와일라 타프Twyla Tharp는 1992년 맥아더 펠로우십을 수상했으며 맥아더 지니어스 그랜트 후보로 수차례 이름을 올렸다. 타프는 그녀의 춤 인생 대부분의 시간 동안 세계 투어를 하며 자신이 창작한 무용을 공연했다. 그녀는 자신이 성공한 이유가 아주 간단한 습관 덕분이었다고 말한다.

"나는 평생 한 가지 의식으로 하루를 시작합니다. 오전 5시 30분에 일어나 운동복을 입고, 레그워머를 착용하고, 스웨트셔츠와 모자를 걸치죠. 그러고 나서 맨해튼에 있는 집에서 걸어나와 택시를 부르고, 운전기사에게 91번가의 1번 길에 있는 펌핑 아이런 체육관에 가자고 말하고, 그곳에서 두 시간 동안 연습을 해요. 내가 말하는 의식은 체육관에서 매일 아침 스트레칭을 하고 웨이트 트레이닝을 하는 신체적인 것이 아니에요. 바로 택시 잡기죠. 택시 운전사에게 어디로 가달라고 말하는 순간, 의식이 완성됩니다. 간단한 행동이지만 매일 아침 똑같은 행동을 습관으로 만들었어요. 계속 반복해서 하기 쉽게 만든 것이에요. 이는 그 행동을 건너뛰거나 하기 어려워지는 경우를 줄여줍니다. 일상적인 무기가 하나 더 늘어날수록 생각할 것이 더 줄어드는 거죠."[1]

매일 아침 택시를 부르는 것은 사소한 행동일 수 있지만 이는 세 번째 행동 변화 법칙의 훌륭한 사례다. 연구에 따르면 하루 동안 우리 행동의 40~50퍼센트는 습관 외의 행동들로 이뤄진다.[2] 이는 상당한 비율인데, 습관의 진정한 영향력은 이런 숫자가 제시하는 것보다 훨씬 더 크다.

습관은 자동적으로 의식적인 결정들에 영향을 미친다. 그렇다. 하나의 습관은 단 몇 초 만에 완성될 수 있지만 이후 몇 분 또는 몇 시간 동안 우리가 취할 행동을 결정한다.

습관은 고속도로 진입로와 같다. 습관은 무의식중에 이미 우리를 어떤 길로 이끌고, 다음 행동으로 빠르게 질주하게 한다. 어려운 뭔가를 시작하기보다는 이미 하고 있는 것을 계속하기가 쉽기 때문이다. 우리는 재미없는 영화를 두 시간 내내 끝까지 볼 수 있다. 배가 부른데 군것질을 계속할 수도 있다. '잠깐' 휴대전화를 확인하려고 하지만 곧 휴대전화 화면에 20분 동안 달라붙어 있다. 그리하여 우리가 생각 없이 행하는 습관은 종종 우리가 의식적으로 하는 선택을 결정짓

기도 한다.[3]

매일 저녁 극히 짧은 순간, 대개 5시 15분쯤에 이뤄지는 행동은 이후 저녁 시간을 결정한다. 내 아내는 퇴근하고 집으로 들어오면 운동복을 갈아입고 체육관으로 향하거나, 아니면 소파에 몸을 던지고 인도 음식을 주문하고 NBC 드라마 〈더 오피스〉를 시청한다.*

트와일라 타프가 택시를 부르듯이, 아내의 의식은 운동복을 갈아입는 것이다. 옷을 갈아입는다면 운동을 하게 되리라는 것을 안다. 일단 첫 번째 단계를 밟으면 체육관까지 차를 몰고 가서 기구를 정하고 운동을 하는 등 뒤따르는 모든 행위들이 쉬워진다.

매일 엄청난 영향력을 끼치는 순간들은 한 무더기 존재한다. 나는 이런 자잘한 선택들을 '결정적 순간'decisive moment이라고 부른다.[4] 저녁으로 배달 음식을 주문할지 직접 요리할지 결정하는 순간, 차를 몰고 갈지 자전거를 타고 갈지 선택하는 순간, 숙제를 시작할지 비디오게임기를 집어 들지 결심하는 순간. 이런 순간들은 도로의 분기점과 같다. 결정적 순간은 미래의 내가 이용할 수 있는 선택지들을 결정한다.

예를 들어 레스토랑에 들어가는 것은 결정적 순간이다. 점심으로 무엇을 먹을 것인지 결정하기 때문이다. 엄밀히 말하자면 무엇을 주문할지 결정하는 것인데, 더 큰 의미에서 보면 그곳 메뉴에 있는 품목만을 주문할 수 있다. 스테이크 가게에 들어갔다면 등심 스테이크나 립아이 스테이크를 먹게 되지, 초밥을 먹게 되진 않는다. 우리의 선택

* 공정하게 말해서 이 역시 멋진 저녁 시간이다.

결정적 순간들

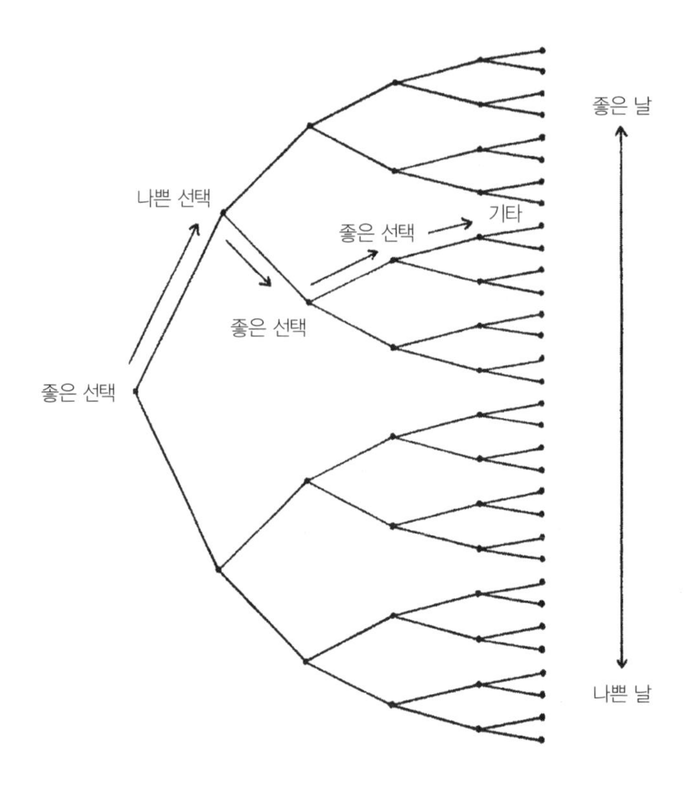

○ 좋은 날과 나쁜 날의 차이는 결정적 순간에 했던, 아주 적은 수의 생산적이고 건강한 선택들에 좌우된다. 각각의 선택은 도로 분기점과 같아서 이런 선택들이 하루 동안 쌓이면 궁극적으로 무척이나 다른 결과들을 불러온다.

은 이용 가능한 것들에 따라 제한된다. 첫 번째 선택으로 우리가 할 수 있는 일이 정해지는 것이다.

우리는 습관이 이끄는 방향으로 행동을 한다. 하루 동안 결정적 순간들을 제대로 다뤄야 하는 이유는 이 때문이다. 하루하루는 수많은 순간들로 이뤄진다. 하지만 정말 극히 적은 습관적 선택들이 우리가 갈 길을 결정한다. 이런 선택들이 쌓이고, 그 하나하나가 다음에 어떻게 시간을 보낼지에 대한 궤적을 만들어낸다.

습관은 시작점이지, 종착점이 아니다. 습관은 택시에 타는 것이지, 체육관에서 일어나는 일이 아니다.

터무니없을 만큼 사소할 것

작은 일에서부터 시작해야 한다는 것을 알고 있어도 우리는 그 시작을 거창하게 생각할 때가 있다. 변화해야겠다고 꿈꾸는 순간 우리는 흥분하고, 빨리 많은 일을 하려고 한다. 여기에 대응하는 가장 효율적인 방법으로 나는 '2분 규칙'을 사용한다.[5] '새로운 습관을 시작할 때 그 일을 2분 이하로 하라'는 것이다. 내 경험에 따르면 거의 어떤 습관이든 2분짜리로 축소할 수 있다.

- '매일 밤 침대에 들기 전에 책을 읽어야지'는 '한 페이지를 읽어야지'로 바꾼다.
- '오늘 요가를 해야지'는 '요가 매트를 깔아야지'로 바꾼다.
- '수업 시간에 공부해야지'는 '노트를 펼쳐야지'로 바꾼다.
- '아침 조깅을 5킬로미터 뛰어야지'는 '운동화 끈을 묶어야지'

로 바꾼다.

이 개념은 습관을 가급적 시작하기 쉽게 만드는 것이다. 1분 명상, 한 페이지 독서, 운동복 입기는 누구나 할 수 있다. 앞서 말했듯이 이는 강력한 전략이 된다. 일단 시작하면 그 일을 계속하기가 훨씬 쉬워지기 때문이다.

새로운 습관이 뭔가에 도전하는 것과 같은 기분이 들어선 안 된다. 그에 따른 행동이 도전적인 것이 될 수는 있지만 첫 시작 2분은 쉬워야 한다. 우리가 원하는 것은 우리를 생산적인 길로 자연스럽게 이끌어주는 '습관 관문'이다.

우리는 계획을 세울 때 '무척 쉬운' 것에서 '무척 어려운'의 척도를 이용해 원하는 결과로 이끌어주는 습관 관문을 만들 수 있다. 예를 들어 마라톤은 '무척 어려운' 것이다. 5킬로미터를 달리는 것은 어렵다. 1,000보 걷기는 중간 수준이다. 10분 걷기는 쉽다. 그리고 운동화 끈을 묶는 것은 무척이나 쉽다. 목표가 마라톤을 하는 것이라고 해도, 습관 관문은 운동화 끈을 묶는 것이다.

무척 쉬움	쉬움	중간	어려움	무척 어려움
운동화 끈 묶기	10분 걷기	1,000보 걷기	5킬로미터 달리기	마라톤
한 문장 쓰기	한 문단 쓰기	1,000단어 쓰기	5,000단어 기고문 쓰기	책 한 권 쓰기
노트 펼치기	10분 공부하기	3시간 공부하기	A 학점 받기	박사 학위 따기

사람들은 종종 한 페이지 읽기나 1분 명상, 전화 한 통 걸기로 습관을 만들 수 있다는 것을 믿지 않는다. 하지만 핵심은 뭔가 한 가지 일을 하는 것이 아니다. 실행하려는 습관을 완전히 체득하는 것이다. 습관이 자리를 잡아야만 그것을 향상시킬 수도 있다.

기초 기술을 습득할 수 없다면 세부적인 내용들을 완전히 습득하리란 희망을 품긴 어렵다. 시작 지점에서부터 완벽한 습관을 만들려고 애쓰는 대신, 쉬운 일을 더욱 지속적으로 행하라. 이것을 표준화해야 최대한 활용할 수 있다.

기술을 완전히 습득하려면 첫 2분은 어떤 일상적 습관을 시작할 때 하나의 의식이 된다. 이는 습관을 쉽게 만들고자 단순히 쪼개서 행하는 것이 아니다. 실제로 어려운 기술을 습득하는 데 매우 이상적인 방법이다.

시작 과정이 의식이 될수록 큰일을 할 수 있는 고도의 집중 상태로 더 잘 들어갈 수 있다. 운동을 하기 전에 매번 같은 준비운동을 하면 더 쉽게 최고의 기량을 펼칠 수 있다. 뭔가를 창작할 때 동일한 의식을 따르면 어려운 창작 과업을 더 쉽게 해낼 수 있다. 잠들기 전에 일관적인 '작동 중단' 습관[6]을 들이면 매일 밤 적절한 시간에 잠들 수 있다. 전체 과정을 자동화할 수는 없겠지만 의식하지 않은 상태에서 첫 번째 행동을 시작할 수는 있다.

시작을 쉽게 하라. 나머지는 따라올 것이다.

어떤 사람들에게는 2분 규칙이 속임수처럼 느껴질 수 있다. 진짜 목표는 2분 동안 하는 행동 이상임을 알기 때문에 자신을 속이는 듯 느껴지는 것이다. 실제로 책 한 페이지를 읽거나 푸시업 한 번을 하거나 노트를 펼치는 걸 간절히 원하는 사람은 아무도 없다. 이것이 정신적 속임수라는 걸 알고 있는데, 왜 우리는 거기에 속아 넘어가는 것일까? 2분 규칙이 추진력을 주는 듯하다면 이렇게 해보자.

2분 동안 그 일을 하고, 멈춰라.

달리기를 하러 나가서 2분 후에는 멈춘다. 명상을 시작하고 2분 후에는 멈춰라. 아랍어를 공부하고 2분 후에는 멈춰라. 이것은 시작을 위한 전략이 아니라 전체적인 것이다. 습관은 오직 120초 동안만 지속될 수 있다.

내 독자들 중 한 사람은 이 전략으로 45킬로그램을 감량했다. 시작할 때 그는 매일 체육관에 갔지만 5분 이상은 머물지 말아야 한다고 스스로에게 말했다. 그는 체육관에 가서 5분 동안 운동을 하고 시간이 다 되자마자 그곳을 떠났다. 몇 주 후에 그는 주위를 둘러보면서 생각했다. '음, 어쨌든 난 항상 여기에 오고 있어. 좀 더 오래 있어야 할 때가 된 것 같아.' 몇 년 후 몸무게가 줄었다.

또 다른 예로 일기 쓰기를 들 수 있다. 대부분의 사람들은 일기 쓰기를 통해 머릿속의 생각을 정리하고 글로 표현하는 능력이 향상된다. 그러나 이런 이득이 있음에도 불구하고 대부분은 며칠이 지나면 포기하거나 완전히 그만둔다. 일기 쓰기가 '일'처럼 느껴지기 때문이다.*

---

* 나는 일기 쓰기를 더 쉽게 만들기 위해 특별히 습관 일기를 고안했다. 거기에는 '매일 한 줄' 섹션이 포함되어 있는데, 오늘 하루에 대해 한 문장으로 간단히 쓰는 것이다. 여기에 대해 더 알고 싶다면 atomichabits.com/journal을 참고하라.

비결은 그것이 일로 느껴지는 지점 직전에 멈추는 것이다. 영국 출신의 리더십 컨설턴트 그렉 맥커운Greg McKeown은 덜 구체적으로 쓰는 일기 습관을 세웠다. 그는 늘 일기를 쓰다가 지치기 전에 쓰기를 그만둔다.[7] 어니스트 헤밍웨이도 글쓰기에 관해 이와 유사한 조언을 했다. "잘 쓰고 있다고 생각할 때 거기서 멈추는 것이 가장 좋은 방법이다."

이런 전략들은 또 다른 효과가 있는데, 바로 우리가 세우고자 하는 자아상을 강화한다. 만일 5일 연속 체육관에 간다면 비록 2분간일지라도 새로운 정체성을 확립하는 데 표 한 장을 던지는 것이다. 몸매를 만드는 것에 대해 걱정하지 말고 운동을 빼먹지 않는 사람이 되는 데 초점을 맞춰라. 자신이 원하는 유형의 사람이 될 수 있는 가장 작은 행동을 취하라.

이런 방식의 변화를 생각해본 적은 아마 거의 없을 것이다. 모두들 최종 목표에 사로잡혀 있기 때문이다. 그러나 운동을 하지 않는 것보다 푸시업 한 번이 낫다. 아무것도 하지 않는 것보다 기타 연습 1분을 하는 것이 낫다. 책을 집어 들지 않는 것보다 한 페이지 읽는 것이 낫다. 아무것도 하지 않는 것보다 적게라도 하는 것이 낫다.

어느 시점에서 습관이 확립되고 매일 그것을 하게 되면 2분 규칙을 '습관 형성'[8] 기술과 결합시킬 수 있다. 습관 형성 기술은 그 습관으로 계속 되돌아가 규모를 늘려 최종 목적으로 나아가는 것이다. 일단 첫 2분, 가장 사소한 형태의 행동을 완전히 습득하라. 중간 단계로 나아가면 그 과정을 반복하라. 첫 2분과 그 단계를 완전히 습득하는 데 집중하면 다음 단계로 나아가게 된다. 결국 해야 하는 일에 집중하고

습관 형성의 예			
습관	일찍 일어난다	채식을 한다	운동을 시작한다
1단계	매일 밤 10시까지 집에 온다.	식사 때마다 채소를 먹기 시작한다.	운동복으로 갈아입는다.
2단계	휴대전화, 텔레비전 같은 모든 전자기기를 매일 밤 10시에 끈다.	소, 돼지, 양 같은 네 발 육류 섭취를 그만둔다.	문 밖을 나선다(발을 뗀다).
3단계	매일 밤 10시 전에 잠자리에 든다(책을 읽고, 배우자와 이야기를 한다).	닭, 칠면조 같은 두 발 육류 섭취를 그만둔다.	체육관까지 차를 몰고 가서 5분간 운동을 하고, 떠난다.
4단계	매일 밤 10시 전에 불을 끈다.	생선, 조개, 가리비 같은 발 없는 육류 섭취를 그만둔다.	매주 최소한 15분간 운동을 한다.
5단계	매일 오전 6시에 일어난다.	달걀, 우유, 치즈까지 모든 육류 섭취를 그만둔다.	매주 3번 운동을 간다.

있는 동안 원래 희망했던 습관이 만들어져 있을 것이다. 바로 첫 2분 행동에서 말이다.

어떤 거창한 인생 목표라도 대개 2분짜리 행동으로 전환될 수 있다.

- 건강하게 오래 살고 싶다. → 건강한 몸을 유지해야 한다. → 운동을 해야 한다. → 운동복을 갈아입어야 한다.
- 행복한 결혼을 하고 싶다. → 좋은 배우자가 있어야 한다. → 배우자의 삶을 더 편하게 만들어주기 위해 뭔가를 해야 한다. → 다음 주 식단을 짜야 한다.

어떤 습관을 유지하는 것이 힘들어지면 2분 규칙을 이용해보라. 2분 규칙은 습관을 쉽게 만들어주는 아주 간단한 방법이다.

· summary ·

- 습관은 몇 초 안에 완전히 형성되며 이후 몇 분 또는 몇 시간 동안 행동에 지속적으로 영향을 미칠 수 있다.
- 많은 습관들이 결정적 순간에 일어난다. 이는 도로 분기점을 선택하는 것과 같다. 이 결정적 순간들은 우리가 생산적인 하루를 보낼지, 비생산적인 하루를 보낼지를 결정한다.
- 2분 규칙은 새로운 습관을 시작할 때 2분 이하로 하는 것이다.
- 시작 과정을 의식으로 만들면 쉽게 집중할 수 있다.
- 최대화하기 전에 표준화하라. 존재하지도 않는 습관을 향상시킬 수는 없다.

Chapter 14

그들은 어떻게 나쁜 습관을 버리는가

1830년 여름 빅토르 위고는 도저히 마감일을 지키지 못할 것 같아 불안해하고 있었다. 이 프랑스 작가는 12개월 전 새 책을 쓰기로 출판업자와 약속을 했다. 하지만 글은 안 쓰고 내내 다른 프로젝트에 손대고, 손님들과 놀면서 시간을 보냈다. 시간은 흐르고 흘러 결국 출판업자는 6개월 안에 마감을 해달라고 서신을 보내왔다. 위고는 1831년 2월까지 책을 끝내야 했다.

그는 일을 미루지 않기 위해 희한한 계획 하나를 세웠다. 옷을 몽땅 모아서 조수에게 주고 큰 옷장 안에 넣어 문을 잠가버리라고 한 것이다. 그에게는 커다란 숄 하나 외에 입을 옷은 하나도 남지 않았다. 바깥에 입고 나갈 옷이 없어지자 그는 1830년의 가을과 겨울 동안 계속 연구하고 맹렬하게 글을 쓸 수 있었다.[1] 1831년 1월 14일, 《노트르담의 꼽추》는 당초 마감일보다 두 주나 먼저 세상에 나왔다.

때로 성공은 좋은 습관을 쉽게 만드는 것보다 나쁜 습관을 어렵게 만드는 것의 영향을 더 받곤 한다. 이는 세 번째 행동 변화 법칙을 반대로 뒤집은 것이다. 바로 '하기 어렵게 만들어라'다. 세워놓은 계획을 따르기가 어렵다면 빅토르 위고의 이야기를 떠올려 나쁜 습관을 하기 어렵게 만들어보라. 심리학자들은 이를 '이행 장치'commitment device라고 부른다.[2]

이행 장치는 현재 시점에 미래의 행동을 통제하는 선택을 하는 것이다. 미래 행동을 확실히 할 수 있도록 만드는 방법으로, 우리를 좋은 습관에 묶어두고 나쁜 습관을 하지 못하게 억제한다. 빅토르 위고는 옷을 치워버리고 나서야 글쓰기에 집중할 수 있었는데, 이것이 그에겐 이행 장치였다.*

이행 장치를 만드는 방법은 많다. 대량 포장 대신 개별 포장된 음식을 구매함으로써 과식을 막을 수 있다. 카지노나 온라인 포커 사이트 접근 금지 리스트를 추가해서 도박으로 인생을 망치는 걸 방지할 수 있다. 대회를 위해 체중을 조절해야 했던 운동선수들이 체중 측정 전 일주일 동안 지갑을 집에 두고 다님으로써 패스트푸드를 사 먹고 싶

* 이는 '오디세우스 약속' 또는 '오디세우스 계약'이라고 불린다.[3] 《오디세이》의 영웅 오디세우스의 이름을 딴 것이다. 오디세우스는 바다 요정 세이렌의 노랫소리에 홀려 배를 그녀들 쪽으로 몰고 가다가 암초에 부딪혀 난파되지 않도록 선원들을 시켜 자신을 돛대에 묶게 했다. 마음이 욕망하는 곳으로 이끌리는 걸 막고 미래에 얻을 이익을 기대하는 것이다.

은 유혹을 뿌리쳤다는 이야기도 있다.

다른 예로, 내 친구이자 동료인 습관 전문가 니르 이얄은 인터넷 라우터와 전원선 사이를 연결하는 어댑터인 전원 차단기를 구입한 적이 있다.[4] 매일 밤 10시가 되면 이 전원 차단기는 집안의 모든 전원을 차단했다. 인터넷이 끊기면 자야 한다는 것을 알려주는 이행 장치다.

이행 장치는 유용하다. 우리가 유혹의 희생자로 전락하는 것을 막아주기 때문이다. 예를 들어 섭취하는 칼로리를 줄이고자 한다면 식당에서 음식이 나오기 전에 웨이터에게 음식의 반은 포장해달라고 미리 요청한다. 음식이 나오기까지 가만히 있다가 '반만 먹는 거야'라고 혼잣말한다면 절대 지켜질 리가 없다.

핵심은 그 일을 시작하는 것이 아니다. 좋은 습관을 유지하는 것보다 그 일을 하지 않는 게 더 어렵도록 장치를 마련하는 것이다. 몸매를 가꾸겠다는 동기가 일어났다면 요가 수업 일정을 잡고 미리 수업료를 지불하라. 어떤 사업을 시작하고 싶고 그 일에 크게 흥분되어 있다면 존경하는 사업가에게 이메일을 보내 상담 시간을 잡아라. 이행하기 어려울 때, 그럴 수 있는 유일한 방법이 약속을 취소하는 것, 즉 노력과 비용이 요구되는 일이 되도록 하라.

이행 장치는 현재 시점에서 나쁜 습관을 행하기 어렵게 만들어 미래에 올바른 일을 할 가능성을 높이는 것이다. 어쩌면 우리는 이 일을 더 잘할지도 모른다. 좋은 습관을 반드시 하게 만들고, 나쁜 습관을 아예 하지 못하도록 할 수 있다.

존 헨리 패터슨John Henry Patterson은 1844년 오하이오 주 데이턴에서 태어났다. 유년 시절에 그는 가족이 운영하는 농장에서 잡일을 했고 아버지의 제재소에서 교대 근무를 했다. 다트머스에 있는 대학을 다닌 후에는 오하이오 주로 돌아와 광업 도구들을 파는 작은 가게를 열었다.

가게는 경쟁이 적었고, 꾸준히 고객들이 늘면서 재미를 봤다. 하지만 돈을 버는 일은 여전히 힘들었다. 그러다 어느 날 패터슨은 직원들이 가게에서 돈을 훔친다는 걸 알게 되었다.

1800년대 중반에는 직원 절도가 공공연하게 발생했던 시기다. 서랍에 영수증을 보관했던 때라 영수증을 위변조하거나 버리기가 쉬웠기 때문이다. 가게 안에는 비디오카메라도 없고, 거래 내역을 추적할 소프트웨어도 없던 때였다. 하루 종일 직원들 곁을 맴돌거나 직접 모든 거래를 관리하지 않는 한 절도를 방지하기는 어려웠다.

그러다 우연히 패터슨은 '리티의 정직한 금전등록기'Ritty's Incorruptible Cashier라는 새로운 발명품에 대한 광고를 보게 되었다. 데이턴에 사는 주민 제임스 리티James Ritty가 고안한 것으로, 최초의 금전등록기였다. 이 기계는 각각의 거래가 이뤄진 후에 내부에 영수증과 현금을 넣고 자동으로 잠기게 되어 있었다. 패터슨은 대당 50달러씩 주고 두 대를 구입했다.

결과적으로 그의 가게에서 직원이 돈을 훔쳐가는 일은 하룻밤 사이에 사라졌다. 이후 6개월 동안 패터슨의 사업은 적자에서 5,000달러의 수익을 벌어들이는 기염을 토했다.[5] 오늘날로 환산하면 10만 달러 이상의 가치다.

패터슨은 이 기계에 무척 감명받고 사업을 바꾸었다. 리티의 발명품에 대한 특허를 사서 전미금전등록기회사National Cash Resister Company를 연 것이다. 10년 후 회사는 1,000명 이상의 직원을 고용하고 당대에 가장 성공한 기업으로 발전했다.

나쁜 습관을 벗어나는 최고의 방법은 그 일을 하기 어렵게 만드는 것이다. 그 행동에 관한 선택지가 없어질 때까지 마찰을 늘려라. 금전등록기의 뛰어난 부분은 절도를 현실적으로 불가능하게 만들어 자동으로 윤리적 행동을 하게끔 만든 것이다. 직원들을 변화시키려고 애쓰기보다는 선호하는 행동이 자동으로 일어나게 만든 것이다.

금전등록기를 설치하는 것과 같은 어떤 행동들은 계속 성과를 낸다. 이런 선택들은 사전에 아주 약간의 노력을 요하지만 시간이 지남에 따라 가치가 증가한다. 한 가지 선택으로 계속 그에 따른 보상이 일어난다는 이 아이디어에 나는 매료되었다. 그래서 독자들에게 그들이 좋아하는 일회성 행동들 중 장기적인 습관들이 된 것들에 대해 조사했다.[6]

보통 사람이라면 이 목록에 있는 일회성 행동들 중 절반 정도를 단순히 해보는 것만으로, 대부분은 그때부터 1년 동안 삶이 더 나아졌음을 알게 될 것이다. 자신의 습관에 대해 별다른 생각 없이 했다고 해도 말이다. 이런 일회성 행동들이 세 번째 행동 변화 법칙을 손쉽

좋은 습관을 고정시키는 일회성 행동들	
영양	행복
정수 필터를 구매해 깨끗한 물 마시기	개를 데려오기
작은 접시를 사용해 칼로리 섭취를 줄이기	사교적인 이웃이 있는 동네로 이사하기
수면	건강
좋은 매트리스 사기	예방접종 하기
커튼 달기	좋은 신발을 신어 허리 통증 예방하기
침실에 텔레비전 없애기	척추 지지 의자나 서서 일하는 책상 구입하기
생산성	재정
이메일 구독 끊기	자동출금 적금 가입하기
그룹 채팅 알림음 끄기	청구서 자동지불 등록하기
휴대전화 꺼두기	케이블 텔레비전 서비스 해지하기
이메일 필터링을 이용해서 받은메일함 정리하기	서비스 제공자에게 청구 비용 줄이는 법 문의하기
휴대전화에서 게임과 SNS 앱 삭제하기	각종 절세 방법 알아보기

게 이용하는 방법이다. 이것들은 쉽게 잘 자고, 건강하게 먹고, 생산적이고, 돈을 절약하고, 일반적으로 더 나은 삶을 살게 해준다.

물론 좋은 습관을 자동화하고 나쁜 습관을 버리는 방법들은 많다. 기계 문명을 이용할 수도 있다. 기계는 힘들고, 화나고, 복잡했던 행동들을 쉽고, 힘들지 않고, 간단하게 만들어줄 수 있다. 올바른 행동을 확실하게 할 수 있는 가장 믿을 만하고 효율적인 방식이다.

이것은 이따금 하는 일이라 몸에 배기 힘든 행동들을 자동화하는

데 특히 유용하다. 예를 들어 투자 포트폴리오를 조정하는 것처럼, 한 달 혹은 1년에 한 번 해야만 하는 일들은 습관이 될 만큼 자주 반복해서 하는 일은 아니다. 이런 경우 그 일을 자동화할 수 있는 기계를 이용하는 것이 특히 도움이 될 수 있다.

- 의료: 처방전을 기계에서 발급받는다.
- 회계: 직원들 퇴직금을 자동출금 방식 퇴직 계좌로 적립한다.
- 요리: 음식 배달 서비스로 식료품 쇼핑을 대신한다.
- 생산성: 웹 차단 서비스를 이용해 SNS 검색하는 걸 막는다.

가능한 한 삶의 많은 부분을 자동화하면 아직 기계가 할 수 없는 일들을 하는 데 노력을 쏟아부을 수 있다. 일부 습관들을 기계의 몫으로 넘겨버리면 다음 단계로 성장하는 데 쏟을 시간과 에너지가 남는다. 수학자이자 철학자인 앨프리드 노스 화이트헤드Alfred North Whitehead는 이렇게 썼다. "문명은 우리가 생각하지 않고 수행한 수많은 활동들이 확장됨으로써 진보한다."[7]

물론 기술의 힘은 우리에게 불리하게 작용할 수도 있다. TV 프로그램을 몰아서 보는 습관은 시청을 중단하는 것보다 그냥 계속 보는 게 편하기 때문에 쉽게 생긴다. 넷플릭스나 유튜브는 우리를 위해 자동으로 다음 회로 넘어가는 버튼을 눌러준다. 우리는 그저 눈만 뜨고 있으면 된다.

기술이 제공하는 편리함 때문에 우리는 최소의 기분과 욕구로도 행동에 나선다. 아주 조금만 배가 고파도 음식을 문 앞까지 배달시키고, 아주 조금만 지루해도 SNS의 광막한 숲속에서 길을 잃는다. 하고 싶은 행동에 필요한 노력이 사실상 거의 없어지면 순간순간 충동이 일어날 때마다 그 일로 흘러들어가는 것이다. 자동화의 단점은 어려움을 겪는 시간은 없지만 궁극적으로 보상은 더 큰, 쉬운 일에서 쉬운 일로 넘어다니게 한다.

나 역시 잠깐 쉴 때마다 SNS를 하게 되는 자신을 발견하곤 한다. 0.1초만 지루해져도 휴대전화에 손을 뻗는다. 대개 쉬는 시간을 집중력이 흐트러진 시간으로 인지하기 쉬운데, 시간이 지나면서 이런 것들이 모여 심각한 문제가 된다. '딱 1분만 더'라는 줄다리기가 지속되면 결국 일은 끊임없이 중단된다(나만 그런 것이 아니다. 평균적인 사람들은 1일 2시간 이상을 SNS를 하는 데 쓴다. 1년에 600시간을 더 쓸 수 있다면 뭘 할 수 있을까?).[8]

이 책을 쓰는 1년 내내 나는 새로운 시간 관리 전략을 실험했다. 매주 월요일에 내 어시스턴트는 내 SNS 계정들의 비밀번호들을 리셋해서 나를 각종 기기에서 로그아웃시켰다. 한 주 내내 나는 방해받지 않고 일할 수 있었다. 금요일이 되면 어시스턴트가 새로운 비밀번호를 보내주었다. 그러면 나는 주말부터 그녀가 비밀번호를 재설정하는 월요일 오전까지 SNS에 올라온 것들을 신나게 즐겼다(어시스턴트가 없다면 친구나 가족과 협력해 매주 서로의 SNS 비밀번호를 리셋해보라).

가장 놀라운 일 하나는 내가 여기에 너무나 빨리 적응한 것이었다. SNS에 접근하지 못하게 된 첫 주에 나는 지금껏 그랬듯이 그토록 자주 SNS를 확인할 필요가 없었음을 깨달았다. 매일 SNS를 할 필요도 없었다. 이 습관을 막는 것조차 너무나 쉽고 간단했다. 일단 나쁜 습관을 못 하게 되자 더 의미 있는 일들을 해야겠다는 동기가 생겨났다. 내 환경에서 정신적 사탕을 제거하자 건강한 것들을 섭취하기가 훨씬 쉬워졌다.

구미에 맞는 일을 하고 있을 때 자동화는 좋은 습관을 필수적인 것으로, 나쁜 습관을 불가능한 것으로 만들어줄 수 있다. 이것은 순간순간 발현되는 의지력에 의존하지 않고, 미래에 어떤 행동을 할지 확실하게 만들어주는 궁극적인 방법이다. 이행 장치, 전략적인 일회성 결정들, 기계 문명을 활용함으로써 우리는 희망이 아니라 확실히 일어나는 좋은 결과를 만들 수 있다.

· summary ·

- 세 번째 행동 변화 법칙을 반대로 뒤집으면 '하기 어렵게 만들어라'다.
- 이행 장치는 미래에 더 나은 행동을 반드시 일어나게 하는 현재의 선택이다.
- 미래의 행동을 반드시 일어나게 하는 궁극적인 방식은 습관을 자동화하는 것이다.
- 더 좋은 매트리스를 구입하거나 자동출금 적금 계좌에 가입하는 등 일회성 선택들은 하나의 행동이지만 미래의 습관을 자동화하고, 시간이 지남에 따라 더 큰 보상을 가져온다.

- 습관을 자동화하는 기계적 장치들은 올바른 행동이 일어나도록 해 주는 믿을 만하고 효율적인 수단이다.

• 좋은 습관을 만드는 법 •

첫 번째 법칙 ◦ 분명하게 만들어라

1 습관 점수표를 활용하라. 현재 습관을 써보고 그것들을 인식하라.

2 실행 의도를 이용하라. '나는 [언제] [어디서] [어떤 행동]을 할 것이다.'

3 습관 쌓기를 이용하라. '[현재의 습관]을 하고 나서 [새로운 습관]을 할 것이다.'

4 환경을 디자인하라. 좋은 습관의 신호를 분명하게, 눈에 보이게 만들어라.

두 번째 법칙 ◦ 매력적으로 만들어라

1 유혹 묶기를 이용하라. '하고 싶은 행동'을 '해야 하는 행동'과 짝지어라.

2 당신이 원하는 행동이 일반적인 집단에 들어가라.

3 동기부여 의식을 만들어라. 어려운 습관을 행동으로 옮기기 직전에 좋아하는 뭔가를 하라.

세 번째 법칙 ◦ 하기 쉽게 만들어라

1 마찰을 줄여라. 당신과 좋은 습관 사이의 단계들을 줄여라.

2 환경을 갖춰라. 좋은 습관이 더 일어나기 쉽게 환경을 준비하라.

3 결정적 순간을 완전히 체득하라. 거대한 영향을 가져올 작은 선택들을 강화하라.

4 2분 규칙을 이용하라. 2분 또는 그 이하로 실행할 수 있을 때까지 습관을 축소하라.

5 습관을 자동화하라. 미래 행동을 이끌어내는 기술과 장치에 투자하라.

네 번째 법칙 ◦ 만족스럽게 만들어라

• 나쁜 습관을 버리는 법 •

첫 번째 법칙 ◦ 보이지 않게 만들어라

1 신호에 노출되는 횟수를 줄여라. 주변 환경에서 나쁜 습관을 유발하는 신호를 제거하라.

두 번째 법칙 ◦ 매력적이지 않게 만들어라

1 마인드세트를 재구축하라. 나쁜 습관을 피했을 때 얻을 이득에 초점을 맞춰라.

세 번째 법칙 ◦ 하기 어렵게 만들어라

1 마찰을 증가시켜라. 당신과 나쁜 습관 사이의 단계들을 늘려라.

2 이행 장치를 이용하라. 당신에게 이득이 될 습관으로 미래 선택들을 제한하라.

네 번째 법칙 ◦ 불만족스럽게 만들어라

Part 5

네 번째 법칙

만족스러워야 달라진다

Chapter 15

재미와 보상 두 마리 토끼를 잡는 법

1990년대 후반 공중보건 일을 하는 스티븐 루비Stephen Luby는 고향 네브래스카 주 오마하를 떠나 파키스탄의 카라치로 가는 편도 비행기 티켓을 끊었다. 카라치는 세계에서 가장 인구가 많은 도시 중 한 곳인데 1998년까지 900만 명 이상의 사람들이 이곳에서 살고 있었다.[1]

파키스탄의 경제 중심부이자 교통 요충지인 카라치는 공항과 항구 몇 곳이 가장 활기차다. 시내 상업 지구에는 표준화된 도시 생활 편의시설이 집중되어 있고 거리는 무척이나 북적거린다. 하지만 그런 한편으로 이곳은 세계에서 가장 살기 힘든 도시이기도 하다.

카라치 거주민 60퍼센트 이상이 무허가 주택가나 슬럼 지역에서 살고 있다.[2] 판자와 콘크리트 블록, 각종 폐기물들로 대충 지어놓은 임시 거주지에는 주민들이 빽빽하게 들어차 있다. 쓰레기 처리 시설도, 전기 시설도 없고 깨끗한 물도 공급되지 않는다. 비가 오지 않을 때면 거리는 먼지와 쓰레기로 지저분하고, 비가 오면 오물 진창이 된다. 물이 고인 수영장은 모기들이 떼를 지어 번식하고, 아이들은 쓰레기 속에서 논다.

이런 비위생적인 환경은 질병을 퍼트린다. 오염된 수원水源은 설사, 구토, 배앓이 등의 요인이 된다. 이곳에 사는 아동 3분의 1가량이 영양실조에 걸려 있다. 또한 좁은 공간에 많은 사람이 살다 보니 바이러스, 박테리아 감염도 빠르게 퍼진다. 스티븐 루비가 파키스탄으로 가지 않을 수 없었던 이유다.[3]

루비와 그의 팀은 이곳의 열악한 위생 시설을 보고, 손 씻는 간단한 습관으로 주민들의 건강을 지킬 수 있다고 생각했다. 손 씻기의 중요성에 대해서는 이미 많은 사람이 알고 있었지만 그럼에도 여전히 되는 대로 손을 씻고 있었다. 어떤 사람들은 물에 손을 몇 번 문지르고 말았다. 어떤 사람들은 한 손만 씻었다. 식사를 준비하기 전에 손 씻는 것을 잊는 사람도 많았다. 모두들 손 씻기가 중요하다고 말했지만 극히 적은 수의 사람들만이 손 씻는 습관을 들였다. 문제는 아는 것이 아니었다. 일관성이었다.

루비와 그의 팀은 프록터앤드갬블Procter&Gamble, P&G과 협업해 세이프가드 비누를 지역민들에게 공급하기로 했다. 보통 쓰는 막대 형태의 비누보다 세이프가드 비누는 더 만족스러운 경험을 제공한다.

루비가 말했다. "파키스탄에서 세이프가드는 고급 비누입니다. 한 번 써본 사람들은 모두 매우 좋았다고 말하죠."[4] 그녀의 말처럼 세이프가드는 다른 비누와 달리 쉽게 거품이 났고, 냄새도 좋았다. 손 씻기는 즉시 즐거운 경험이 되었다.

"전 손 씻기 캠페인이 행동 변화만이 아니라 습관이 되는 걸 목표로 삼았죠. 이런 일은 긍정적인 감각 신호를 강하게 주는 물건을 사용했을 때 훨씬 쉬웠습니다. 예를 들어 민트 맛 치약은 치실을 쓰는 것처럼 즐겁지 않은 경험보다 더 잘 받아들여집니다. P&G의 마케팅팀도 세이프가드 비누의 감각적 장점이 긍정적인 손 씻기 경험을 만들어낸다고 말했습니다."

수개월 만에 그곳에 거주하는 아이들의 건강은 급격히 좋아졌다. 설사병 비율은 52퍼센트까지 떨어졌고 폐렴은 48퍼센트까지 떨어졌다.[5] 피부에 박테리아가 감염되어 생기는 농가진은 35퍼센트까지 떨어졌다.

장기적인 영향은 훨씬 컸는데, 루비는 이렇게 말했다. "6년 후 우리는 카라치로 돌아가 몇 집을 방문했습니다. 6년 전 무료로 비누를 제공하고 손 씻기를 권했던 집의 95퍼센트 이상이 비누와 물이 있는, 손 씻을 장소를 갖추고 있었습니다.[6] 5년이 넘는 동안 따로 비누를 주지 않았음에도 그들은 손을 씻는 것에 무척 익숙해져서 그 습관을 유지하고 있었습니다."

이는 네 번째 행동 변화 법칙을 보여주는 강력한 사례다. '만족스럽게 만들어라.'

우리는 경험이 만족스러울 때 그 행동을 더 반복해서 하곤 한다.

이는 전체적으로 논리에 맞다. 비누로 손을 씻을 때 좋은 냄새가 나고 거품이 잘 나는 것 같은 아주 사소한 일일지라도 즐거운 감정은 강한 신호가 되어 뇌에 이런 말을 속닥인다. '느낌 좋군. 다음에 또 해야겠어.' 즐거운 감정은 어떤 행동이 나중에 다시 할 만한 가치가 있는지 뇌에게 가르쳐준다.

추잉검 이야기를 해보자. 추잉검은 1800년대에 상업적으로 팔리기 시작했는데,[7] 1891년 리글리Wrigley에서 출시할 때까지만 해도 사람들에게 생소한 것이었다. 초기 상품들은 상대적으로 특징 없는 합성수지로 만들었는데, 질겅질겅 씹히는 느낌은 있어도 맛은 첨가되어 있지 않았다.

여기에 리글리는 스피어민트와 주시프루트 같은 향을 첨가함으로써 추잉검 업계에 혁명을 일으켰다.[8] 맛도 있고 씹는 재미도 생겨난 것이다. 나아가 리글리는 추잉검을 입안을 깨끗하게 만드는 상품으로 홍보하기 시작했다. 우리에게 익숙한 '입안을 상쾌하게!'라는 껌 광고가 등장한 것이다.

맛있는 향과 입안이 상쾌해지는 느낌은 추잉검을 씹는 만족감을 강화했다. 이후 판매는 급등했고 리글리는 세계 최대의 추잉검 회사가 되었다.[9]

치약 역시 유사한 궤도를 밟았다.[10] 치약 제조업체들은 스피어민트, 페퍼민트, 시나몬 같은 향을 제품에 추가함으로써 엄청난 성공을 누렸다. 이런 향들은 치약의 효용성을 증대시키지는 않는다. 단지 입안이 깨끗해지는 느낌을 만들어내고, 칫솔질을 할 때 더욱 즐거운 경험을 만들어줄 뿐이다. 내 아내는 센소다인 치약을 사용하다 말았는데, 뒷맛이 나쁘다는 게 이유였다. 결국 그녀는 민트 향이 더 강한 다른 브랜드 제품으로 바꿨다.

반대로 어떤 경험이 만족스럽지 않다면 그것을 다시 할 이유는 거의 없어진다. 조사 과정에서 나는 한 여성의 이야기를 듣게 되었는데, 그녀에겐 상대방을 미치게 만들 정도로 자기도취에 빠진 친척이 있었다. 이 자기중심주의자와 시간을 덜 보내기 위해 그녀는 그가 옆에 있을 때면 가급적 따분하고 지루하게 행동했다. 몇 차례 그렇게 행동하자 그 친척은 그녀를 피하기 시작했다.[11] 그녀가 무척이나 재미없는 사람이라고 인식했기 때문이다.

이런 이야기들은 행동 변화의 가장 기본이 되는 법칙에 관한 증거다. '보상을 주는 것은 반복한다. 힘든 것은 피한다.' 미래에 무엇을 할지는 과거에 보상을 받았거나 힘들었던 것에 영향을 받는다. 긍정적인 감정들은 습관을 만드는 반면 부정적인 감정들은 습관을 파괴한다.

분명하게 만들어라, 매력적으로 만들어라, 하기 쉽게 만들어라, 이 세 가지 행동 변화 법칙들은 지금 이 순간 어떤 행동을 시도하도록 고무한다. 그러나 네 번째 법칙인 '만족스럽게 만들어라'는 다음에 어떤 행동을 반복하도록 고무하는 것이다. 이로써 습관의 순환 고리가 완성됐다.

하지만 여기에도 함정이 있다. 우리는 단순히 만족감을 추구하는 게 아니라 즉시적 만족감을 추구하기 때문이다.

당신이 기린이든, 코끼리든, 사자든 아프리카 평원을 배회하는 동물이 되었다고 상상해보자. 우리가 하는 결정 대부분은 즉시적인 영향력을 갖는다. 우리는 늘 무엇을 먹고, 어디서 잠을 자고, 포식자를 어떻게 피해야 하는지 생각한다. 계속해서 현재 또는 가까운 미래에 집중한다. 과학자들은 이런 곳을 '즉시적 보상 환경'immediate-return environment이라고 부른다. 우리가 한 행동은 즉시 분명해지고 곧바로 결과를 가져오기 때문이다.

이제 인간으로 돌아와보자. 현대 사회에서 우리가 오늘 한 많은 선택들은 우리에게 즉시적인 이득을 주지는 않는다. 직장에서 일을 잘 해냈다 해도 급여는 몇 주 후에 받는다. 오늘 운동을 했다면 어쩌면 다음 해에 과체중 상태에서 벗어날 것이다. 지금 당장 돈을 아꼈다 해도 지금부터 수십 년 후 은퇴했을 때 돈이 모일 것이다. 과학자들은 이런 곳을 '지연된 보상 환경'delayed-return environment이라고 부른다. 행동에 따른 보상이 전달되기까지 수년 동안 그 일을 해야 할 수도 있기 때문이다.

인간의 뇌는 지연된 보상 환경 속에서의 삶을 위해 진화하지 않았다. 최초의 현대적 인간은 대략 20만 년 전에 살던 호모 사피엔스 사피엔스다.[12] 이들은 뇌 용적이 오늘날 우리와 상대적으로 유사한 첫 번째 인간 종이다. 특히 뇌에서 가장 나중에 생성된 부위인 언어 같은 고도의 기능을 담당하는 신피질이 오늘날과 비슷한 크기가 된 것은 20만 년 전이다.[13] 우리는 구석기 시대 선조들과 같은 하드웨어를 탑재하고 돌아다니고 있는 것이다.

반면에 우리가 살고 있는 사회가 지연된 보상 환경으로 변화된 것은 비교적 최근으로, 500년 정도밖에 되지 않았다.[14*] 뇌에게 현대사회는 완전히 신상품이라 할 수 있다. 최근 100년 동안 우리는 자동차, 비행기, 텔레비전, 컴퓨터, 인터넷, 스마트폰 그리고 비욘세가 등장하는 것을 봤다. 세계는 최근 몇 년간 엄청나게 변화했다. 하지만 인간 본성은 아주 약간 변했을 뿐이다.[15]

아프리카 사바나에 사는 동물들과 유사하게 우리의 조상들도 매일 심각한 위협에 대응하고, 다음 먹잇감을 확보하고, 태풍을 피할 피난처를 지으면서 보냈다. 이로써 즉시적 만족감을 주는 것에 높은 가치를 부여하는 감각이 발달했지만 반대로 먼 미래를 고려하는 일은 적었다. 즉시적 보상 환경 속에서 수천 세대가 이어지면서 뇌는 장기적 보상보다는 빠른 보상을 선호하는 방향으로 진화했다.[16]

행동경제학자들은 이런 경향을 '시간 비일관성'time inconsistency이라고 부른다. '과장된 가치 폄하'라고 불리기도 한다.

이 말인즉 뇌가 보상을 평가하는 방식은 시간대에 따라 일관적이지 않다는 말이다. 우리는 미래보다 현재에 더 가치를 둔다. 이는 적절한 가치판단이다. 미래에 있을지도 모를 보상보다는 당장의 확실한

* 지연된 보상 환경으로의 변화는 약 1만 년 전 농부들이 몇 달 후의 수확을 예상하고 곡식을 뿌렸던 농업사회가 도래하면서 시작되었다. 하지만 수 세기 전까지만 해도 우리 삶이 지연된 보상을 위한 선택들로 가득하지는 않았다. 커리어 계획, 은퇴 계획, 휴가 계획 등이 달력을 점령한 지는 얼마 되지 않은 것이다.

보상이 가치가 있다. 하지만 이렇게 즉시적 만족만을 추구하는 태도는 문제가 된다.

왜 어떤 사람들은 폐암에 걸릴 수도 있다는 것을 알면서 담배를 피우는가? 왜 살이 찔 것을 알면서 과식을 하는가? 왜 성 접촉으로 전염병에 걸릴 수 있는 걸 알면서 안전하지 못한 성관계를 하는가?

뇌가 보상에 우선순위를 매기는 방식을 이해하면 그 답은 명확해진다. 나쁜 습관은 보상이 즉시적인 반면 결과는 나중에 발생한다. 흡연은 10년 동안 나를 서서히 죽이고 있지만 당장 스트레스를 줄여주고 니코틴에 대한 열망을 경감시킨다. 과식은 장기적으로는 해롭지만 순간적으로는 맛이 있다. 안전하든 그렇지 않든 성관계는 즉시적인 쾌락을 제공한다. 질병이나 감염 여부는 며칠, 몇 주, 심지어 몇 년 동안 나타나지 않는다.[17]

모든 습관이 시간에 따라 다양한 결과들을 만들어낸다. 불행하게도 이런 결과들은 종종 일렬로 오지 않는다. 나쁜 습관은 대개 즉시 좋은 기분을 느끼는데, 궁극적으로는 나쁜 기분을 느끼게 된다.

좋은 습관은 이와 반대다. 당장은 즐겁지 않지만 궁극적으로는 좋은 기분을 느낀다. 프랑스 경제학자 프레데리크 바스티아Frédéric Bastiat는 이 문제를 명확하게 설명한다.[18] "당장의 결과가 편리하고 좋을 때 대개 나중의 결과는 처참하거나 그에 준하는 일들이 일어난다. … 종종 어떤 습관의 첫 과실이 달콤할수록 나중의 과일은 쓰기 마련이다." 다른 식으로 말하면 좋은 습관의 비용은 현재에 치르며, 나쁜 습관의 비용은 미래에 치른다.

뇌가 현재를 우선순위에 두는 경향이 있기 때문에 좋은 의도만으로는 충분하지 않다. 살을 빼야지, 책을 써야지, 언어를 배워야지 같은 계획을 세울 때 실상 우리는 미래의 자신을 위한 계획을 세우고 있는 것이다. 또 어떤 삶을 살고 싶은지 상상하면 장기적 이득을 주는 행동에서 가치를 찾게 된다.

하지만 결정의 순간이 왔을 때 대개는 즉시적 만족감을 주는 것에 압도된다. 더 건강하거나 부유하거나 행복한 '미래의 나'를 위한 선택을 하지 않는다.[19] 배부르고, 맘대로 하고, 노는 것을 원하는 '현재의 나'를 위한 선택을 한다. 행동에서 얻을 수 있는 즐거움이 즉시적일수록, 장기적인 목적을 따를지 말지 더욱 의심하게 된다.

뇌는 당장의 위협처럼 보이는 것들을 과대평가하지만 실제로 그런 일이 일어날 가능성은 거의 없다. 내가 탄 비행기가 난기류에 충돌하는 일, 집에 혼자 있을 때 도둑이 침입하는 일, 내가 탄 버스를 테러리스트가 날려버리는 일 같은 것 말이다.

반면 뇌는 실제로 일어날 가능성이 높은 미래의 위협이 현재 조금씩 나타나고 있는 것은 과소평가한다. 건강하지 못한 음식을 먹음으로써 지방이 지속적으로 축적된다거나, 계속 책상에 앉아 있음으로써 근육이 점차적으로 줄어드는 것, 정리 정돈을 하지 않았을 때 서서히 잡동사니가 쌓여가는 것 같은 일 말이다.

뇌가 어떤 행동은 반복하고 어떤 행동은 피할지 결정하는 방식을 이해했다면 이제 행동 변화의 가장 기초 법칙을 업데이트해보자. '즉시적인 보상을 주는 것은 반복한다. 즉시적인 어려움을 주는 것은 피

한다.'

우리가 즉시적 만족감을 선호한다는 사실은 성공에 관한 중요한 진실을 보여준다. 대부분의 사람들은 하루 종일 빠른 만족감을 안겨주는 것들을 좇으면서 시간을 보낸다. 사람들이 덜 지나간 길은 만족감이 지연되는 곳이다. 그럼에도 기꺼이 보상을 기다린다면 덜 경쟁하고, 종종 더 큰 보상을 얻기도 한다.

최근 연구들 역시 이를 증명한다. 지연된 만족감을 선택하는 사람들은 SAT에서 고득점을 얻고, 마약 접근 수준이 낮으며, 비만 가능성이 낮고, 스트레스를 더 잘 다루고, 사교적 기술이 더 뛰어나다.[20]

주변에서 이런 모습들을 우리는 익히 봐왔다. 텔레비전을 보는 걸 미루고 숙제를 마친다면 대개 더 많은 것을 습득하고 성적이 오른다. 가게에서 디저트와 과자를 사지 않으면 집에 왔을 때 더 건강한 음식을 먹게 된다. 거의 모든 분야에서 성공은 지연된 보상을 선호하고 즉시적인 보상을 무시할 것을 요한다.

여기에 문제가 있다. 사람들은 지연된 보상을 택해야 한다는 것을 알고 있다. 우리는 좋은 습관에서 오는 이득을 바란다. 건강해지고, 생산적이고, 평화롭게 지내길 원한다. 하지만 이런 선택들은 결정적 순간이 오면 마음에서 가장 윗자리를 차지하는 법이 거의 없다. 우리는 본능의 씨앗들에 반기를 들지 못하며 그것들과 함께 나아가야 한다. 가장 최선의 방법은 장기적으로 보상을 주는 습관에는 즉시적인 기쁨의 조각들을 덧붙이고, 그렇지 않은 습관에는 고통의 조각들을 덧붙이는 것이다.

아주 작은 보상의 힘

습관을 계속 유지하기 위해서는 성공했다는 느낌을 필수적으로 받아야 한다. 비록 아주 사소한 방식일지라도 말이다. 성공했다고 느끼는 것은 습관이 성과를 냈고, 그 일이 노력할 만한 가치가 있다는 신호이기 때문이다.

사실 좋은 습관이 주는 보상은 습관 그 자체다. 하지만 현실 세계에서 좋은 습관은 뭔가 얻는 게 있어야만 가치가 있다고 여겨진다. 처음에 그것은 만족감 그 자체다. 체육관에 몇 번 간다고 해서 더 튼튼해지거나 건강해지거나 더 빨리 달릴 수 있게 되진 않는다. 최소 현저히 느낄 만한 수준은 아니다. 몇 달이 지나 살이 몇 킬로그램 빠지고 팔뚝이 두꺼워지면 그때는 운동 목적 그 자체만으로도 습관을 지속할 수 있지만 초기에는 그 상태를 유지할 이유가 필요하다. 즉시적인 보상이 근본적이라는 건 이런 이유에서다. 지연된 보상은 보이지 않는 곳에서 축적되는 반면, 즉시적인 보상은 흥분을 유지시킨다.

우리는 모든 일이 즉시적인 보상이 있으면서도, 결과가 만족스럽길 바란다. 어떤 일을 진행할 때 가장 사람들의 기억에 남는 것은 결국 '결과'이기 때문이다. '강화'reinforcement는 이를 위한 최선의 접근법이다. 이는 습관과 즉시적인 보상을 한데 묶어 만족감과 결과라는 두 마리 토끼를 모두 잡게 한다.

앞에서 다뤘던 습관 쌓기는 습관과 즉시적인 신호를 묶는 것으로, 시작할 때 그 신호가 더욱 분명하게 드러나도록 만든다. '강화'는 습관과 즉시적인 보상을 묶는 것으로, 그 일을 마쳤을 때 만족감을 느끼게 해준다.

즉시적인 강화는 우리가 그만두고 싶은 행동들, 즉 습관 회피와 관련될 때 특히 유용할 수 있다. '이번 달 술 마시지 않기', '충동구매하지 않기' 같은 습관을 유지하기가 힘든 이유는 술 한 잔을 마시면서 즐거운 시간을 보내는 걸 건너뛰거나 신발 한 켤레를 사지 않아도 아무 일도 일어나지 않기 때문이다. 성공적으로 자신의 결심을 지켰더라도 첫술에 만족감을 느끼기는 어렵다. 유혹에 저항하는 것이 우리에게 더 큰 만족감을 주지 못하기 때문이다.

한 가지 해결책은 이런 상황을 완전히 뒤집어 생각하는 것이다. 회피를 눈에 보이게 만드는 것이다. 예금 계좌를 개설하고, 거기에 '가죽 재킷 살 돈' 같은 용도를 적어둔다. 그리고 구매를 하지 않으면 그 돈을 저축 통장으로 옮긴다. 아침에 카페라테 한 잔을 건너뛰면 5달러가 저축된다. 넷플릭스 한 달 결제를 건너뛰면 10달러 이상이 통장으로 들어간다. 자신을 위한 보상 정책을 만드는 것이다. 가죽 재킷을 위해 돈을 절약하고 있는 자신을 보는 것은 지연된 보상을 즉시적인 보상처럼 보이게 한다. 아무것도 하지 않아도 만족스럽다.

나의 독자 중 한 사람과 내 아내는 이와 비슷한 장치를 마련했다. 두 사람은 너무 자주 외식하지 않겠다고 결심했고 그와 동시에 요리를 더 많이 하기 시작했다. 저축 통장에는 '유럽 여행 갈 돈'이라고 이름을 붙였다. 외식을 건너뛰면 계좌에 50달러를 넣었다. 그해 말이 되자 휴가 갈 돈이 모였다.

자신의 정체성과 갈등을 일으키는 것보다 그것에 부합하는 단기적 보상을 마련하는 것이 중요하다. 살을 빼려고 하거나 책을 더 많이 읽으려고 한다면 새 재킷을 사는 것은 괜찮다. 하지만 예산을 만들고 돈을 모으려고 할 때는 그렇지 않다. 자유로움을 느끼고 재정적 독립을 원한다면 걷기 운동을 하러 가는 건 자신에게 주는 보상의 좋은 예다. 만일 운동에 대한 보상으로 아이스크림 한 통을 먹는다면 정체성과 충돌할 것이다. 그러나 보상으로 마사지를 받는다면 뭔가 고급스러운 느낌도 들고 자기 몸을 살피는 계기도 된다. 이런 단기적 보상은 건강한 사람이 된다는 장기적 목표와 일치한다.

그리하여 기분이 더 나아지고, 에너지가 넘치고, 스트레스를 줄인다는 내재적 보상이 효과가 나타나기 시작하면 우리는 이차적인 보상을 덜 고려하기 시작한다.

정체성은 그 자체로 강화 인자가 된다. 우리는 어떤 일이 자기 정체성에 부합하고 기분이 좋아지기 때문에 그 일을 한다. 습관이 삶의 일부가 될수록 자기 격려와 채찍질은 덜 필요하다. 보상은 습관을 시작하게 하고, 정체성은 습관을 지속하게 한다. 장기적 보상은 얻을 때까지 기다려야 하지만 즉시적인 강화는 단기간에 동기를 유지하도록 돕는다.

요약하면 습관을 유지하기 위해서는 그 일이 즐거워야 한다. 향기가 좋은 비누, 50달러가 통장에 입금되는 걸 보는 일 등 간단하고 사소한 강화 장치들은 습관을 즐겁게 만드는 즉각적 만족감을 제공한다. 그리고 습관이 즐거워질 때 변화가 쉬워진다.

· summary ·

- 네 번째 행동 변화 법칙은 '만족스럽게 만들어라'다.
- 경험이 만족스러우면 그 행동을 반복하는 경향이 커진다.
- 인간의 뇌는 지연된 보상보다 즉시적인 보상에 우선순위를 부여하는 방향으로 진화했다.
- 행동 변화의 가장 기본 법칙은 이렇다. '즉시적인 보상이 있는 행동은 반복된다. 즉시적인 어려움이 있는 행동은 잘 하지 않게 된다.'
- 습관을 유지하려면 즉각적으로 성공했다는 느낌이 필요하다. 아주 사소한 방식이라 할지라도 말이다.
- 분명하게 만들어라, 매력적으로 만들어라, 하기 쉽게 만들어라, 이 세 가지 행동 변화 법칙은 지금 이 순간 행동을 시도할 가능성을 높인다. 그런데 네 번째 행동 변화 법칙인 '만족스럽게 만들어라'는 나중에 행동이 반복될 가능성을 높인다.

어떻게 매일 반복할 것인가

1993년, 캐나다 애버츠퍼드의 한 은행이 트렌트 다이어스미드Trent Dyrsmid라는 스물세 살의 주식중개인을 고용했다. 애버츠퍼드는 밴쿠버 인근 한적한 곳에 위치한 비교적 작은 교외 지역으로, 큰 비즈니스 거래들이 이뤄지고 있었다. 다이어스미드는 신참이었고, 아무도 그에게 많은 것을 기대하지 않았다. 하지만 그는 간단한 습관 덕분에 빠르게 발전해나갔다.

다이어스미드는 매일 아침 책상에 동그란 통 두 개를 가져다놓았다. 통 하나에는 클립 120개가 들어 있었는데 그는 이것을 '측정' 신호로 삼았다. 다른 통은 빈 통이었다. 그는 매일 두 개의 통을 책상에 놓고 영업 전화를 걸었다. 전화 한 통을 끝내면 클립이 가득 든 통에서 클립 하나를 빼서 빈 통에 옮겨 담고, 다음 과정을 시작했다.

"매일 아침 저는 통 하나에 클립 120개를 담아둡니다. 그리고 다른 통에 클립을 죄다 옮길 때까지 전화를 겁니다."[1]

그 결과 18개월 만에 다이어스미드는 회사에 500만 달러를 벌어다주었다. 연봉은 7만 5,000달러를 받게 되었는데 지금으로 치면 12만 5,000달러 정도다. 오래지 않아 그는 여섯 자리, 즉 10만 달러 대의 연봉을 받으며 다른 회사로 옮겼다.

나는 이 기술을 '클립 전략'이라고 부른다. 수년 이상 독자들로부터 다양한 방식으로 이 전략을 사용했다는 이야기를 듣고 있다. 한 여성은 책 한 페이지를 쓸 때마다 통 하나에서 다른 통으로 머리핀을 옮겼다. 한 남성은 푸시업 한 세트를 할 때마다 캔 하나에서 다른 캔으로 구슬을 옮겼다.

과정을 하나씩 해내는 것은 만족스러운 경험이다. 클립이나 머리핀, 구슬을 옮기는 것 같은 시각적 측정 수단은 우리가 과정 하나를 해냈다는 것을 명확히 보여주는 징표가 된다. 이런 것들은 우리의 행동을 강화하고, 어떤 활동에 대한 즉시적 만족감을 높인다.

시각적 측정 수단들은 여러 가지가 가능하다. 식습관 일지, 운동 일지, 펀칭형 고객 카드, 심지어 책의 페이지 숫자까지 광범위하다. 하지만 아마도 그런 과정을 측정하는 최선의 방법은 '습관 추적'일 것이다.

벤저민 프랭클린의 마지막 선물

습관 추적은 어떤 습관적 행동을 했는지 여부를 측정하는 간단한 방법이다. 가장 기본적인 형태는 달력을 하나 놓고, 매일 일상적인 일들을 했을 때 'X' 표시를 하는 것이다. 예를 들어 월요일, 수요일, 금요일에 명상을 했다면 각각의 날짜에 X가 표시된다. 시간이 흐르면서 달력은 습관이 죽 이어진 흔적을 그릴 것이다.

많은 사람이 이 습관 추적을 이용했는데 아마도 가장 유명한 사람은 벤저민 프랭클린Benjamin Franklin[2]일 것이다. 그는 스무 살이 되었을 때 어딜 가든 작은 노트 한 권을 가지고 다니면서 13가지 습관을 실행했는지 추적했다. 그 목록에는 시간을 낭비하지 말고 뭔가 유용한 일을 할 것, 하찮은 잡담을 피할 것 같은 목표들이 적혀 있었다. 프랭클린은 매일 하루를 마무리하면서 노트를 펼쳐 자신이 한 일들을 기록했다. 나중에 프랭클린은 이를 대중화하여 인류에 '습관 추적'이라는 큰 선물을 남겼다.

제리 사인펠드Jerry Seinfeld는 유머를 글로 써두는 습관을 확인하고자 습관 추적을 이용했다. 그는 〈코미디언〉Comedian이라는 다큐멘터리에서 자신의 목표는 한 가지, 매일같이 유머를 기록하는 것이라고 설명했다. 그는 어떤 유머가 쓸 만한지 그렇지 않은지, 자신에게 영감을 불러일으키는지 아닌지는 신경 쓰지 않았다. 그저 떠오른 유머와 그것을 계속 써나가는 데만 집중했다.

이들의 사례에서 볼 수 있듯이, '흐름을 끊지 마라'[3]는 매우 강력한 주문이다. 영업 전화를 돌리는 흐름을 끊지 마라. 그래야 성공적인 비즈니스 장부를 만들어낼 수 있다. 운동 흐름을 끊지 마라. 그래야 기대한 것보다 빠르게 몸을 만들 수 있다. 매일 창작의 흐름을 끊지 마라. 그래야 인상적인 포트폴리오를 만들어낼 수 있다.

습관 추적은 행동 변화의 다양한 법칙들을 더욱 강화해서 강력한 효과를 발휘한다. 동시에 행동을 분명하고, 매력적이고, 만족스럽게 만들어준다. 습관 추적의 이점을 하나씩 살펴보자.

이점 1. 습관 추적은 분명하다

마지막 행동을 기록하는 것은 다음 행동을 촉발하는 기제가 될 수 있다. 습관 추적은 달력에 X 표시가 죽 이어지거나 식습관 일지의 식사 목록처럼 시각적 신호를 만든다. 그래서 달력을 봤을 때 습관 흐름이 보인다면 다시 그 행동을 하게끔 우리를 부추긴다. 살을 뺀다든지, 금연을 한다든지, 혈압을 낮추는 등 목표로 가는 과정을 이처럼 시각적으로 추적하는 사람들이 훨씬 더 많이 그 일을 달성해낸다는 연구 결과도 있다.[4]

1,600명 이상의 사람들을 대상으로 실시된 한 연구에서는 식습관 일지를 쓴 사람이 그렇지 않은 사람보다 두 배나 더 감량한 것으로 드러났다.[5] 이렇듯 습관 추적이라는 단순한 행동은 변화의 불씨가 될 수 있다.

또한 습관 추적은 우리를 정직하게 만들어준다. 대부분의 사람들은 자기 행동에 관한 관점이 왜곡되어 있다. 우리는 자신이 한 것보다 더 많이 그 행동을 했다고 생각한다. 측정은 이런 맹점을 극복하게 해주며 실제로 매일 무슨 일을 했는지 알려준다. 통에 담긴 클립들은 한눈에 자신이 얼마나 그 일을 했는지(또는 하지 않았는지) 알려준다. 증거가 눈앞에 분명히 존재할 때 우리는 스스로에게 거짓말을 덜 하게 된다.

이점 2. 습관 추적은 매력적이다

가장 효율적인 형태의 동기는 '진전'이다.[6] 앞으로 나아가고 있다는 신호를 볼 때 우리는 더욱더 나아가고자 하는 동기가 생긴다. 습관 추적은 동기를 더하는 데 영향을 미칠 수 있다. 각각의 작은 승리들은 욕구를 일으키는 원동력이 된다.

이는 일진이 사나운 날 특히 강력하게 작용한다. 기분이 가라앉았을 때는 이미 했던 일들을 잊기 쉽다. 그러나 습관 추적은 자신이 그동안 열심히 해왔다는 시각적 증거를 제공한다. 내가 얼마나 나아갔는지를 교묘하게 암시하는 것이다. 게다가 매일 아침 우리가 마주하는 공란은 그 일을 시작하게끔 동기를 일으킨다. 흐름을 끊음으로써 그동안의 진전을 잃고 싶지 않기 때문이다.

이점 3. 습관 추적은 만족스럽다

이것이 가장 중요한 이득이다. 추적은 그 자체로 보상이 될 수 있다. '해야 할 일' 목록에서 한 가지 항목을 지우는 것, 운동 일지에서 시작했음을 표시하는 것, 달력에 X 표시를 하는 것은 만족감을 준다.

결과가 성장하고 있음을 눈으로 보는 것만으로 기분이 좋아진다. 투자 포트폴리오 크기가 커지거나 쓰고 있는 원고가 점점 더 분량이 많아지는 것처럼 말이다. 그리고 기분이 좋다면 참고 견디기도 더 쉽다.

습관 추적은 결과보다는 과정에 집중하게 해준다. 우리는 복근을 만드는 데 집착하지 않고, 계속 운동 흐름을 끊지 않고, 지속 해나가는 것만으로도 운동을 빼먹지 않는 사람이 된다.

즉, 습관 추적은 ① 우리에게 행동을 일깨우는 시각적 신호를 만들어내고 ② 자신의 발전을 눈으로 보고 이를 되돌리고 싶지 않다는 내적 동기를 일으키며 ③ 성공적으로 습관을 수행하고 기록하는 순간순간 만족감을 느끼게 해준다. 나아가 우리가 원하던 사람이 되어간다는 시각적 증거를 하나씩 쌓아나감으로써 우리에게 즉각적이고 본질적인 만족감을 준다.*

아마도 이쯤에서 당신은 궁금해할 것이다. 습관 추적이 그토록 유용하다면 왜 이 책은 이제 와서야 이것에 대해 이야기하는 걸까? 이렇게 많은 이점에도 불구하고 지금까지 그 논의를 미룬 이유는 간단하다. 추적과 측정이라는 개념에 대해 많은 사람이 거부감을 느끼기 때문이다. 습관을 추적한다고 하면 '우리가 세우려고 시도하는 습관'과 그 습관을 '추적하는 습관', 두 가지를 모두 고려해야 하기에 결국 부담스러운 일이 될 수 있다.

다이어트를 하는 것이 힘들어질 때는 칼로리 계산이 번거롭게 느

* atomichabits.com/tracker에서 습관 추적에 관한 견본을 찾아볼 수 있다.

껴진다. 영업 전화를 모두 기록하는 것은 지루한 일이다. 그보다는 "덜 먹을 테야." "더 열심히 할 테야." "그걸 하는 걸 잊지 말아야지."와 같이 말하는 게 더 쉽게 느껴진다. 그래서 사람들은 내게 이렇게 말한다. "결심 일지를 만들었는데, 그걸 계속 사용하길 바라야죠." "일주일 동안 운동한 걸 기록했는데, 그러고 그만뒀어요." 나 역시 그랬다. 내가 섭취한 칼로리를 추적하기 위해 식사 일지를 썼던 적이 있다. 나는 가까스로 한 끼를 적고는 포기했다.

추적은 모든 사람이 할 필요도 없고, 삶 전체를 측정할 필요도 없다. 하지만 누구나 추적을 통해 큰 효과를 얻을 수 있다. 그것이 아주 일시적이라 할지라도 말이다. 그렇다면 어떻게 해야 더 쉽게 추적할 수 있을까?

먼저, 가능하다면 언제든 측정할 수 있도록 추적이 자동적으로 이뤄져야 한다. 우리는 이미 놀랄 정도로 부지불식간에 추적 작업을 많이 하고 있다. 신용카드 명세서에는 우리가 얼마나 외식을 자주 했는지가 기록돼 있다. 핏비트Fitbit 앱과 시계는 우리가 하루에 몇 보나 걸었는지, 얼마나 잠을 잤는지를 기록한다. 달력에는 매년 우리가 새로운 장소로 얼마나 여행을 떠났는지가 기록되어 있다. 일단 이런 기록을 찾아냈다면 매주 또는 매달 달력에 추가로 기록해 복기하면 매일 추적하는 것보다는 훨씬 실용적이다.

모든 시스템이 갖춰졌다면 당신은 가장 중요한 습관 하나만 추적하면 된다. 산발적으로 10가지 습관을 추적하는 것보다는 한 가지 습관을 지속적으로 추적하는 편이 더 낫다.

마지막으로, 습관을 실행하고 나서 즉시 측정한 값을 그때그때 기록한다. 행동이 완료된다는 것은 이를 기록해야 한다는 신호다. 그러면 앞서 언급했던 습관 쌓기 방법과 습관 추적을 다음과 같이 조합할 수 있다.

습관 쌓기 + 습관 추적
= [현재의 습관]을 하고 나서 [습관을 추적]할 것이다.

- 영업 전화를 끊고 나서, 빈 통에 클립 하나를 넣을 것이다.
- 체육관에서 운동 한 세트를 마치고 나서, 운동 일지에 기록할 것이다.
- 식기세척기 안에 접시를 넣고 나서, 내가 먹은 것을 기록할 것이다.

이런 전략들은 습관을 추적하기 쉽게 해준다. 습관을 기록하는 걸 즐기지 않는 사람이라도 몇 주 동안 측정을 하면서 통찰이 생기는 것을 발견할 것이다. 자신이 실제로 어떻게 시간을 사용하고 있는지를 확인하는 일은 늘 흥미롭다.

모든 습관의 흔적은 종국에는 어느 한 지점에 이른다. 그리고 중요한 건 측정값 하나하나보다 습관을 궤도로 올리기 위한 좋은 계획을 세우는 것이다.

습관은 두 번째 실수에서 무너진다

인생은 필연적으로 어느 시점에서 습관을 유지하는 것을 방해한다. 완벽하기란 불가능하다. 오래지 않아 긴급 상황이 튀어나온다. 몸이 아플 수도, 출장을 가야 할 수도, 가족이 내 시간을 잡아먹을 수도 있다. 이런 일들이 일어나면 나는 간단한 법칙 하나를 마음속에 떠올린다. '절대로 두 번은 거르지 않는다'는 법칙이다.

하루를 거르면 가능한 한 빨리 되돌아가려고 애쓴다. 운동을 한 번 거를 수는 있어도 연속으로 두 번 거르지는 않는다. 피자 한 판을 다 먹을 순 있지만 그다음에는 건강한 음식을 먹으려고 한다. 나는 완벽할 순 없지만 두 번째 실수는 피할 수 있다. 하나의 습관을 끝내고 나면 곧바로 다음 습관을 시작한다.

처음의 실수가 절대 나를 망치지는 않는다.[7] 하지만 뒤이어 또 실수할 수 있다. 한 번 거르는 것은 사고다. 두 번 거르는 것은 새로운 습관의 시작이다.[8]

이는 승자와 패자를 구별 짓는 특징이기도 하다. 누군가는 안 좋은 성과를 낼 수도 있고, 운동을 대충 할 수도 있고, 직장에서 힘든 하루를 보낼 수도 있다. 하지만 성공한 사람들은 실패했을 때 빨리 되돌아온다. 빨리 회복한다면 습관이 무너진 것은 중요하지 않다.

이 규칙은 습관을 잘, 또는 완벽하게 해낼 수 없을지라도 이를 유지하는 데 무척이나 중요하다. 우리는 대개 습관이란 완벽하게 지키지 못하면 소용없다고 여긴다. 문제는 실수하는 것이 아니다. 완벽하게 하지 못하면 전부 소용없다고 생각하는 것이다.

재수가 없거나 무척 바쁜 날에도 체육관에 모습을 드러내는 것이 얼마나 가치 있는지 우리는 깨닫지 못한다. 성공한 날들은 우리를 돕지만 그보다 더 크게 우리를 상처 입히는 것은 놓친 날들이다. 예를 들어 100달러를 투자했는데 50퍼센트를 얻는다면 150달러를 갖게 된다. 하지만 33퍼센트를 잃으면 다시 100달러로 돌아간다. 다시 말해 33퍼센트의 손실을 피하는 것은 50퍼센트의 이득을 얻는 것만큼 가치가 있다. 워런 버핏의 동료이자 멘토였던 찰리 멍거Charile Munger는 이렇게 말했다. "(포트폴리오) 혼합의 첫 번째 규칙. 불필요한 방해를 하지 마라."

이 때문에 때로는 '제대로 하지 않은' 운동이 가장 중요해지기도 한다. 꾸물거린 날들, 제대로 하지 않은 운동들은 계속해서 이전의 잘한 날들, 좋은 날들에 일어났던 일들과 혼합된다. 단지 뭔가를 하는 것, 스쿼트 열 개, 스프린트 다섯 개, 푸시업 한 개처럼 실제로 한 번 한 일들이 대단한 것이다. 0으로 만들지 마라. 손실이 그동안의 성과를 먹어치우게 두지 마라.

이는 운동을 하는 동안 무엇이 일어나는지에 관한 말이 아니다. 운동을 거르는 유형의 사람들에 관한 것이다. 기분이 좋을 때 훈련이 더 쉬워지기는 하지만 그렇지 않을 때도 모습을 드러내는 게 중요하다. 원하는 것보다 운동을 훨씬 덜 하게 된다 해도 말이다. 체육관에 가서 5분 있는 게 계획의 성과를 높여주진 않는다. 하지만 나의 정체성을 다시 확인할 수 있다.

전부가 아니면 소용없다는 생각은 습관에서 쉽게 탈선하는 위험 요소다. 그리고 또 다른 위험이 있다. 특히 습관 추적을 하고 있다면 말이다. 바로 측정 대상을 잘못 선택하는 일이다.

당신이 레스토랑을 운영한다면 요리사가 일을 잘 해내고 있는지 알고 싶을 것이다. 성공적인 측정 방법 하나는 매일 몇 명의 고객들이 음식 값을 지불하는지를 추적하는 방법이다. 고객들이 더 많아진다면 음식이 훌륭한 것이다. 고객들이 줄어든다면 뭔가가 잘못되고 있다는 의미다.

하지만 이 한 가지 측정법, 즉 일일 수익은 실제로 일어나고 있는 일의 일부만 보여줄 뿐이다. 누군가 음식에 대한 비용을 지불했다는 게 그 음식을 즐겼다는 걸 의미하지는 않기 때문이다. 불만족스러웠다고 해도 손님들이 무전취식을 하지는 않는다. 사실 수익만을 측정한다면 음식의 질이 점점 떨어지고 있다 해도 홍보나 할인 같은 다른 방법으로 채우고 있을 수도 있다. 따라서 그보다는 얼마나 많은 고객들이 음식 접시를 '다 비웠는지', 손님들이 팁을 두고 가는 비율이 얼마나 되는지 같은 것을 추적하는 게 더 효율적일 수 있다.

특정한 행동을 추적하는 것의 문제는 우리가 본래의 목적이 아니라 숫자에 휘둘리게 된다는 점이다. 성공을 분기별 수입으로 측정한다면 판매, 수익, 신용거래 같은 수치를 활용할 것이다. 속성 다이어트, 해독 주스, 지방 감소 약물 등을 이용할 때 몸무게가 줄어드는 것으로 성공을 측정한다면 '낮은 숫자'를 추구하게 된다. 인간의 마음은 하고 있는 게임이 무엇이든지 '이기고' 싶어 하기 때문이다.

이런 위험은 우리 삶에서 자주 나타난다. 우리는 의미 있는 일을 해낸 것보다 얼마나 오랜 시간 일했는지에 초점을 맞춘다. 얼마나 건강해졌느냐보다는 1,000보 걸었느냐를 더 신경 쓴다. 배움, 호기심, 비판적인 사고를 강조하기보다는 규격화된 시험을 위한 교육을 한다. 우리는 측정할 수 있는 것을 믿는다. 문제는 잘못된 측정 도구를 선택했을 때 잘못된 행동을 하게 된다는 점이다.

굿하트의 법칙Goodhart's Law이 이를 설명한다. 경제학자 찰스 굿하트Charles Goodhart는 이렇게 말했다. "측정이 목표가 되면 잘 측정하지 못하게 된다."[9] 측정은 안내자로서 큰 그림에 맥락을 부여할 때만 유용하다. 여기에 사로잡혀서는 안 된다. 숫자 하나하나는 전체 시스템 속에서 피드백을 받은 낱낱의 조각들일 뿐이다.

데이터가 주도하는 세상에서 우리는 숫자를 과대평가하는 한편 수명이 짧고 소프트웨어적이고 수량화하기 어려운 것들의 가치를 폄하한다. 세상에는 측정 가능한 요소들만이 존재한다고 생각한다. 하지만 뭔가 측정할 수 있다고 해서 그것이 중요하다는 의미는 아니다.

정리하면 습관 추적은 적절한 방식으로 이뤄져야 한다. 습관을 기록하고 자신의 발전 상태를 추적하는 것이 만족스러울 수 있지만 측정만 중요한 것은 아니다. 발전 상태를 측정하는 많은 방법이 있고, 때로는 그것이 완전히 다른 뭔가로 우리의 시선을 돌릴 수도 있다.

'체중을 재지 않는 다이어트법'이 체중 감소에 효율적일 수 있는 이유가 여기에 있다. 저울 눈금이 바뀌지 않는데 숫자에만 집중한다면 다이어트의 동기가 무뎌질 것이다. 하지만 우리는 숫자 외에도 피부가 좀 더 좋아 보인다든지, 일찍 일어난다든지, 성욕이 올라갔다든지 등을 느낄 수도 있다. 이 모든 것이 자신의 발전상을 측정하는 유효한 방식들이다. 체중계 숫자가 동기를 자극하지 못한다면 다른 측정 수단을 살펴볼 때다. 발전의 신호를 더욱 잘 보내주는 것으로 찾아야 한다.

자신의 발전을 어떻게 측정하느냐는 중요하지 않다. 습관 추적은 우리의 습관을 더욱 만족스럽게 만들어주는 간단한 방법이다. 각각의 측정들은 우리가 올바른 방향으로 움직이고 있다는 걸 알려주는 자잘한 증거 조각들로, 어떤 일을 잘 완수해냈다는 즉시적 만족감을 안겨준다.

· summary ·

- 우리가 가장 큰 만족감을 느끼는 순간은 과정을 해내고 있다는 느낌을 받을 때다.
- 습관 추적은 우리가 습관을 이행했다는 걸 간단하게 측정할 수 있는 방법이다. 예를 들어 달력에 X 표시를 하는 것, 매일 걸음 수를 확인하는 것 등이 있다.
- 습관 추적이나 여러 시각적 측정 수단들은 어떤 일의 과정을 분명히 보여줌으로써 습관에 대한 만족감을 높인다.
- 실패의 연쇄 작용을 끊어라. 습관이 계속 작동하도록 노력하라.
- 두 번 거르지 마라. 하루 걸렀다면 가급적 빨리 궤도로 되돌아가라.

Chapter 17

누군가 당신을 지켜보고 있다

협상학의 대가 로저 피셔Roger Fisher는 제2차 세계대전에 조종사로 참전한 후 하버드 로스쿨에 입학했다. 이후 34년간 협상 및 갈등 관리 분야의 전문가로 활동하면서 하버드 협상 프로젝트Harvard Negotiation Project의 기반을 세웠고 평화 결의안, 인질 협상, 외교적 절충 등의 분야에서 수많은 국가 및 세계 지도자들과 함께 일했다. 하지만 1970년대와 1980년대에 핵전쟁 위협이 커지면서 그는 흥미로운 개념 하나를 생각해냈다.

피셔는 핵전쟁을 방지할 수 있는 전략들을 고안하다 문제가 되는 사실 하나를 알아차렸다. 현직 대통령은 수백만 명을 죽일 수 있는 암호를 개시하는 데 접근할 수 있는 권한을 가지고 있지만, 실제로 누군가가 죽는 것을 절대 보지 못한다는 사실이었다. 핵폭탄이 떨어져도 대통령은 늘 현장에서 수천 킬로미터 떨어진 곳에 있을 것이었다.

1981년에 그는 이렇게 썼다. "나는 무척 간단한 제안을 했다. 작은 캡슐 안에 (핵무기) 암호를 넣고 지원자의 심장 바로 옆에 그 캡슐을 박아 넣는 것이다. 지원자는 대통령과 늘 동행하며 크고 무거운 정육점 칼을 휴대한다. 대통령은 핵무기를 발사하려면 암호를 알아내기 위해 먼저 자신의 손으로 한 인간을 죽일 수밖에 없다. 그는 이렇게 말해야 할 것이다. '조지, 미안하지만 수천만 사람이 죽어야만 한다네.' 그는 지원자를 죽임으로써 죽음이 무엇인지 깨닫는다. 백악관 카펫에 피가 흘러내린다. 그가 초래할 수 있는 현실을 그의 집으로 가져온 것이다. 펜타곤에 있는 친구들에게 이 이야기를 했을 때 이런 말을 들었다.[1] '세상에, 끔찍하군. 그렇게 누군가를 죽여야 한다면 대통령의 판단이 흐려질 걸세. 절대 버튼을 누르지 못할 거야.'"

앞서 네 번째 행동 변화 법칙을 논의하면서 좋은 습관은 즉시적 만족을 주어야 한다고 말했다. 피셔의 제안은 이 네 번째 법칙을 뒤집은 것이다. '경험을 불만족스럽게 만들어라.'

어떤 경험이 만족스럽게 끝나면 그 경험은 훨씬 더 많이 반복된다. 반대로 고통스럽게 끝나면 사람들은 그 경험을 피하려고 할 것이다. 고통은 효율적인 스승이다. 실패가 고통스럽다면 이는 수정된다. 실패가 상대적으로 고통스럽지 않다면 무시된다.

실수가 즉각적이고 비용이 들수록 거기서 더 빨리 배울 수 있다. 배관공은 자기가 한 일에 대해 나쁜 평가를 받을까 봐 일을 잘하려고 한다. 식당은 고객이 다시 찾지 않을까 봐 좋은 음식을 내놓는다. 외과 의사는 다른 혈관을 건드렸을 때 치러야 할 대가 때문에 해부학을 완벽히 숙지하고 조심스럽게 수술을 집도한다. 결과가 가혹하면 빨리 배우기 마련이다. 어떤 행동에 따른 고통이 즉각적일수록 그 행동은 덜 하게 된다. 나쁜 습관, 건강하지 않은 습관을 버리고 싶다면 그 행동에 대한 즉각적인 대가를 치름으로써 그 일을 할 가능성을 줄이는 것이 가장 좋은 방법이다.

우리는 나쁜 습관을 반복한다. 나쁜 습관들은 그 나름의 효용이 있기 때문에 버리기 어렵다. 이를 극복하는 최선의 방법은 그 행동과 관련된 나쁜 대가를 치를 순간을 앞당기는 것이다. 즉, 행동과 결과 사이의 틈이 없도록 만든다.

행동의 결과가 즉각적으로 나타나면 행동은 변화하기 시작한다. 고객들은 연체료를 내기 싫어서 제때 청구서를 처리한다. 출석이 학점에 반영되면 학생들은 수업에 잘 들어간다. 우리는 즉시적인 고통을 피하기 위해 수많은 습관으로 뛰어든다.

물론 여기에도 한계는 있다. 행동을 변화시킬 때 처벌에 의존하면 처벌의 장점이 행동의 장점과 부합될 때만 그것을 올바로 하게 된다. 생산적인 생활을 하고 싶다면 미루기의 대가가 행동을 하는 데 따르는 대가보다 훨씬 커야만 한다. 건강하기 위해서는 게으른 생활의 대가가 운동을 하는 대가보다 훨씬 커야 한다. 식당에서 흡연하거나 재활용 규정을 어기면 벌금을 물리는 것처럼 말이다. 처벌에 따른 고통이 충분하고, 확실하게 강제적이어야만 행동은 변화한다.

일반적으로 결과가 국지적이고, 실재적이고, 견고하고, 즉각적일수록 개인의 행동에 영향을 더 많이 미친다. 반면에 결과가 광범위하고, 실재적이지 않고, 모호하고, 지연될수록 개인의 행동에 영향을 덜 미친다. 다행히도 나쁜 습관이라면 무엇이든 즉각적인 대가를 덧붙이는 간단한 방법이 있다. 습관 계약을 하는 것이다.

어떻게 안전벨트는 세계인의 습관이 됐을까

1984년 12월 1일 뉴욕에서 첫 번째 안전벨트 법안이 통과되었다.[2] 당시 미국에서 꾸준히 안전벨트를 착용하는 사람은 겨우 14퍼센트에 불과했다. 교통사고의 위험을 막고 국민들의 안전을 위해서는 사회 분위기가 변화해야 했다. 이후 5년 만에 미국 전역에서 반 이상의 주가 안전벨트 법안을 통과시켰다. 오늘날 안전벨트 착용은 50개 주 중 49개 주에서 법으로 의무화되어 있다.[3]

입법만이 아니라 안전벨트를 착용하는 사람들의 수 역시 극적으로 증가했다. 2016년에는 88퍼센트의 미국 국민이 차에 오를 때마다 안전벨트를 착용했다.[4] 30여 년 만에 수백만 명의 습관이 완전히 뒤바뀐 것이다.

법과 규제는 어떻게 정부가 사회적 계약을 만들어냄으로써 우리의 습관을 변화시킬 수 있는지 보여주는 사례다. 우리 사회에서는 특정한 규칙들을 지키는 데 집단적으로 동의하고 있다. 안전벨트 법안, 식당 내 금연 법안, 재활용 의무같이 새로 입법된 규칙들은 우리의 행동에 영향을 미치는데, 이는 우리의 습관을 형성하는 사회적 계약이라고 할 수 있다. 집단은 특정한 방식으로 법안에 동의하고, 개인은 그것을 따르지 않으면 처벌을 받는다.

이처럼 시민들이 책임을 다하도록 정부가 법을 이용하듯이, 우리 역시 스스로 책임감을 유지하기 위해 습관 계약을 맺을 수 있다. 습관 계약은 특정한 습관을 따르고, 그것을 따르지 않을 경우 벌을 받겠다는 취지를 구두나 서면으로 남기는 것이다. 그리고 그 계약을 승인해줄 책임 있는 파트너로 한두 사람을 찾아 함께 행동한다.

테네시 주 내슈빌에서 기업을 운영하는 브라이언 해리스Bryan Harris[5]는 내가 아는 사람들 중 이 전략을 행동으로 옮긴 첫 번째 사람이다. 그는 아들이 태어나고 얼마 안 되어 살을 빼야겠다고 생각했다. 곧 아내와 개인 트레이너와 함께 습관 계약서를 작성했다.

첫 번째 계약서는 이렇다. "2017년 1분기 브라이언의 목표는 제대로 된 음식을 먹는 것이다. 그러면 기분이 더 나아지고 외모도 좋아질 것이며, 체지방 10퍼센트 감량, 몸무게 90킬로그램이라는 장기간의 목적을 달성할 것이다."

이 계약서 아래에는 이상적인 결과를 얻기 위한 다음과 같은 지침이 쓰여 있다.

- 1단계: 1분기에는 엄격한 탄수화물 제한 다이어트법을 시행한다.
- 2단계: 2분기에는 다양한 영양소를 섭취하고 추적하는 프로

그램을 시작한다.

- 3단계: 3분기에는 세부적인 다이어트 방법과 운동 프로그램을 개선하고 유지한다.

마지막으로 그는 매일 먹은 음식과 몸무게를 기록해서 목표에 도달하는 과정을 추적하기로 했다. 만약에 실패한다면 자신이 받을 처벌들을 죽 적었다.

"브라이언이 이 두 가지 항목을 따르지 않는다면 그에 따른 결과는 다음과 같다. 남은 분기 동안 주중 매일 그리고 매주 일요일 오전에 옷을 차려입는다. 이 말인즉 브라이언이 좋아하는 청바지, 티셔츠, 후드 티셔츠나 반바지를 입지 못 한다는 것이다. 또한 음식 기록하는 걸 하루 빼먹으면 트레이너 조이에게 200달러를 지급한다."

계약서 맨 아래에는 해리스, 아내, 트레이너의 서명 날인을 했다. 처음 이걸 보고 나는 지나치게 격식을 차린 데다 불필요한 것들이 많다고 생각했다. 특히 서명 날인 같은 것이 그랬다. 하지만 해리스는 계약서에 한 서명은 이 계약이 진지하다는 느낌을 준다고 말했다. "내가 여기서 하나라도 빼먹으면 즉시 해이해질 테니까."

3개월 후 해리스는 1분기 목표를 달성했다. 그리고 목표를 높였다. 그에 따른 결과들 역시 확장되었다. 만일 탄수화물과 단백질 섭취에 대한 목표를 달성하지 못하면 그는 트레이너에게 돈을 줘야 했다. 그리고 감량에 실패하면 아내에게 500달러를 줘야 했다. 가장 고통스러울 것 같은 일은, 달리기를 빼먹으면 남은 분기 동안 매일 옷을 제대로 차려입고 일을 하러 가야 한다는 조항이었다.

그 전략은 잘 먹혔다. 아내와 트레이너가 책임감 있는 파트너로서 매일 해야 할 일을 명확하게 정리해주자 해리스는 정말로 감량에 성공했다.*

나쁜 습관의 결과를 불만족스럽게 만드는 최고의 방법은 그것을 하는 순간을 고통스럽게 만드는 것이다. 습관 계약서를 만드는 일은 바로 그 일을 정확히 규정하는 간단한 방법이다.

습관 계약서를 만들 생각이 없다고 하더라도 책임 있는 파트너가 있으면 좋다. 코미디언 마거릿 조Margaret Cho는 매일 농담 한 구절이나 노래 한 구절을 기록했다. 그녀는 이 '하루 한 곡' 프로젝트를 친구와 함께했는데,[6] 이는 두 사람 모두에게 책임감을 유지하게 해주었다.

누군가가 지켜보고 있다는 건 강력한 동기가 될 수 있다. 덜 미루고 덜 포기하게 된다. 이는 즉각적인 대가이기 때문이다. 계약을 따르지 않으면 친구들은 당신을 신뢰할 수 없다거나 게으른 사람으로 여길 것이다. 스스로 한 약속을 지키지 못하는 것뿐만 아니라 다른 사람들과 한 약속도 지키지 못하는 것이다.

또한 이런 과정은 자동화할 수도 있다. 콜로라도 주 볼더에서 기업을 운영하는 토머스 프랭크Thomas Frank[7]는 매일 아침 5시 55분에 일어난다. 그렇게 하지 못한 날이면 그는 자동적으로 트위터에 이렇게 올

---

* 브라이언 해리스가 쓴 실제 습관 계약서 및 견본은 atomichabits.com/contract에서 볼 수 있다.

린다.

"지금은 6시 10분입니다. 제시간에 못 일어났어요. 제가 게을러서죠! 알람이 제대로 울리지 않은 것 같은데 여기에 답변을 해주시는 다섯 분께 페이팔로 5달러를 보내드릴게요."

우리는 늘 세상을 향해 가장 좋은 모습을 보이려고 애쓴다. 머리를 빗고 이를 닦고 신중하게 옷을 골라 입는다. 이런 습관들이 사람들의 긍정적인 반응을 이끌어낸다는 걸 알기 때문이다. 뛰어난 성적을 얻고 좋은 학교를 졸업하고 싶어 하는 것은 잠재적 고용주들과 동료, 친구, 가족에게 좋은 인상을 주고 싶어서다. 우리는 주변 사람들의 의견에 신경 쓴다. 다른 사람이 어떻게 생각하는지 알면 그에 맞춰 현명하게 행동할 수 있기 때문이다. 그래서 만약 지키고 싶은 습관이 있다면 파트너와 함께하거나 습관 계약서를 쓰는 것이 큰 도움이 된다.

· summary ·

- 네 번째 행동 변화 법칙은 '불만족스럽게 만들어라'다.
- 나쁜 습관의 경험이 고통스럽거나 불만족스럽다면 덜 반복하게 된다.
- 습관 계약은 어떤 행동에 사회적 대가를 치르게 하는 방식이다. 약속을 어겼을 때 그 대가는 공적이고, 고통을 주는 것이어야 한다.
- 누군가가 자신을 지켜보는 것은 강한 동기가 될 수 있다.

• 좋은 습관을 만드는 법 •

첫 번째 법칙 ◦ 분명하게 만들어라

1	습관 점수표를 활용하라. 현재 습관을 써보고 그것들을 인식하라.
2	실행 의도를 이용하라. '나는 [언제] [어디서] [어떤 행동]을 할 것이다.'
3	습관 쌓기를 이용하라. '[현재의 습관]을 하고 나서 [새로운 습관]을 할 것이다.'
4	환경을 디자인하라. 좋은 습관의 신호를 분명하게, 눈에 보이게 만들어라.

두 번째 법칙 ◦ 매력적으로 만들어라

1	유혹 묶기를 이용하라. '하고 싶은 행동'을 '해야 하는 행동'과 짝지어라.
2	당신이 원하는 행동이 일반적인 집단에 들어가라.
3	동기부여 의식을 만들어라. 어려운 습관을 행동으로 옮기기 직전에 좋아하는 뭔가를 하라.

세 번째 법칙 ◦ 하기 쉽게 만들어라

1	마찰을 줄여라. 당신과 좋은 습관 사이의 단계들을 줄여라.
2	환경을 갖춰라. 좋은 습관이 더 일어나기 쉽게 환경을 준비하라.
3	결정적 순간을 완전히 체득하라. 거대한 영향을 가져올 작은 선택들을 강화하라.
4	2분 규칙을 이용하라. 2분 또는 그 이하로 실행할 수 있을 때까지 습관을 축소하라.
5	습관을 자동화하라. 미래 행동을 이끌어내는 기술과 장치에 투자하라.

네 번째 법칙 ◦ 만족스럽게 만들어라

1	강화 요인을 이용하라. 습관을 완수하면 즉시 스스로 보상하라.
2	'아무것도 하지 않는 것'을 즐겨라. 나쁜 습관을 피할 수 있는 방법을 고안하라.
3	습관 추적을 하라. 습관 추적을 계속하고 흐름을 깨뜨리지 마라.
4	두 번 거르지 마라. 한 번 걸렀을 때 즉시 궤도로 돌아가라.

• 나쁜 습관을 버리는 법 •

첫 번째 법칙 ◦ 보이지 않게 만들어라

1 신호에 노출되는 횟수를 줄여라. 주변 환경에서 나쁜 습관을 유발하는 신호를 제거하라.

두 번째 법칙 ◦ 매력적이지 않게 만들어라

1 마인드세트를 재구축하라. 나쁜 습관을 피했을 때 얻을 이득에 초점을 맞춰라.

세 번째 법칙 ◦ 하기 어렵게 만들어라

1 마찰을 증가시켜라. 당신과 나쁜 습관 사이의 단계들을 늘려라.

2 이행 장치를 이용하라. 당신에게 이득이 될 습관으로 미래 선택들을 제한하라.

네 번째 법칙 ◦ 불만족스러운 것으로 만들어라

1 책임감 있는 파트너를 찾아라. 누군가에게 당신의 행동을 감시해달라고 부탁하라.

2 습관 계약을 하라. 나쁜 습관의 대가를 공적이고 고통스러운 것으로 만들어라.

Part 6

최고의 습관은 어떻게 만들어지는가

습관에도 적성이 있다

마이클 펠프스는 역사상 가장 위대한 운동선수로 널리 인정받고 대중적으로도 친숙한 인물이다. 그는 수영 종목에서뿐만 아니라 다른 종목과 비교해도 어떤 올림픽 메달리스트보다 더 많이 메달을 목에 걸었다.[1]

반면에 육상 선수인 히샴 엘 게루주[2]는 많이 알려져 있지 않다. 하지만 그는 그의 종목에서 엄청난 선수였다. 모로코 육상 선수인 그는 두 개의 올림픽 금메달을 따냈고, 전 시대를 통틀어 가장 위대한 중거리 육상 선수로 꼽힌다. 그는 1,500미터, 1,600미터, 2,000미터 종목에서 오랫동안 세계 신기록을 보유했다. 2004년 그리스 아테네 올림픽에서는 1,500미터와 5,000미터에서 금메달을 땄다.

두 선수는 많은 점에서 무척이나 다르다. 먼저 한 사람은 땅에서 경기하고 한 사람은 물에서 경기한다. 하지만 가장 주목할 점은 두 사람의 키가 크게 차이가 난다는 점이다.[3] 엘 게루주는 175.3센티미터였고, 펠프스는 193.1센티미터였다. 키가 약 20센티미터 차이가 나는데도, 두 사람은 한 가지 부분이 똑같았다. 솔기 길이가 같은 바지를 입은 것이다.[4]

어떻게 이런 일이 있을 수 있을까? 펠프스는 키에 비해 상대적으로 다리가 짧고 몸통이 무척 길어 수영에 최적화된 체형이었다. 엘 게루주는 비정상적으로 긴 다리에 상체가 짧았는데, 이는 장거리 달리기에 이상적인 몸매였다.

그런데 이런 세계적인 선수들이 서로 종목을 바꿨다고 생각해보자. 아무리 뛰어난 운동선수의 자질이 있고 충분히 훈련받았다고 해도, 마이클 펠프스가 올림픽 출전 기량을 가진 장거리 육상 선수가 될 수 있었을까? 그렇지 않을 것이다. 신체 기량이 최고였어도 펠프스는 몸무게가 88킬로그램으로, 63킬로그램인 엘 게루주보다 25킬로그램 더 무거웠다. 키가 크면 무게가 더 나가는데, 장거리 달리기를 할 때 다른 선수보다 무게가 더 나간다는 것은 저주나 다름없다. 엘리트 스포츠 선수가 되기는커녕 펠프스는 시작부터 불행한 결말을 안고 뛰어야 했을 것이다.

마찬가지로, 엘 게루주는 역사상 가장 위대한 육상 선수에 꼽히지만 그 역시 수영 선수였다면 올림픽에 출전하지는 못했을 것이다. 1976년 이후 올림픽 남자 육상 1,500미터 종목에서 금메달리스트들의 평균 키는 177.8센티미터였다.[5] 이에 비해 올림픽 남자 수영 100미터 자유형 종목 금메달리스트들의 평균 키는 193.1센티미터다.[6] 수영 선수들은 키가 크고 등과 팔이 길어야 물을 밀어내며 나아가기가 좋다. 아마 엘 게루주는 다른 선수들보다 더 빨리 수영장 결승선을 터치하지는 못했을 것이다.

성공 가능성을 극대화하는 비결은 경쟁할 분야를 제대로 선택하는 것이다. 그리고 스포츠든 비즈니스든 분야에 최적화된 습관이 존재한다. 우리의 태생적 성향과 능력이 어떤 습관과 일치할 때, 우리는 더 수월하게 그 일을 해낼 수 있고 만족감도 커서 그 일을 계속하게 된다. 마이클 펠프스가 수영장에 있고, 엘 게루주가 육상 트랙에 있듯이 우리 역시 자신에게 유리한 게임을 하고 싶어 한다.

이런 전략은 사람들이 어머니 배 속에서부터 각기 다른 재능을 타고난다는 간단한 진실을 받아들이는 것을 전제한다. 어떤 이들은 이 사실을 논의하고 싶어 하지 않는다. 우리가 고정불변의 유전자에 따라 움직이는 것처럼 보이고, 자신이 통제할 수 없는 것에 대해 말하는 게 썩 유쾌하지 않기 때문이다. 게다가 이런 논의는 유전자 결정론처럼 개인의 성공과 실패가 이미 결정되어 있고 타고난다는 것처럼 들린다. 하지만 이는 행동과 유전자의 영향에 대한 근시안적인 견해일 뿐이다.

유전자의 강점은 또한 유전자의 약점이기도 하다. 유전자는 쉽게 변화시킬 수 없는 것으로 자신에게 친화적인 환경에서는 강력한 이점을 제공하지만, 비친화적인 환경에서는 심각한 결함으로 작용하기도 한다. 농구에서 덩크슛을 하고 싶다면 키가 210센티미터는 돼야 유리하다. 그러나 체조 동작을 해야 할 때 210센티미터의 키는 엄청난 걸림돌이 된다. 유전자가 우리가 놓인 환경에 적합해야 하고, 타고난 재능을 사용할 수 있어야 한다. 따라서 환경이 바뀌면 성공을 결정짓는 자질들도 변화한다.

이 사실은 신체적 능력만이 아니라 정신적 능력에도 마찬가지로 적용된다. 만일 누군가 내게 습관과 인간 행위에 대해 질문한다면 나는 무척 잘 설명할 수 있을 것이다. 하지만 뜨개질, 로켓 추진기 개발, 기타 연주 방법을 묻는다면 나는 대답할 수 없을 것이다. 능력은 맥락에 크게 의존한다.

어떤 분야든 최고 자리에 있는 사람들은 단지 잘 훈련받은 것만이 아니라 그 일에 매우 적합한 조건을 갖고 있다. 이 때문에 자신이 집중할 자리를 제대로 고르는 것은 정말이지 중요한 일이다.

내과 의사 거버 메이트Gabor Mate는 이렇게 썼다. "유전자는 어떤 성향을 갖게 만들기는 하지만 미리 결정하지는 않는다."[7] 따라서 유전적으로 성향이 맞는 분야는 습관을 쉽게 만들 수 있다. 중요한 점은 자신의 열정을 깨우고 타고난 능력에 부합하는 곳에서 노력하는 것, 자신의 능력이 발휘될 만한 곳에서 야심을 불태워야 한다는 것이다.

해야 할 질문은 분명하다. '어떻게 내가 잘하는 분야를 알아낼까? 내게 맞는 기회와 습관이 무엇인지 알 수 있을까?' 이 질문에 대한 답은 먼저 자신의 성격을 이해하는 데서 출발해야 한다.

나에게 딱 맞는 습관은 따로 있다

모든 습관에는 그 기저에 유전자가 작동하고 있다. 행동 역시 마찬가지다. 우리가 텔레비전을 보는 시간에서부터 결혼이나 이혼 가능성, 약물이나 알코올, 니코틴 중독 성향에 이르기까지 유전자는 모든 일에 영향을 미치는 것으로 보인다.[8]

특히 권위에 직면했을 때 복종하거나 반발하는 방식, 스트레스 상황을 자발적으로 받아들이거나 저항하는 방식, 짜증을 내거나 반응하는 방식, 콘서트장 같은 곳처럼 감각적 경험을 느낄 때 매혹되거나 지루해하는 방식은 유전적 요소가 강하게 작용하는 곳이다.[9]

런던 킹스칼리지의 행동유전학자 로버트 플로민Robert Plomin[10]은 내게 이렇게 말했다. "우리가 지닌 특성이 유전적 요소의 영향을 받는지 아닌지 알아보는 실험들은 이제 그만둬야 합니다. 유전자에 영향을 받지 않는 단일한 요소는 찾을 수 없기 때문입니다."

우리가 지닌 고유의 유전적 요소들은 함께 묶여서 우리의 특정한 성격을 만들어낸다. 우리의 성격은 몇 가지 특성들로 이뤄지며 이는 상황마다 지속적으로 나타난다. 성격에 관해 가장 입증된 과학적 분석은 '빅 파이브'Big Five로, 행동을 다섯 가지 스펙트럼으로 분류한 것이다.

1. 경험에 대한 개방성: 호기심 많고 창의적인 것에서 신중하고 일관된 것까지.

2. 성실성: 조직적이고 효율적인 것에서 느긋하고 즉흥적인 것까지.
3. 외향성: 사교적이고 활동적인 것에서 고독하고 내성적인 것까지(흔히 외향적 vs. 내향적으로 알려져 있다).
4. 친화성: 친절하고 다정한 것에서 도전적이고 무심한 것까지.
5. 신경증: 성마르고 예민한 것에서 자신감 있고 안정적인 것까지.

이 다섯 가지 성격들은 모두 생물학적 특성에 토대를 두고 있다. 예를 들어 외향성은 태어날 때부터 볼 수 있다. 과학자들이 신생아 병동에 큰 음향을 틀어놓으면 어떤 아이들은 그쪽을 향해 몸을 돌리지만 어떤 아이들은 등을 돌린다. 이 아이들의 인생을 추적 조사하자, 소음 쪽으로 몸을 돌린 아이들은 외향적으로 자라나는 경향이 컸고, 등을 돌린 아이들은 내성적으로 자라는 경향이 컸다.[11]

친화력이 있는 사람들[12]은 친절하고 배려심이 있으며 온화하다. 이들은 태생적으로 옥시토신 수준이 높은 경향이 있는데[13] 이 호르몬은 사회적 유대를 맺는 데 중요한 역할을 한다. 신뢰의 감정을 증진시키고, 자연적인 항우울제로 기능한다. 옥시토신 수치가 높은 사람은 감사 메모를 쓰거나 사교 행위들을 조직하는 것 같은 일에서 확실히 두각을 드러낸다.

신경증은 정도만 다를 뿐 모든 사람들이 이 특성을 가지고 있다. 신경증 성향이 높은 사람은 다른 사람보다 화를 잘 내고 걱정이 많다. 이 특성은 뇌 속 편도체의 과민성과 관계가 있는데,[14] 이 부분은 위협 감지를 담당한다. 다시 말해 자신이 처한 환경에서 부정적인 신호들에 민감할수록 신경증적 성향이 더욱 커진다.

습관은 성격 하나만으로 결정되지는 않지만 유전자가 우리를 특정한 방향으로 몰고 간다는 사실에는 의심의 여지가 없다. 내 안에 깊이 뿌리 박혀 있는 선호도에 따라 어떤 행동을 남들보다 더 쉽게 할 수 있는 것이다.[15] 이런 차이에 대해 유감스러워하거나 자책해서는 안 된다. 그것들과 함께 살아나가야 한다. 예를 들어 성실성 지수가 낮은 사람은 태생적으로 정리 정돈은 잘 못하는 경향이 있다. 이들은 좋은 습관을 유지하려면 설계된 환경에 훨씬 더 크게 기대야만 한다.

따라서 우리는 자신의 성격에 부합하는 습관들을 세워야 한다.* 보디빌더처럼 운동을 열심히 할 수도 있지만 당신이 암벽 오르기나 사이클링 또는 조정을 선호하면 이와 유사한 운동 습관을 형성해야 한다. 친구가 저탄수화물 다이어트를 하고 있는데,[16] 그 방법이 당신에게 잘 맞는다는 것을 알았다면 더욱 강력한 효과를 볼 수 있을 것이다. 책을 더 많이 읽고 싶다면 혹시 논픽션보다 끈적끈적한 로맨스 소설이 취향에 더 맞는다는 걸 알게 되어도 당황하지 마라. 뭐든 당신이 끌리는 것을 읽어라(계속 《해리 포터》만 읽고 싶을 때 나 역시 그렇게 했다). 모두가 해야 한다고 말하는 습관을 세울 필요는 없다. 자신에게 가장 잘 맞는 습관을 골라라. 가장 대중적인 습관을 고르지 않

* 성격 검사에 흥미가 있다면 atomichabits.com/personality에 가장 믿을 만한 테스트를 링크해두었으니 참고하기 바란다.

아도 된다.

어떤 습관이든 당신이 즐겁고 만족스러운 형태가 있다. 그것을 찾아라. 그 습관을 계속 유지하려면 즐거워야 한다. 이것이 네 번째 법칙 뒤에 있는 핵심 개념이다.

습관을 당신의 성격에 맞춰 조정하는 것은 좋은 시작이다. 하지만 이것이 이야기의 끝은 아니다. 자, 이제 우리에게 잘 맞는 상황을 찾고 그것을 이용하는 쪽으로 주의를 돌려보자.

잘하는 일과 좋아하는 일 사이

자신이 잘할 만한 게임을 배우는 것은 동기를 유지하고 성취감을 느끼게 해준다. 이론상 우리는 대개 어떤 것이든 즐길 수 있다. 하지만 사실은 자신에게 쉽게 다가오는 것들을 더 즐기기 마련이다. 특정 분야에 재능이 있는 사람들은 그 일에 더욱 능숙해지고, 그 일을 잘 해낸다는 칭찬을 받는다. 다른 사람이 실패했던 과정을 성공으로 바꿔나가고 있고, 더 많은 돈과 더 큰 기회라는 보상을 받음으로써 이들은 계속 힘을 낸다. 이런 보상들은 그들을 행복하게 해줄 뿐만 아니라 그 일을 훨씬 더 잘 해내도록 이끈다. 선순환이 이뤄지는 것이다.

자신에게 맞는 습관을 선택하라. 그러면 그 과정이 쉬워진다. 자신에게 맞지 않는 습관을 선택하면 인생이 힘겨워진다.

그러면 자신에게 맞는 습관은 어떻게 선택할까? 첫 단계는 세 번째 법칙 '쉽게 만들어라'에서 다뤘던 것이다. 많은 경우 잘못된 습관을 선택했다는 말은, 너무 어려운 습관을 골랐다는 말이다. 실행하기 쉬운 습관이라면 그 습관을 성공적으로 유지할 수 있다. 습관을 유지하는 데 성공하면 훨씬 더 만족하게 된다.

하지만 다른 수준도 고려해야 한다. 장기적으로 볼 때 계속 발전하고 성장해나가고 있지만 언제 어디서든 도전의 순간이 올 수 있다. 언제고 우리는 자신이 가진 능력에 맞게 올바른 게임을 하고 있다는 것을 확신해야 한다. 그것을 어떻게 알까?

가장 일반적인 접근법은 시행착오다. 물론 이 전략에도 문제는 있다. 인생이 짧기 때문이다. 모든 일을 다 해볼 시간이 없다. 멋진 싱글남 모두와 데이트를 할 수도 없고, 모든 악기를 다 연습해볼 수도 없다. 다행스럽게도 이 문제를 다루는 효율적인 방법이 있다. '탐색/이용 균형'explore/exploit trade-off이라는 것이다.[17]

새로운 활동을 시작하면 탐색 기간을 거치게 된다. 남녀 관계라면 데이트를 하고, 대학에 입학했다면 교양 수업을 듣는다. 사업을 시작했다면 스플리트 테스트Split Test('A/B 테스트'라고도 하는 것으로, 선호도 조사를 말한다)를 한다. 목표는 다양한 가능성들을 시험해보고, 광범위한 아이디어들을 탐색하고, 폭넓게 고려하는 것이다.

이 초기 탐색 기간을 거치고 나면 우리는 이미 찾아낸 최선의 해결책으로 관심을 전환한다. 하지만 계속해서 이따금 실험을 한다. 적절한 균형점은 우리가 승자가 될지, 패자가 될지에 달려 있다. 현재 승자인 상태라면 우리는 이용하고, 이용하고, 또 이용할 것이다. 하지만 현재 패자인 상태라면 계속 탐색하고, 탐색하고, 또 탐색할 것이다.

시간의 80~90퍼센트가량을 최선의 결과를 내는 데 할애하고, 남은 10~20퍼센트의 시간을 탐색하는 데 쓰는 것은 장기적으로 가장 효율적인 전략이다. 구글의 직원들은 주중 근무 시간의 80퍼센트를 공식적으로 부과된 일에 쓰고, 나머지 20퍼센트는 각자가 선택한 프로젝트에 쓴다.[18] 이런 방식은 애드워크ADWork나 지메일Gmail 같은 히트 상품을 만들어내는 데 일조했다.

무엇이 자신에게 잘 맞는지 알 수 있는 또 다른 방법은 자신이 그 일에 얼마나 시간을 쓰고 있는지를 보면 된다. 처음 일을 시작했을 때처럼 거기에 많은 시간을 쓰고 있다면 탐색할 만한 것이다. 반면에 어떤 프로젝트를 할 때 마감 시간에 쫓기고 있다면 최대한 좋은 해결책을 시행하고 약간의 결과를 얻어내야만 한다.

이렇게 각기 다른 선택지들을 탐색하면서, 우리는 가장 큰 만족감을 줄 만한 습관과 영역의 범위를 계속해서 좁혀나가기 위해 다음과 같은 질문을 해봐야 한다.

질문 1. 무엇을 하면 재밌을까? 다른 사람들에게도 재밌을까?

어떤 일이 맞는다는 건 내가 그 일을 좋아하느냐 아니냐에 달려 있지 않다. 그 일에 따르는 고난을 다른 사람들보다 쉽게 다룰 수 있느냐에 달려 있다. 다른 사람들이 불평을 하는 동안 나는 그 일을 즐기고 있는가? 어떤 일이 나는 덜 힘들다면, 그곳이 향해야 할 곳이다.

질문 2. 무엇이 시간 가는 걸 잊게 하는가?

몰입은 어떤 일에 집중했을 때 돌입하게 되는 정신적 상태로,[19] 이 상태에 들어가면 나머지 세계는 희미하게 사라져버린다. 행복감을 느낌과 동시에 최상의 성과를 내는 상태로, 운동선수나 공연자들은 이를 '존'zone에 들어갔다고 말한다. 몰입 상태를 경험하지 못하면 어느 정도 수준에서는 그 일에 대한 최소한의 만족감도 얻지 못한다.

질문 3. 다른 사람들보다 내게 더 많은 보상을 돌려주는 것은 무엇인가?

우리는 지속적으로 자신을 주변 사람들과 비교한다. 그리고 어떤 행동을 했는데 그 비교가 구미에 맞을 때 더욱 만족하는 경향이 있다. 나는 블로그에 글을 쓰기 시작하고 나서 구독자 수가 무척이나 빠르게 늘어났다. 스스로 잘하고 있는지 확신하지 못했는데, 대학 동료 몇몇보다 구독자 수가 더 빠르게 증가하고 있다는 것을 알게 되자 계속 글을 쓸 동기가 생겼다.

질문 4. 무슨 일이 자연스럽게 다가오는가?

잠시 그동안 배운 것을 무시하라. 사회가 우리에게 말해준 것을 무시하라. 다른 사람들이 우리에게 기대하는 것을 무시하라. 그리고 내면을 향해 물어보자. '내게 무엇이 자연스럽게 느껴지는가? 언제 살아 있음을 느끼는가? 진짜 내 모습은 어떤 것이라고 느끼는가?' 마음속으로 판단하거나 사람들의 비위를 맞추려고 하지 마라. 결정을 추측하지 말고, 자기비판을 하지도 마라. 자신을 이끄는 것, 즐거운 것을 그저 느껴라. 믿음과 자신감이 일어나고 있다면 올바른 방향으로 가고 있는 것이다.

솔직하게 말해서 여기의 일부 과정은 그저 운이다. 마이클 펠프스와 히샴 엘 게루주는 사회가 높은 가치를 두고 있는 자질들을 타고난 극소수의 사람들이다. 게다가 각자의 재능에 걸맞은 이상적인 환경에 놓였던 행운아들이다. 우리는 모두 이 지구상에서 제한된 시간을 살아가고 있으며, 일부만이 단지 열심히 일할 뿐만 아니라 자신에게 적합한 기회들에 노출되는 행운을 가지고 위대한 성과를 낸다.

하지만 운에만 맡기고 싶지 않다면 어떨까? 혹시 자신이 잘할 만한 게임을 찾을 수 없다면, 만들면 된다. 《딜버트》를 그린 스콧 애덤스는 이렇게 말했다. "모두가 최소한 어떤 노력을 했을 때 자신이 상위 25퍼센트가 될 수 있는 영역 몇 가지를 가지고 있다.[20] 나는 대부분의 사람들보다 그림을 잘 그렸지만 순수예술을 하기는 힘들었다. 또 대단찮은 보통의 스탠드업 코미디언들보다 재미있지는 않지만 대부분의 사람들보다 웃겼다. 그림을 잘 그리는데 유머까지 쓸 수 있다는 것이 나의 가장 큰 장점이었다. 두 가지의 조합이 내가 극히 드문 일을 할 수 있게 만들어주었다."

더 나아지는 것만으로는 승자가 될 수 없을 때, 달라짐으로써 승자가 될 수 있다. 자신이 가진 기술들을 조합하면 경쟁 수준을 낮추고 두각을 드러내기가 더 쉬워진다. 규칙을 다시 씀으로써 유전적 이점 혹은 수년간의 연습이 필요한 일을 손쉽게 손에 넣을 수 있는 것이다.

좋은 선수는 모두가 하는 게임에서 이기기 위해 노력한다. 위대한 선수는 자신의 강점이 잘 발휘되고 단점을 피할 수 있는 새로운 게임을 만들어낸다.

대학에서 나는 스스로 물리학, 화학, 생물학, 해부학을 조합해 나만의 생물역학 전공을 고안해냈다. 나는 최고의 물리학자들이나 주류 생물학자들 사이에서 두각을 드러낼 만큼 영리하지 않았지만 나 자신의 게임을 만든 것이다. 좋아하는 과목 외에는 관심이 없던 내게 이것이 적합했기 때문인데 그렇게 공부하자 덜 지루했다. 무엇보다 아무도 이와 같은 조합으로 수업을 듣지는 않았기에 누가 더 잘하는지 못하는지 말할 수가 없었다.

'특화'specialization는 나쁜 유전자들의 습격을 극복하는 강력한 방법이다. 특정한 기술을 더 잘 습득할수록 다른 사람들이 당신과 경쟁하기는 더욱 어려워진다. 대개 보디빌더들은 팔씨름 선수들보다 강하지만 팔씨름 대회에서는 그들을 이기지 못한다. 팔씨름 챔피언은 그 종목에 특화된 강점을 가지고 있기 때문이다. 우리들 대부분이 재능을 타고나지 못했다 할지라도 범위를 많이 좁히면 그 분야에서 최고가 될 수 있다.

끓는 물은 감자를 무르게 만들지만 달걀은 단단하게 만든다. 우리는 자신이 감자인지 달걀인지 결정할 수 없지만, 더 단단해지는 게 나은 게임과 더 물러지는 게 나은 게임 중 어느 쪽을 선택할 것인지 결정할 수는 있다. 자신에게 더 친화적인 환경을 찾을 수 있다면 자신과 맞지 않는 환경을 친화적인 환경으로 변형시킬 수도 있다.

유전자, 바꿀 수 없다면 이용하라

유전자가 이토록 많은 부분을 결정짓는다면 혹시 노력은 소용없는 것이 아닐까? 그렇지 않다. 오히려 유전자는 노력을 명확하게 만들어 준다. 유전자는 우리가 무엇에 애를 써야 하는지 알려준다. 자신의 강점을 깨달으면 어디에 시간과 에너지를 써야 할지 알게 된다. 어떤 기회를 찾아야 하는지, 어떤 종류의 도전을 피해야 하는지 알게 된다. 자신의 본성을 더 잘 이해할수록 전략도 더 나아질 수 있다.

생물학적 차이는 중요하다. 하지만 그렇다 해도 자신을 다른 사람들과 비교하는 것보다는 자기 고유의 잠재력을 실현하는 데 집중하는 것이 훨씬 생산적이다. 어떤 특정한 능력에서 자신의 가능성을 발휘할 수 없는 태생적 한계가 있다는 것은 사실이다. 어떤 사람은 자신의 한계에 사로잡힌 나머지 노력을 거의 하지 않기도 한다.

그러나 노력하지 않는데 유전자가 성공을 가져다줄 순 없다. 체육관에 있는 근육질 트레이너가 유전자는 더 우수할 가능성이 있다. 하지만 당신이 그와 똑같은 횟수로 운동하지 않는다면 당신이 유전자의 축복을 더 많이 받고 있거나 덜 받고 있다고 말할 수 없다. 당신이 대단하다고 여기는 사람들만큼 열심히 일해보기 전까지는 그들의 성공이 행운 덕분이라고 말하지 마라.

장기적으로 만족스러운 습관을 들이고 싶다면 자신의 성격과 재능에 일치하는 습관을 선택하는 것이 최선의 방법이다. 자신에게 자연스럽게 다가오는 것들에 노력을 쏟아라.

· summary ·

- 성공 가능성을 극대화하는 비결은 경쟁할 분야를 제대로 선택하는 것이다.
- 자신에게 맞는 습관을 선택해야 그것을 쌓는 과정이 쉬워진다. 자신에게 맞지 않는 습관을 선택하면 삶이 고달파진다.
- 유전자는 쉽게 변하는 것이 아니다. 이 말은 유전자가 친화적인 환경에 놓이면 강력한 이점이 되지만 그렇지 않은 환경에서는 심각한 결함으로 작용한다는 것이다.
- 우리가 타고난 재능과 부합하는 행동이 습관으로 구축하기 쉽다. 자신에게 가장 잘 맞는 습관들을 선택하라.
- 자신의 강점이 잘 발휘될 게임을 선택하라. 그런 게임을 찾을 수 없다면 스스로 만들어라.
- 유전자는 노력할 필요성까지 없애지는 않는다. 오히려 유전자는 노력을 명확하게 해준다. 그리고 우리가 어떤 일에 노력을 쏟아야 하는지 알려준다.

계속 해내는 힘은 어디서 오는가

1955년 디즈니랜드가 캘리포니아 애너하임에 막 개장했을 때 한 소년이 이곳에 일자리를 구하러 왔다. 소년은 열 살이었고 당시는 고용 노동법이 느슨했던 때였다. 소년은 가까스로 여행 가이드 책을 판매하는 일을 하게 되었다. 한 권을 팔면 50센트가 그의 손에 쥐어졌다.

1년 만에 소년은 디즈니의 매직 숍으로 일자리를 옮겼고 그곳에서 나이 든 직원들에게 갖가지 마술을 배웠다. 그리고 공연 때 분위기를 돋우기 위해 방문객들에게 농담을 건네는 등 간단한 일들을 하기 시작했다. 곧 소년은 자신이 마술 공연보다는 코미디 공연을 좋아한다는 걸 알게 되었고, 코미디언이 되기로 했다.

소년은 로스앤젤레스의 작은 클럽에서 공연을 시작하며 10대 초반을 보냈다. 관객은 적고, 공연은 짧았다. 5분 이상 무대 위에 있는 경우는 거의 없었다. 사람들 대부분은 술을 마시거나 친구와 수다를 떠느라 공연에 눈길을 줄 여력이 없었다. 어느 날 밤에는 텅 빈 공연장에서 스탠드업 코미디 공연을 하기도 했다.

화려한 일은 아니었지만 확실히 그는 점점 더 능숙해지고 있었다. 처음에 했던 공연 레퍼토리들은 2분짜리거나 틈새 공연이었다. 그는 고등학생이 될 때까지 공연 소재를 늘려나갔고, 그중에는 5분짜리들도 있었다. 몇 년이 지나자 10분짜리 공연도 만들었다. 열아홉 살이 되었을 때는 매주 1회에 20분짜리 공연을 했다. 때로는 공연 시간을 늘리기 위해 시 세 편을 읽은 적도 있었지만, 그런 과정을 거치면서 점점 더 발전했다.

그 후로도 끊임없이 실험하고, 적용하고, 연습하면서 10년이 흘렀다. 그는 텔레비전 극본가 자리를 구했고 점차 TV 토크쇼에 모습을 드러내기 시작했다. 1970년대 중반에는 〈투나잇 쇼〉와 〈새터데이 나이트 라이브〉에 고정 게스트로 출연하기에 이르렀다.

그렇게 15년을 노력한 끝에 그는 명성을 얻었다. 60일간 60개 도시를 순회 공연했으며 80일간 72개 도시를, 90일간 85개 도시를 돌았다. 오하이오에서는 1만 8,695명이 그의 공연을 보러 왔다. 뉴욕에서 열린 사흘간의 공연에서는 4만 5,000장의 티켓이 팔렸다. 그는 자기 분야에서 최고의 자리에 올랐고 당대 가장 성공한 코미디언이 되었다.[1] 그의 이름은 스티브 마틴Steve Martin이다.

마틴의 이야기는 어떤 일을 오랜 기간 꾸준히 했을 때 무슨 일이 일어나는지에 대해 아주 중요한 관점을 제공한다. 코미디는 내성적인 사람에겐 맞지 않다. 무대 위에서 홀로 공연하면서 웃음 한 자락을 끌어내는 데 실패하는 것보다, 자신을 지켜보는 수많은 사람들 속에서 공포의 습격을 받을 상황을 상상하는 것이 훨씬 힘든 일이다. 마틴은 18년간 매주 이런 공포에 직면했다. 그의 말에 따르면 "10년은 배우면서 보냈고, 4년은 배운 것을 수련하며 보냈고, 다음 4년은 엄청난 성공을 누렸다."[2]

우리 대부분이 동기를 계속 유지하는 것조차 힘들어하는데 마틴 같은 사람들은 어떻게 계속 자신의 습관을 유지해나갈 수 있었던 걸까? 유머를 연습하든, 만화를 그리든, 기타를 연주하든 어떻게 해야 습관을 잃지 않고 계속해서 할 수 있을까?

과학자들은 수년간 이 문제를 연구하고 있는데 지금까지 많은 것이 밝혀졌지만 그중에서도 지속적으로 확인되는 내용 하나가 있다. 바로 동기를 유지하고 욕망을 최고로 달성하는 방법은 '관리 가능한 수준의 어려운' 일[3]을 하는 것이라는 사실이다.

인간의 뇌는 도전을 사랑한다. 단, 어려움에 대해 최상의 '존' 상태에 있을 때 그렇다. 예를 들어 당신이 테니스를 좋아하는데, 네 살짜리와 진지한 경기를 한다면 곧 테니스가 지겨워질 것이다. 경기는 엄청 쉽고 당신이 계속 득점할 것이기 때문이다. 반대로 로저 페더러나 세레나 윌리엄스 같은 프로 테니스 선수와 경기한다면 빠르게 동기를 잃을 것이다. 경기가 너무 어렵기 때문이다.

이제 자신과 비슷한 수준의 사람과 테니스 경기를 한다고 생각해보자. 경기가 진행되면서 당신은 몇 포인트는 따고, 몇 포인트는 잃을 것이다. 승리할 기회도 물론 몇 번 잡을 것이다. 정말로 애써야 가능해지지만 말이다. 점점 게임에 집중하면서 정신을 산만하게 만드는 방해물은 사라지고, 완전히 자신을 내던질 것이다. 이것이 어렵지만 관리 가능한 수준의 도전, 즉 '골디락스 법칙'Goldilocks Rule이다.

골디락스 법칙이란 인간은 자신이 할 수 있는 적합한 일을 할 때 동기가 극대화되는 경험을 한다는 것이다. 지나치게 어려워서도 안 되며 지나치게 쉬워서도 안 된다. 딱 들어맞아야 한다.

마틴의 코미디 인생은 골디락스 법칙을 실현한 훌륭한 예라 할 수 있다. 매년 그는 자신의 코미디 레퍼토리를 늘려나갔는데, 단 1분이나 2분 정도씩만 늘렸다. 그는 늘 새로운 소재를 덧붙여나갔지만 웃음을 확실히 끌어낼 수 있는 몇 가지 유머들은 그대로 유지했다. 무대에 설 동기를 계속 유지할 정도로 성공하되 일이 어렵다고 여겨질 만큼만 실수하는 것이다.

새로운 습관을 시작할 때는 그 습관을 가능한 한 쉽게 유지해야 한다. 그래야 상황이 완벽하지 않아도 그 습관을 계속해나갈 수 있다. 이에 대해서는 이미 세 번째 행동 변화 법칙을 다루면서 살펴본 바 있다.

하지만 일단 습관이 확립되면 작은 방법들을 이용해 계속 나아가는 게 중요해진다. 이런 작은 발전들과 새로운 도전들이 계속 그 일을 하게 해준다. 골디락스 존에 이제 막 진입했다면 '몰입' 상태에도 도달할 수 있다.

골디락스 법칙

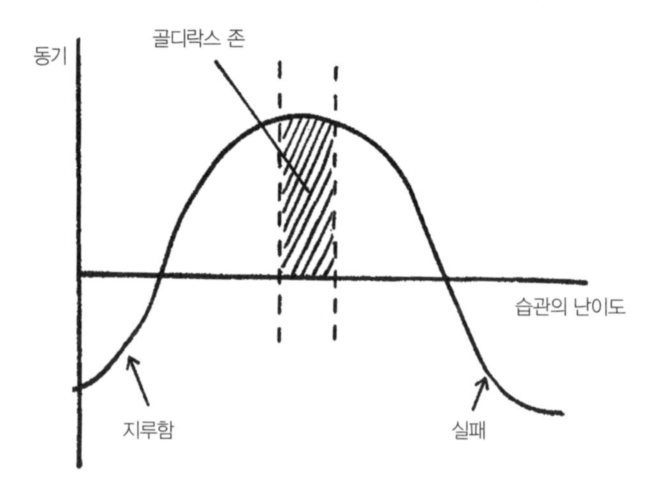

○ 도전이 관리할 수 있을 정도로만 어려울 때 동기는 최대가 된다. 심리학 연구에서 이는 여키스-도슨 법칙Yerkes-Dodson Law[4]으로 알려져 있는데, 지루함과 분노 사이의 중간 지점에서 최고 수준의 각성이 일어난다는 것이다.

몰입은 특정 활동에 완전히 빠져든 상태로, '존'이라는 상태를 경험하는 것이다. 과학자들은 이 느낌을 수량화하려고 애쓴 결과 우리의 현재 능력에서 대략 4퍼센트 넘어가는 일을 할 때 몰입 상태에 돌입한다는 것을 알아냈다.[5] 실제 삶에서 이런 방식으로 일의 난이도 수준을 측정하는 것은 보통 불가능한 일이지만, 골디락스 법칙의 핵심 개념은 적용할 수 있다. 관리 가능한 수준만큼 어려운 도전, 즉 자기 능력의 언저리에 있는 일을 하는 것은 동기를 유지하는 데 중요한 역할을 한다.

몰입 상태에 도달했을 때 무슨 일이 일어나는지에 대해 나는 한 가지 지론을 가지고 있다. 확고부동한 것은 아니며, 그저 내 추측일 뿐이다. 심리학자들은 뇌가 시스템 1과 시스템 2라는 두 가지 상태에서 운용된다고 말한다. 시스템 1은 빠르고 본능적인 부분이다. 일반적으로 우리가 습관처럼 무척이나 빠르게 수행하는 과정은 시스템 1이 관장한다. 반대로 시스템 2는 어려운 수학 문제의 답을 계산하는 것과 같이, 더 노력이 필요하고 느린 과정들을 생각하는 일을 관장한다.

몰입에 이것을 적용해보자. 생각이라는 스펙트럼의 양 끝에 시스템 1과 시스템 2가 존재한다고 상상해보자. 인지 과정이 자동적으로 이뤄질수록 스펙트럼의 한쪽 끝인 시스템 1 쪽으로 기운다. 그리고 노력해야 하는 업무를 처리할수록 시스템 2 쪽으로 기운다. 몰입은 시스템 1과 시스템 2 사이, 아주 날카로운 경계선에 존재한다.

우리는 자기 능력을 넘어선 도전을 위해 노력할 때 그 업무와 연관해 내재화되고 자동적으로 반응하는 지식을 모두 완전히 사용한다. 뇌는 시스템 1과 2 두 가지 상태 모두에 완전히 관여한다. 의식과 무의식을 동시에 사용하는 것이다.

향상에는 섬세한 균형이 요구된다. 동기가 유지될 만큼 과정이 계속 진행되는 동안 우리는 자신을 극단까지 몰아가는 도전을 규칙적으로 추구해야 한다. 어떤 행동이 계속해서 매력적이고 만족스러우려면 그 행동이 계속 새로운 느낌을 줘야 한다. 다양성이 없으면 지루해진다. 그리고 어쩌면 지루함이 자기 향상 과정에서 가장 최대의 적일 것이다.

야구 인생이 끝난 후 나는 새로 도전할 만한 스포츠를 찾았다. 역도 팀에 들어갔는데 어느 날 한 유명한 코치가 내가 있는 체육관에 왔다. 그는 오랫동안 수천 명의 선수들과 함께 일했고, 그중에는 올림픽 대표 선수들도 있었다. 내 소개를 하고 나서 우리는 실력이 증진되는 과정에 관해 이야기를 나누기 시작했다.

"최고의 선수들과 보통 사람들의 차이가 뭡니까?" 내가 물었다.

"그러니까, 대부분의 사람들에겐 없지만 그들에게 있는 거요."

그의 대답은 쉽게 예상할 수 있는 것이었다. 유전, 행운, 재능 등. 하지만 곧 그는 예상치 못한 답을 덧붙였다. "어느 시점에 이르러 매일 같이 하는 훈련에서 오는 지루함을 견디는 게 관건이죠. 같은 리프트 동작을 하고 또 하는 거요."

나는 이 말에 놀랐다. '근면함'에 관한 다른 방식의 생각이었던 것이다. 우리는 자신의 목표를 향해 나아가면서 계속 발전해야 한다고 말한다. 비즈니스든 스포츠든 예술이든 우리는 이런 말들을 듣곤 한다. "다 열정 문제야." "넌 정말로 그걸 원해야 해." 결과적으로 많은 이들이 집중력이나 동기를 잃으면 낙담하고 만다. 성공한 사람들은 바닥이 보이지 않을 만큼 열정이 무한대로 있으리라고 생각하기 때문이다. 그러나 코치는 실제로 성공한 사람들 역시 우리처럼 동기가 일어나지 않는 걸 느낀다고 말했다. 단지 이들은 지루함을 느끼는 대신 동기가 일어날 방법을 계속해서 찾는 게 차이라고 했다.

뭔가를 숙련하려면 연습이 필요하다. 하지만 연습을 하면 할수록 점점 그것은 일상이 되고 지루해진다. 초심자가 어느 정도 숙련되면 배울 건 뻔하게 예상되는 것들이고, 그러면 흥미가 사라지기 시작한다. 때로 이런 일들은 더 빨리 일어나기도 한다. 우리는 며칠 연달아 체육관에 도장을 찍거나, 블로그 포스트 두세 개를 발행하고는 어느 날 한 번 건너뛰게 되면 그 일을 하고 싶어 하지 않는다. 그러나 아직 걱정할 정도는 아니라고 생각하기 때문에 하루 정도 쉬는 것은 쉽게 합리화한다.

성공의 가장 큰 위협은 실패가 아니라 지루함이다. 습관이 지루해지는 이유는 더 이상 희열을 주지 않기 때문이다. 그 결과는 예상 가능한 것이 된다. 습관이 일상이 되면 우리는 새로운 것을 찾는 과정으로 이탈하기 시작한다. 우리가 끝없이 이 일에서 다음 일로, 이 다이어트에서 저 다이어트로, 이 비즈니스 아이디어에서 저 비즈니스 아이디어로 넘어가는 것은 이 때문일지도 모른다.

어떤 동기가 약간이라도 일어나면 그 즉시 우리는 새로운 전략을 찾기 시작한다. 심지어 현재 어떤 전략을 수행하고 있는 중일지라도 말이다. 마키아벨리는 이렇게 말했다. "인간은 어느 정도까지는 새로움을 욕망한다. 일이 잘 풀리지 않는 사람 못지않게 잘살고 있는 사람들 역시 변화를 바란다."[6]

습관을 이용한 상품들 중 많은 수가 지속적으로 새로운 것들을 제공하는 이유는 어쩌면 이 때문일지도 모른다. 비디오게임은 계속 새로운 시각적 이미지들을 제공한다. 포르노그래피들은 새로운 성적

이미지를 제공한다. 정크푸드는 새로운 조리법을 제공한다. 이런 경험들 하나하나가 계속해서 놀랄 만한 요소들을 만드는 것이다.

심리학에서는 이를 '가변적 보상'variable reward[7]이라고 한다.* 현실 세계에서 가장 공통적인 예로 들 수 있는 것은 슬롯머신이다. 도박사는 잭팟을 몇 번이고 터트릴 수 있지만 그것이 언제 터질지는 예측할 수 없다. 보상이 일어나는 간격이 너무 다양한 것이다. 이런 변동성은 엄청난 양의 도파민 분비를 이끌어내며, 결과적으로 기억력을 강화하고 습관 형성을 가속화한다.[8]

가변적 보상이 열망을 만들어내지는 않는다. 그러니까 거기에 흥미가 없는 사람들에겐 보상을 제시할 수도 없고, 그들에게 다양한 간격으로 보상을 제공할 수도 없으며, 그들의 마음을 변화시키리라는 희망을 품을 수도 없다. 하지만 가변적 보상은 우리가 이미 경험한 열망들을 증폭시키는 강력한 방법이다. 그것들이 지루함을 줄여주기 때문이다.

욕망의 스위트 스폿sweet spot(골프채, 라켓, 배트 등으로 공을 칠 때 많은 힘을 들이지 않고 원하는 방향으로 멀리 빠르게 날아가게 만드는 최적 지점)은 성공과 실패 사이의 딱 중간 지점에 있다. 원하는 것이 반 정도 달성된 시점이자 반 정도 남은 시점에 말이다. 경험이 만족스러울 만큼

---

* 가변적 보상 개념은 우연히 발견되었다. 하버드 대학교의 유명한 심리학자인 스키너는 어느 날 연구실에서 쥐 사료통에 사료가 다 떨어져가자 사료를 더 많이 넣는 것으로 시간을 절약했다. 이 상황은 그에게 레버를 누르는 모든 동작이 왜 강화 요인이 되는지 자문하게 했다. 그는 실험실의 쥐들에게 간헐적으로 사료를 주기로 했는데, 놀랍게도 사료 전달 시간이 다양해지자 쥐들의 행동이 감소하는 것이 아니라 증가했다.

은 '성공적'이고, 경험을 욕망할 만큼은 '원하는 게' 있어야 한다. 이것이 골디락스 법칙의 실마리다. 만일 이미 어떤 습관에 흥미를 느끼고 있다면 관리 가능한 수준으로 어려운 도전을 하는 것이 그에 관한 흥미를 꾸준히 유지할 수 있는 방법이다.

물론 어떤 습관이든 다양한 수준의 보상 요소들을 가지고 있지는 않으며, 그러기를 바라서도 안 된다. 구글 검색이 특정 시간에만 유용한 결과를 제공한다면 나는 무척이나 빨리 경쟁사로 갈아탈 것이다. 여행 기간 중 절반 정도만 우버를 이용할 수 있다면 내가 우버 서비스를 더 오래 이용할지는 잘 모르겠다. 매일 밤 치실을 사용하는데 이따금씩만 입안이 청결해진다면 나는 치실 과정을 건너뛸 것 같다.

가변적 보상이 있든 없든, 습관이 되면 흥미는 영구히 지속되지 않는다. 자기계발 여정의 어느 시점에서 누구나 같은 도전에 직면한다. 지루함과 사랑에 빠지는 것이다.

우리는 모두 성취하고 싶은 목표, 도달하고 싶은 꿈을 가지고 있다. 하지만 이를 위해 노력하는 게 쉬워지든 흥미가 계속 유지되든, 그저 그 일을 하고 있고 눈에 띄는 결과를 얻어낼 만큼 계속하지 않는다면 그 일을 더 잘하려고 애쓰는 것이 중요하지는 않다.

우리는 습관을 간신히 시작하고 꾸준히 해나가지만 어느 날엔가 분명 그만두고 싶어질 때가 온다. 사업을 시작했는데 어느 날인가 출근하고 싶지 않아진다. 체육관에 갔는데 갑자기 운동을 끝까지 하고 싶지 않아진다. 글을 쓸 때가 됐는데 어느 날 갑자기 타이핑하기가 싫어진다. 화가 나거나 고통스럽거나 고갈되었거나 기타 등등의 일이 일어났을 때 앞으로 나아가는 것. 이것이 전문가와 아마추어의 차이를 만들어낸다.

전문가는 스케줄을 꾸준히 따른다. 아마추어는 삶이 흘러가는 대로 내버려둔다. 전문가는 자신에게 무엇이 중요한지 알고 목표를 향해 꾸준히 작업해나간다. 아마추어는 삶에서 어떤 일이 급박하게 일어나면 진로에서 벗어난다.

작가이자 명상 강사인 데이비드 케인David Cain은 자신의 수업을 듣는 이들에게 '편할 때만 명상하는 사람'이 되지 말라고 독려한다. 이와 유사하게 우리 역시 자기 좋을 때만 운동하고, 글을 쓰고, 뭔가를 하는 사람이 되고자 하지는 않는다. 어떤 습관이 자신에게 정말로 중요하면 기분이 어떻든 그 습관을 계속하려고 한다. 전문가들은 기분이 영 아닐 때조차 행동을 취한다. 그것이 즐겁지 않더라도, 그걸 계속할 방법을 찾는다.

나 역시 운동을 하면서 끝까지 하고 싶지 않은 동작들이 많지만, 운동하는 것을 결코 후회하지 않는다. 기고문들을 쓰고 싶지 않을 때도 있지만, 내게 중요한 사안들을 표현하고 그와 관련된 뭔가를 하는 걸 후회하지 않는다.

어떤 일을 탁월하게 해내는 유일한 방법은 그 일을 하고 또 하는 것에 끝없이 매력을 느껴야 한다는 것이다. 우리는 지루함과 사랑에 빠져야만 한다.

· summary ·

- 인간은 자신의 현재 능력 언저리에 있는 일을 할 때 가장 크게 동기부여가 된다. 이것이 골디락스 법칙이다.
- 성공의 가장 큰 위협은 실패가 아니라 지루함이다.
- 습관이 일상이 되면 흥미와 만족감이 줄어든다. 지루해지는 것이다.
- 누구나 어떤 일에 대한 동기를 느꼈을 때 그 일을 할 수 있다. 차이를 만들어내는 건 그 일이 흥미롭지 않을 때도 계속해나가는 능력이다.
- 전문가들은 일정을 따른다. 아마추어들은 되는 대로 한다.

Chapter 20

습관의 반격

습관은 '숙련'의 토대를 이룬다. 체스에서 초반의 경기 운용이 자동적으로 이뤄질 때 선수들은 게임의 다음 단계에 집중할 수 있다. 암기된 정보들은 의식의 공간을 열어준다. 무슨 일을 하려고 애쓰든 마찬가지다. 간단한 동작들을 무의식적으로 잘할 수 있을 때 우리는 다음 단계의 세부적인 사항들에 집중할 여유를 갖는다. 습관 역시 이와 같은 방식으로 어떤 일을 훌륭히 해나가는 과정의 근간이 된다.

그러나 습관에는 이점도 있지만 치러야 할 대가도 있다. 먼저 반복은 유창함, 속도, 기술을 증진시킨다. 하지만 그러고 나서 습관이 자동화되면 우리는 그 피드백에 무뎌지기 시작한다. 아무 생각 없이 그저 반복하는 상태에 빠지는 것이다. 그러면 자기도 모르는 새 실수를 저지르기 쉽다. 그 일을 자동적으로 잘 해낼 수 있게 되면 어떻게 하면 더 잘할 수 있을지 생각하지 않게 된다.

습관의 긍정적인 측면은, 의식하지 않고도 그 일들을 할 수 있다는 것이다. 반면 불리한 측면은 특정한 방식으로 그 일을 하는 데 익숙해지면 자잘한 실수들에는 주의를 기울이지 않는다는 것이다. 경험이 생겼기 때문에 자신이 더 나아지고 있다고만 여긴다.

하지만 실제로 우리는 단지 자신의 현재 습관을 강화하고 있을 뿐 나아지고 있는 것이 아니다. 일단 기술을 터득하고 나면 대개 시간이 지날수록 그 수행 능력이 조금씩 떨어진다는 연구 결과들도 있다.[1]

그러나 이런 수행 능력 저하는 크게 걱정할 거리는 안 된다. 칫솔질을 하고, 신발 끈을 묶고, 아침에 마실 차 한 잔을 만드는 사소한 일상에는 지속적으로 나아져야 할 시스템이라는 게 필요치 않기 때문이다. 이런 습관들은 계속 하고 있으면 그걸로 충분하다. 사소한 선택들에 에너지를 덜 쓸수록 정말로 중요한 일들에 에너지를 더 쓸 수 있는 법이다.

그러나 잠재력을 최대로 끌어올려 엘리트 수준의 능력을 갖추고 싶다면 더욱 섬세하게 접근해야 한다. 무턱대고 똑같은 일을 반복하면서 특별해지기를 기대할 순 없다. 습관은 필요하다. 그러나 숙련을 이루는 데 충분조건은 아니다. 숙련에 필요한 건 자동화된 습관과 의도적인 연습의 조합이다.

습관 + 의도된 연습 = 숙련

위대해지려면 특정 기술들을 자동적으로 해낼 수 있어야 한다. 농구 선수들은 주로 쓰지 않는 손으로 레이업슛을 하기까지 먼저 무의식적으로 드리블을 해야 한다. 외과 의사들은 먼저 수없이 외과적 절개법을 반복 연습해서 눈을 감고도 그 일을 할 수 있어야만 한다. 그래야 수술 중 일어날 수 있는 수많은 변화무쌍한 상황들에 집중할 수 있기 때문이다.

한 가지 습관에 숙련되면 그 일에서 다시 노력해야 할 부분으로 되돌아가서 다음 습관을 구축하기 시작해야 한다.

숙련은 성공을 이루는 아주 세부적인 요소들에 집중하는 과정이다. 어떤 기술을 내재화할 때까지 반복하고, 이렇게 새로 만들어진 습관을 기초로 다음 단계로 발전해나가야 한다. 과거부터 했던 일들은 두 번째에는 더 쉬워지지만, 전체적으로 쉽다는 말은 아니다. 지금 우리는 다음 도전에 에너지를 쏟아붓고 있기 때문이다. 각각의 습관은 다음 단계를 열어준다. 이런 주기가 끝없이 반복된다.

습관이 강력하기는 해도 우리에게 필요한 것은 시간이 지나도 그 일을 꾸준히 해서 숙달되고 더 나아지는 방법이다. 어떤 기술을 터득했다고 느끼는 바로 그 순간, 그 일을 자동적으로 할 수 있게 되었다고 느끼고 편안해지기 시작한 그 순간에 우리는 안주하게 된다. 그러면 해결책은 무엇일까? 바로 숙고하고 반추하는 시스템을 세우는 것이다.

한 가지 습관에 숙련되는 과정

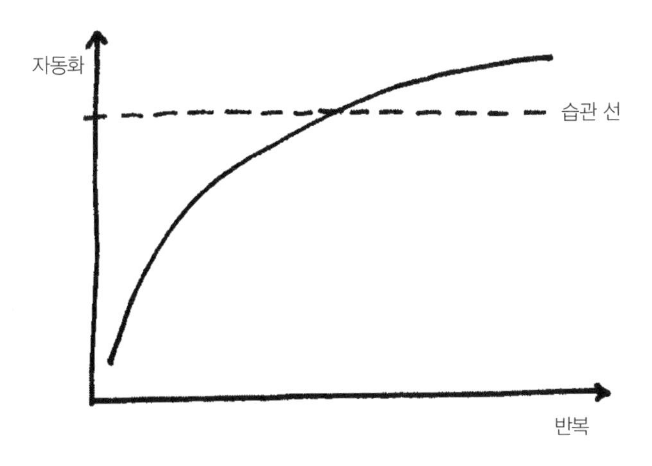

한 분야에 숙련되는 과정

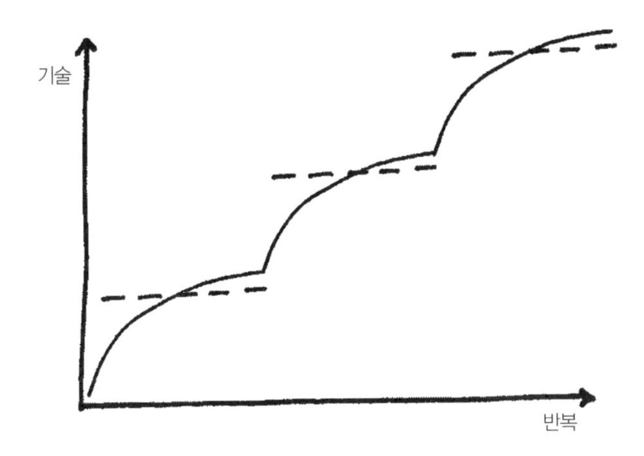

○ 숙련 과정은 한 단계를 습득하고 다음 단계로 넘어가는 점진적인 과정이다. 하나의 습관이 세워지고 나서야 다음 단계로 넘어가며 이것이 반복될 때 숙련된 기술을 갖게 된다.

역사상 최고의 팀이 실패 끝에 얻은 교훈

1986년, 로스앤젤레스 레이커스는 역사상 가장 재능 있는 농구팀이었지만 그들은 그런 방식으로 기억되지 않는다. 레이커스는 1985~1986년 NBA 시즌을 29-5라는 놀라운 점수로 시작했다. "전문가들은 우리가 농구 역사상 최고의 팀일 거라고 말하고 있었습니다."[2] 시즌이 끝난 후 수석 코치 팻 라일리는 말했다. 그런데 놀랍게도 레이커스는 1986년 플레이오프에서 발이 걸려 웨스턴 컨퍼런스 파이널에서 패배하면서 힘겹게 시즌을 끝냈다. '역사상 최고의 팀'은 NBA 챔피언십에서 뛰지도 못했다.

이 불행을 겪은 후 라일리는 자기 선수들이 얼마나 재능 있는지, 그의 팀이 얼마나 많은 약속을 했는지에 대한 말을 듣느라 지쳐버렸다. 그는 선수들의 재능이 점차 사라져가는 걸 보고 싶지 않았다. 레이커스 선수들이 매일 자신의 잠재력을 끌어올리길 바랐다. 1986년 여름 그는 CBE Career Best Effort 프로그램을 시작했다.[3]

라일리가 이어 말했다. "선수들이 처음 레이커스에 들어오면 고교 시절까지 그 선수의 농구 기록을 추적합니다. 저는 이걸 '견적 내기' Take Their Number 라고 부릅니다. 우리는 어떤 선수가 어디까지 할 수 있는지 적절한 수준을 찾고, 그가 꾸준히 보일 수 있는 기량을 토대로 팀의 계획에 적절하게 그를 배치합니다. 그러면 그의 평균 기량도 향상되죠."

선수의 기량 기준선이 확정되면 라일리는 주요 단계들을 시작한다.

그는 각 선수에게 한 시즌 동안 최소 1퍼센트 향상된 결과를 보여달라고 주문한다. 선수들이 이를 달성하면 그것이 CBE가 된다.[4] 이 책의 초반부에 사례로 들었던 브리티시 사이클링 팀의 경우와 비슷하게, 레이커스는 매일 조금씩 더 발전함으로써 최고의 성과를 추구한 것이다.

라일리는 CBE가 단순히 점수나 통계에 관한 것이 아니라 '최선의 정신적, 육체적 노력'에 관한 것임을 조심스럽게 지적한다. 선수들은 어떤 상황에서도 공을 쫓아야 한다는 것을 알았을 때, 팀원을 도와야 할 순간을 눈치채고 행동에 옮겼을 때 등…. 다양한 영웅적 행위들로 점수를 얻었다.

예를 들어 당대 레이커스 최고의 스타인 매직 존슨이 한 게임에서 11득점, 8리바운드, 12어시스트, 2스틸, 5턴오버를 기록했다고 해보자. 또한 놓친 공(+1)에 뛰어들어 점수를 얻었다. 마지막으로 그는 이 가상 게임에서 총 33분 동안 뛰었다. 긍정적인 점수들(11+8+12+2+1)을 더하면 34점이 된다. 그리고 턴오버 횟수 5를 빼면(34-5) 29점이 된다. 마지막으로 이 29점을 경기한 33분으로 나눈다.

$$29/33 = 0.879$$

존슨의 CBE 점수는 879가 된다. 이 숫자는 한 선수가 뛰는 모든 게임에서 계산되며 시즌 동안 1퍼센트의 향상이란 이 CBE를 올리는 것을 말한다. 라일리는 각 선수들의 현재 CBE를 비교했는데, 여기에는 해당 선수의 과거 성과뿐만 아니라 리그에서 뛰는 다른 선수들의 것도 포함되었다. 라일리는 "나는 우리 팀 선수들을 리그에서 그와 비슷한 역할을 하는 상대편 선수들과 나란히 세워 순위를 매깁니다." 라고 말했다.

스포츠 칼럼니스트 재키 맥멀런Jackie Macmullan은 이렇게 말했다. "라일리는 매주 칠판에 굵은 글씨로 리그 최고 선수를 강조해서 쓰고, 그의 선수 명단에서 해당되는 선수들과 비교합니다. 변함없이 안정적인 선수들은 일반적으로 600점대를 기록하지만 엘리트 선수들은 최소 800점을 기록합니다. 농구 선수 생활을 하는 동안 138트리플-더블을 기록한 매직 존슨은 종종 1,000점을 넘기도 했습니다."

레이커스는 또한 CBE 역대 자료 비교를 통해 매년 이뤄진 과정을 강조했다. "우리는 1986년 11월, 그다음으로 1985년 11월 자료를 꺼내 선수들이 전년도 시즌 같은 시점에 더 나았는지, 더 나빴는지를 봅니다. 그러고 나서 1986년 12월 성과가 어땠는지 11월의 것과 비교해 선수들에게 보여줍니다."

레이커스는 1986년 10월에 CBE를 시작했고 8개월 후 NBA 챔피언 팀이 되었다. 다음해 팻 라일리는 레이커스가 20년 만에 처음으로 NBA 연속 챔피언십을 딴 첫 번째 팀으로 이끌었다. 나중에 그는 말했다. "어떤 조직이든 노력을 꾸준히 유지하는 것이 가장 중요합니다. 성공하는 방법은 제대로 된 일을 하는 방법을 배우고, 매번 그 같은 방식을 유지하는 것입니다."[5]

CBE 프로그램은 숙고와 복기의 힘을 보여주는 주요한 사례다. 레이커스 선수들은 이미 재능을 갖추고 있었다. CBE는 그들이 가진 것들을 최대한 활용할 수 있게 도와주고, 그들의 습관이 증진되었다는 확신을 주었다.

숙고와 복기는 모든 습관에서 장기적 증진을 돕는다. 실수를 깨닫게 해주고, 실력을 향상시키는 경로가 어떤 것인지 숙고할 수 있게 해주기 때문이다. 이런 숙고가 없이는 변명거리를 만들어내고, 합리화하고, 스스로에게 거짓말을 할 수 있다. 우리는 어제와 비교해 더 나아졌는지 또는 더 나빠졌는지 결정하는 기준을 가지고 있지 않다.

어느 분야든 최고의 인재들은 다양한 종류의 숙고 및 복기 방식이 있다. 그 과정은 복잡해서는 안 된다. 케냐의 육상 선수 엘리우드 키프초게[6]는 역사상 가장 위대한 마라토너이자 올림픽 금메달리스트다. 그는 연습을 한 후에 매번 기록을 해서 그날 훈련을 복기하고 어느 부분을 더 향상시킬 수 있을지 찾는다.

이와 비슷하게 수영 금메달리스트 케이티 레데키는 1부터 10의 척도로 자신의 건강 상태를 기록하는데, 여기에는 영양 섭취, 얼마나 푹 잤는지에 관한 메모도 첨부되어 있다. 또한 그녀는 다른 수영 선수들의 공시된 기록 시간도 기록한다. 한 주가 끝나면 코치는 그녀가 쓴 노트를 체크하고, 자신의 생각을 덧붙여 써둔다.[7]

이는 비단 운동선수만의 일은 아니다. 코미디언 크리스 록은 새로운 소재가 떠오르면 먼저 작은 나이트클럽에서 10여 차례 시험해본다.[8] 무대에 노트를 가지고 올라가 잘된 유머, 수정해야 할 곳들을 기록한다. 이렇게 살아남은 몇 마디가 다음 쇼의 핵심이 된다.

내가 아는 몇몇 기업가와 투자자들은 '결정 일지'라는 걸 쓰는데, 매주 그들이 한 주요 결정들 및 그 이유, 그렇게 해서 기대되는 결과들을 기록하는 것이다. 매달 혹은 매년 말에 그들은 자신이 한 결정이 옳았는지, 잘못된 것이었는지 확인하고 자신의 선택과 그 결과를 복기한다.*

습관을 체득하는 것만으로는 개선이 일어나지 않는다. 계속해서 조정해나가야 한다. 숙고와 복기는 우리가 올바른 일에 시간을 쓰고, 그 과정에서 필요할 때마다 수정을 하게 해준다. 팻 라일리가 하루를 기준으로 선수들의 노력을 조정하듯이 말이다. 당신 역시 비효율적인 습관을 계속 이어가고 싶지는 않을 것이다.

개인적으로 나는 크게 두 가지 숙고 및 복기 모드를 사용한다. 매년 12월에는 전년도를 생각하며 '연간 리뷰'를 한다.[9] 그해 몇 개의 기고문을 발행했는지, 몇 번이나 운동을 했는지, 새로운 장소를 몇 군데나 갔는지 같은 것들을 통해 습관을 점검한다.** 그러고 나서 세 가지 질문을 함으로써 내가 한 과정들(또는 빼먹은 것들)을 생각해본다.

1. 올해 무엇이 잘 되었는가?
2. 올해 무엇이 잘 되지 않았는가?
3. 무엇을 배웠는가?

---

* 결정 일지에 관심 있는 독자들을 위해 atomichabits.com/journal의 습관 일지에 견본을 올려두었다.

** 이 연간 리뷰는 jamesclear.com/annual-review에서 볼 수 있다.

6개월 후 여름이 다가오면 나는 '건전성 보고서'[***]를 작성한다. 나 역시 수없이 실수를 저지른다. 건전성 보고서는 내가 어디서 잘못을 저질렀는지, 무엇이 나를 다시 습관으로 돌아오게 했는지 깨닫게 해준다. 나는 이 보고서를 가지고 내 핵심 가치를 다시 논의하면서 그에 따라 생활하고 있는지 숙고하는 시간을 갖는다. 이는 내 정체성과, 내가 바라는 사람이 되기 위해 어떻게 행동할 수 있을지 생각하는 시간이기도 하다. 연간 건전성 보고서를 보면서 내가 하는 세 가지 질문은 다음과 같다.

1. 내 인생과 일을 움직이는 핵심 가치는 무엇인가?
2. 어떻게 하면 지금 여기서 나답게 살고 일할까?
3. 어떻게 하면 미래에 더 높은 기준을 세울 수 있을까?

이 두 가지 보고서는 시간을 많이 잡아먹지 않는다. 1년에 몇 시간이면 된다. 하지만 이는 중대한 개선의 시간이다. 내가 세심한 주의를 기울이지 않을 때 나도 모르게 경로를 이탈하지 않도록 막아주는 것이다. 내가 원하는 정체성으로 되돌아가고, 어떻게 내 습관이 내가 원하는 사람이 되도록 도와주는지 상기시키는 도구다. 내가 습관을 업그레이드하고 새로운 도전을 받아들여야 할 때, 노력을 줄이고 근본적인 일들에 집중해야 할 때를 알려준다.

*** 건전성 보고서는 jamesclear.com/integrity에서 볼 수 있다.

숙고는 또한 균형 감각을 제공한다. 매일의 습관은 강력하다. 그것들이 결합되는 방식 때문이다. 하지만 매일의 선택을 지나치게 걱정하는 것은 거울을 코앞에 두고 자신의 모습을 비춰 보는 것과 같다. 매번 미비한 부분을 보면 큰 그림을 보지 못할 수 있다. 피드백이 지나치게 많은 것이다. 반대로, 습관을 한 번도 복기해보지 않는 건 거울을 한 번도 보지 않는 것과 같다. 셔츠에 묻은 얼룩, 치아 사이에 낀 음식물같이 쉽게 수정할 수 있는 결함들을 모르고 지나가는 것, 즉 피드백이 너무 적은 것이다.

주기적 숙고와 복기는 적당한 거리에서 거울 속의 자신을 보는 것과 같다. 큰 그림을 놓치지 않고 필요한 변화들을 볼 수 있다. 봉우리와 골짜기 하나하나에 사로잡히지 말고, 전체 산세를 보도록 하라.

마지막으로, 숙고와 복기는 행동 변화의 가장 중요한 측면 하나를 다시 떠올릴 수 있는 최상의 시기를 제공한다. 바로 정체성이다.

다른 삶에도 길은 있다

습관을 반복하는 것은 우리의 정체성의 증거를 쌓는 일이다. 그러나 새로운 정체성에 사로잡히게 되면 이 같은 믿음들이 다음 단계의 성장을 저해할 수 있다. 부정적으로 작용하면 정체성은 자신의 약점을 부정하고 진정한 성장을 가로막는 일종의 '자존심'을 만들어낸다. 이는 습관을 세울 때 커다란 문제가 된다.

어떤 아이디어가 신성불가침한 것일수록, 그러니까 우리의 정체성과 깊숙이 연결되어 있을수록 비난에 더욱 강하게 맞서게 된다. 이런 경향은 우리 주변의 어디에서나 볼 수 있다.

학교 선생님은 혁신적인 교수법을 배제하고 기존에 증명된 교수 계획을 고수한다. 숙련된 관리자는 자기 방식으로만 일할 것을 강요한다. 외과 의사는 자기보다 어린 동료들의 의견을 무시한다. 가수는 감동적인 첫 번째 앨범을 만들어내고 나서 틀에 박힌 앨범을 발표한다. 우리가 어떤 정체성을 고수할수록, 그것을 넘어 성장하기는 힘들어진다.

나를 구성하는 정체성 중 일부를 거대하게 만들지 않으면 이 문제들은 해결된다. 폴 그레이엄Paul Graham 식으로 말하면 "당신의 정체성을 작게 유지하라."[10] 하나의 믿음이 나를 규정하게 둘수록 삶에서 도전을 맞닥뜨릴 때 적응하는 능력이 줄어든다.

모든 것을 포인트가드나 회사 상급자에게 연결시키면 어느 날 그들이 사라졌을 때 우리는 방향을 잃고 난파될 것이다. 채식주의자인데 식습관을 바꿔야 하는 건강 상태가 되면 정체성 위기가 생겨날 것이다. 한 가지 정체성을 지나치게 붙잡고 있으면 결국은 부러진다. 한 가지를 잃으면 자기 자신 전체를 잃는 것이다.

어린 시절 내 정체성의 주요 부분은 '운동선수'였다. 사고로 야구 인생이 끝났을 때 나 자신을 찾으며 무척이나 고통스러웠다. 한 가지 방식으로 자신을 규정하면서 전 생애를 보내면 그것이 사라졌을 때 '그럼 지금 나는 누구지?'라는 의문이 든다.

퇴역 군인들과 전직 기업가들은 이와 비슷한 느낌을 받는다고 말한다. 당신의 정체성이 '난 위대한 군인이야.' 같은 한 가지 믿음으로 겹겹이 싸여 있다면 복무 기간이 끝나고 나서 무슨 일이 벌어지겠는가? 많은 사업가가 자신의 정체성을 '나는 CEO야' 또는 '난 이 회사 설립자야'라고 규정한다. 깨어 있는 시간을 모두 사업을 운영하면서 보냈다면 회사를 판 다음에는 어떤 기분을 느끼겠는가?

이런 정체성 상실에서 오는 충격을 줄이려면 자신이 해왔던 특정한 역할이 변화할 때조차 정체성의 중요한 측면들이 유지되도록 자신을 재규정하는 것이다.

- 나는 운동선수야. → 나는 정신적으로 강하고 육체적 도전을 사랑하는 사람이야.
- 난 대단한 군인이야. → 나는 단련되고, 믿을 만하고, 팀에서 대단한 일을 하는 사람이야.
- 난 CEO야. → 난 기초를 세우고 창조하는 사람이야.

효과적으로 선택했다면 정체성은 꺾이지 않고 구부러진다. 물이 장애물을 돌아 흘러가듯이, 정체성은 환경에 대항하지 않고 함께 작용한다.

《도덕경》에는 이런 생각이 완벽하게 표현되어 있다.

> 사람은 부드럽고 유연하게 태어난다.

죽으면 뻣뻣하고 딱딱해진다.

초목은 연하고 휘어지게 태어난다.

죽으면 부서지고 말라비틀어진다.

뻣뻣하고 유연하지 않은 사람은 죽음의 신봉자이리라.

부드럽고 유연한 사람은 삶의 신봉자이리라.

딱딱하고 뻣뻣한 것은 부서진다.

부드럽고 유연한 것이 마침내 승리한다.

습관은 수많은 이득을 가져다주지만, 반대로 우리를 이전의 사고와 행동에 가두기도 한다. 세상이 바뀌고 있을 때조차도 말이다. 세상의 모든 것은 영구하지 않다. 삶은 끊임없이 변화하고, 그리하여 우리는 주기적으로 과거의 습관과 믿음이 여전히 자신에게 이득을 주고 있는지를 살펴봐야 한다. 자기 인식 결여는 독이다. 숙고와 복기는 해독제다.

· summary ·

- 습관의 긍정적인 측면은 일부러 생각하지 않고 어떤 일을 할 수 있게 해준다는 것이다. 부정적인 측면은 작은 실수들에 주의를 기울이지 않게 된다는 것이다.
- 습관 + 의도적인 실행 = 숙련.
- 숙고와 복기는 자신의 성과를 의식적으로 생각할 수 있게 해주는 과

정이다.

- 한 가지 정체성을 고수할수록 그것을 넘어 성장하기는 힘들다.

Epilogue

○

100번만 반복하면 그게 당신의 무기가 된다

삼단논법 패러독스Sorites Paradox*로 알려진 고대 그리스의 우화가 있다. 작은 행동들이 충분한 시간 동안 반복될 때 일어날 수 있는 놀라운 효과에 관한 이야기다. 이 패러독스를 설명해주는 한 가지 질문은 다음과 같다.

동전 한 닢이 어떤 사람을 부자로 만들어줄 수 있을까? 만일 당신이 어떤 사람에게 동전 열 닢을 준다고 해도 당신은 그 사람이 부자라고 말하지는 않을 것이다. 하지만 당신이 한 번 더 준다면? 또 한 번, 또 한 번 준다면 어떨까? 어느 시점에서 당신은 동전 한 닢으로

* 삼단논법Sorites 은 그리스어 'sorós'에서 온 말로, 무더기 또는 쌓아 올린 더미라는 의미다.

부자가 될 수 없다면 누구도 부자가 될 수 없다는 걸 받아들여야만 할 것이다.[1]

'아주 작은 습관'에도 똑같은 질문을 할 수 있다. 사소한 변화 하나가 우리의 삶을 변화시킬 수 있을까? 당신은 그렇다고 말하지는 않을 것이다. 하지만 한 번 더 변화가 일어난다면? 또 한 번, 또 한 번 일어난다면? 어느 시점에서 우리 삶이 작은 변화 하나로 바뀌었다는 걸 받아들일 것이다.

습관 변화의 성배holy grail는 단 한 번의 1퍼센트 변화가 아니라 수천 번의 1퍼센트 변화다. 원자와도 같은 작은 습관들이 쌓여 무더기가 되면 전체 시스템을 이루는 각각의 기초 단위들이 된다.

초기에 작은 발전들은 의미 없어 보이곤 한다. 너무나 작은 변화라 시스템의 무게에 쓸려나가기 때문이다. 동전 한 닢이 우리를 부자로 만들어주지 못하듯이, 매일 책 한 장을 읽거나 1분 명상을 하는 등의 사소한 변화 한 가지가 주목할 만한 차이를 가져오지는 않는다.

하지만 점차적으로 작은 변화들을 하나씩 차곡차곡 쌓아 올리면 인생의 저울이 움직이기 시작한다. 각각의 성공들은 저울의 긍정적인 접시에 모래알 하나를 더하는 것과 같지만, 서서히 우리에게 좋은 방향으로 기울기 시작한다. 그리고 그 일을 계속해나가다 마침내 티핑 포인트를 맞이한다. 갑자기 좋은 습관을 꾸준히 하는 게 쉽게 느껴지는 것이다. 시스템의 무게가 우리를 압박하는 게 아니라 우리를 위해 움직이기 시작한다.

앞서 위대한 성과를 낸 사람들에 대한 수십 가지의 이야기를 살펴

봤다. 작은 습관들의 과학을 이용해 기술을 숙련하고 자기 분야에서 최고의 자리에 오른 올림픽 금메달리스트, 상을 받은 예술가들, 비즈니스 리더, 구조대 의사, 스타 코미디언의 이야기를 봤다. 우리가 다룬 개인, 팀, 회사들은 모두 어려운 상황에 직면했지만 궁극적으로 이와 같은 방식, 즉 아주 작지만 꾸준하고 끊임없는 향상을 이룸으로써 진일보했다.

성공은 도달해야 할 목표나 결승점이 아니다. 발전하기 위한 시스템이고, 개선을 위한 끝없는 과정이다. 이미 말했듯이 습관을 바꾸는 데 어려움을 겪고 있다면 문제는 당신이 아니다. 문제는 당신의 시스템이다. 나쁜 습관들은 계속 반복되는데 이는 당신이 변화하길 원치 않아서가 아니라 잘못된 시스템을 가지고 있기 때문이다.

이 책을 덮으면서 나는 그 반대가 진실이길 바란다. 행동 변화의 네 가지 법칙으로 우리는 더 나은 시스템을 구축하고 좋은 습관을 형성하기 위해 이용할 수 있는 도구와 전략들을 갖출 수 있다. 때때로 습관을 기억해내기 어렵다면 '분명하게' 만들 필요가 있다. 시작할 기분이 들지 않는다면 '매력적으로' 만들 필요가 있다. 어떤 습관이 지나치게 어려운 것이라면 '하기 쉽게' 만들 필요가 있다. 그 습관을 꾸준히 할 기분이 들지 않는다면 '만족스럽게' 만들 필요가 있다.

이것은 꾸준한 과정이다. 결승선은 없다. 영원히 통하는 해결책도 없다. 발전할 방법을 찾고 있다면 다음번 정체기가 올 때까지 네 가지 행동 변화 법칙을 교대로 반복하라. '분명하게 만들어라.' '매력적으로 만들어라.' '하기 쉽게 만들어라.' '만족스럽게 만들어라.' 한 회, 한

행동이 효율적이다	행동이 어렵다
분명하게 보인다	눈에 띄지 않는다
매력적이다	매력적이지 않다
쉽다	어렵다
만족스럽다	불만족스럽다

○ 습관을 분명하고, 매력적이고, 쉽고, 만족스럽게 만든다면 좋은 습관으로서 스펙트럼의 왼쪽에 놓을 수 있다. 반대로 나쁜 습관은 눈에 띄지 않고, 매력적이지 않고, 어렵고, 불만족스러운 것으로 오른쪽으로 몰아넣을 수 있다.

회 반복한다. 늘 1퍼센트 더 나아지기 위해 다음 방법을 찾아라.

결과를 지속시키는 비결은 발전을 멈추지 않는 것이다. 일하는 것을 멈추지 않는다면 성과를 낼 수 있다. 운동을 그만두지 않는다면 건강을 얻을 것이다. 배움을 그만두지 않는다면 지식을 얻을 것이다. 저축을 멈추지 않는다면 부를 쌓을 것이다. 배려를 멈추지 않는다면 우정을 얻을 것이다. 작은 습관들은 더하기가 아니다. 그것들은 복리로 불어난다.

이것이 아주 작은 습관의 힘이다. 변화는 미미하다. 하지만 결과는 상상 그 이상이다.

부록 1

○

사람들의 행동에 관한 18가지 진실

이 책에서 나는 인간 행동에 관한 네 단계 모델을 소개했다. 신호, 열망, 반응, 보상이 그것이다. 이 모델은 우리에게 새로운 습관을 만드는 방법을 가르쳐줄 뿐만 아니라 행동에 관한 흥미로운 시각을 알려준다.

문제 단계		해결 단계	
1. 신호	2. 열망	3. 반응	4. 보상

이 장에서 나는 이 모델로 확인할 수 있는 몇 가지 교훈들(더불어 몇 가지 상식)을 엮어놓았다. 이 예시들의 목적은 사람들의 행동을 묘

사하는 데 이 모델이 얼마나 유용하고 포괄적인지 분명히 하는 것이다. 이 모델을 이해하고 나면 어디서든 그 사례를 발견할 것이다.

인식은 욕구에 앞서 일어난다. 열망은 우리가 어떤 신호에 의미를 부여할 때 만들어진다. 우리 뇌는 현재 상황을 묘사하기 위해 감정이나 느낌을 구성하는데, 이 말은 기회를 알아챈 후에야 열망이 일어날 수 있다는 의미다.

행복은 단지 욕망이 없는 상태다.[1] 신호를 관찰했지만 자신의 상태를 변화시키고 싶은 열망이 없다면 현재 상황에 만족하고 있는 것이다. 행복은 즐거움(기쁨이나 만족)을 획득하는 일에 관한 것이 아니라 욕망이 없는 상태에 관한 것이다. 이는 다르게 느껴야 한다는 충동이 없을 때 일어난다. 행복은 더 이상 자신의 상태를 변화시키고 싶지 않은 순간으로 진입한 상태다.

하지만 행복은 일시적인 것이다. 늘 새로운 열망이 뒤따르기 때문이다. 캐드 버드리스Caed Budris의 말마따나 "행복은 한 가지 욕망이 충족된 상태와 새로운 욕망이 형성되는 상태 그 중간에 존재한다." 이와 마찬가지로 고통은 상태를 변화시키고자 하는 열망과 그것을 얻는 것 사이에 존재한다.

우리는 즐거움에 관한 개념을 좇는다. 각자 마음속에서 만들어낸 즐거움에 관한 이미지는 모두 다르다. 행동 시점에서 우리는 그 이미지를 얻을지 알지 못한다(심지어 우리가 만족할지 여부조차 모른다). 만족감은 그다음에 온다. 오스트리아의 신경과학자 빅터 프랭클Victor Frankl이 "행복은 추구하는 게 아니라 어떤 결과로 나타나는 것이다.[2]

욕망은 추구할 수 있다. 즐거움은 행동에 따른 것이다."라고 말한 의미가 이것이다.

관찰한 것들을 문제로 바꾸지 않을 때 평화가 찾아온다. 어떤 행동의 첫 번째 단계는 관찰이다. 우리는 신호, 어떤 정보 조각, 어떤 사건을 발견한다. 관찰한 것에 대해 어떤 행동을 하고자 하는 욕구가 일어나지 않는다면 우리는 평화롭게 존재한다.

열망은 모든 것을 고치고자 하는 것이다. 관찰을 하고 열망이 일어나지 않는다면 무엇도 고칠 필요가 없음을 인지했다는 말이다. 우리의 욕구는 걷잡을 수 없이 달려가지 않으며, 우리는 상태가 변화하기를 열망하지 않는다. 우리의 마음은 해결해야 할 문제들을 생성하지 않으며, 우리는 단순히 관찰하고 존재한다.

우리는 무엇이든 극복할 수 있다. 그 이유는 차고 넘친다. 독일의 철학자 프리드리히 니체는 이렇게 말했다. "살아가야 할 이유가 있는 사람은 대개 어떤 것이든 견뎌낼 수 있다."[3] 이 말에는 인간 행동에 관한 중요한 진실이 담겨 있다. 동기와 열망이 충분히 엄청나다면(그러니까 '왜' 행동하고 있는지 안다면) 우리는 무척 어렵다 해도 행동할 것이다. 어마어마한 열망은 크나큰 행동의 원동력이 된다. 그 일을 하면 마찰이 크다 해도 말이다.

호기심이 있는 것이 똑똑한 것보다 낫다. 동기와 호기심이 있는 게 똑똑한 것보다 중요하다. 그것이 행동을 이끌기 때문이다. 똑똑함은 그 자체로 결과를 가져오는 법이 없으며 행동을 방해한다. 행동을 촉구하는 것은 욕망이지, 똑똑함이 아니다. 스타트업 투자자 나발 라비

칸트의 말처럼 "뭔가를 하기 위한 트릭의 첫 단계는 그것에 대한 열망을 배양하는 것이다."

감정은 행동을 몰아간다. 모든 결정은 어떤 수준에서는 감정적인 결정이다. 행동을 하게 된 논리적 이유가 무엇이든 당신은 행동을 강요받는 기분을 느낄 뿐이다. 이는 감정 때문이다. 사실 뇌의 감정 중추가 손상된 사람들은 행동을 할 만한 많은 이유들을 가지고 있을 수 있지만, 여전히 자신을 추동하는 감정이 없으면 행동하지 않는다. 이것이 열망이 반응에 앞서는 이유다. 느낌이 먼저고, 행동은 그다음이다.

감정이 생긴 후에만 이성적이고 논리적일 수 있다. 뇌의 주요 기능은 느끼는 것이다. 두 번째 기능은 생각하는 것이다. 우리의 첫 번째 반응은 느낌과 예측을 최적으로 활용하는 것인데, 뇌의 무의식적인 부분에서 빠르게 이뤄진다. 두 번째로 일어나는 반응은 생각을 하는 부분에 있다. 이는 뇌의 의식적인 부분으로 느리게 이뤄진다.

심리학자들은 이를 시스템 1(느낌 및 빠른 판단)과 시스템 2(이성적 분석)라고 말한다. 느낌이 먼저 일어나고(시스템 1), 이성이 그다음에 개입한다(시스템 2).[4] 이 두 가지가 일치하면 엄청나게 잘 작용하지만 그렇지 않으면 비논리적이고 감정적인 생각이 결과로 나타난다.

우리가 하는 반응은 감정을 따르는 경향이 있다. 우리의 생각과 행동은 매력적이라고 여기는 것을 따른다. 반드시 논리적인 것일 필요는 없다. 두 사람이 동일한 사실을 알아차려도 반응은 무척이나 다를 수 있는데, 이는 그 사실을 각자의 감정적 필터로 걸러내기 때문이다.

감정에 호소하는 것이 이성에 호소하는 것보다 더 강한 힘을 발휘하는 이유다.[5] 만일 어떤 주제가 누군가의 감정을 움직인다면 그 사람은 데이터에 거의 흥미를 느끼지 못한다. 감정이 현명한 의사결정에 위협이 될 수 있는 이유도 이 때문이다.

바꿔 말하면, 우리 대부분은 합리적인 반응이 이익이 된다고 여긴다. 그것이 열망을 충족시킨다고 말이다. 중립적인 감정 상태에서 상황에 접근하는 것이 감정보다는 데이터에 기초한 반응을 하게 해준다고 말이다.

고통은 진보의 동력이다. 모든 고통의 근원은 상태를 변화시키고자 하는 열망이다. 이는 또한 모든 진보의 근원이기도 하다. 자신의 상태를 변화시키려는 열망이 행동하게 만드는 힘이 된다. 개선을 추구하고, 새로운 기술을 개발하고, 높은 수준에 도달하고자 하는 것, 이것이 인간을 더욱 밀어붙인다. 열망은 우리를 불만족스럽게 만들고 우리를 움직인다. 열망이 없다면 우리는 만족스러운 상태로 살아가겠지만 야망은 품지 못한다.

뭔가를 얼마나 간절히 원하는지는 행동으로 나타난다. 뭔가를 계속 말하지만 행동으로 옮기지 않는다면 정말 그것을 원하는 건 아니다. 그러면 자신과 진솔한 대화를 나눠볼 때다. 행동의 바탕에는 자신만이 알고 있는 진실한 동기가 숨어 있기 때문이다.

보상은 희생의 반대편에 있다. 반응(에너지 희생)은 늘 보상(자원의 집합)에 선행한다. 러너스 하이runner's high(격렬한 운동 후에 느끼는 황홀감)는 오직 힘들게 일한 다음에만 온다. 보상은 에너지를 소진한 후에만 온다.

자기조절은 어렵다. 만족스럽지 않기 때문이다. 보상은 열망을 충족시키는 결과물이다. 이는 자기조절을 효용 없이 만들어버리는데, 열망을 억제하면 열망이 해소되지 않기 때문이다. 유혹에 저항하는 것은 열망을 충족시키지 못한다. 그저 열망을 무시할 뿐이다. 지나간 열망을 위한 공간을 만들어낼 뿐이다. 자기조절은 열망을 충족시키기보다는 열망을 그냥 방출해버리게 한다.

우리의 기대가 만족감을 결정한다. 열망과 보상 사이의 간극은 우리가 행동을 취한 후 얼마나 만족감을 느끼느냐를 결정한다. 기대와 결과 사이의 불일치가 긍정적이라면(놀랍고 기쁘다면) 장차 그 행동을 반복할 것이다. 그 불일치가 부정적이라면(실망과 좌절이라면) 그렇게 하지 않는다.

예를 들어 10달러를 벌 것을 기대했는데 100달러를 벌었다면 무척 기분이 좋을 것이다. 하지만 100달러를 벌 것을 기대했는데 10달러를 벌었다면 실망할 것이다. 기대는 만족감을 변화시킨다. 기대가 높았지만 경험 수준이 평균적이라면 실망할 것이다. 기대가 낮았지만 경험 수준이 평균적이라면 기쁠 것이다. 좋아하는 것과 원하는 것이 대략 비슷할 때, 우리는 만족감을 느낀다.

만족감 = 좋아하는 것 — 원하는 것[6]

세네카의 유명한 격언에 이와 관련된 지혜가 나타나 있다. "가난은 가진 것이 너무 적다는 말이 아니다. 원하는 것이 훨씬 많다는 말이다."[7] 원하는 것이 좋아하는 것을 넘어선다면 늘 불만족스럽고 해결책보다 문제에 더 무게를 둘 것이다.

행복은 상대적이다. 처음 내 글을 대중들과 공유했을 때 나는 3개월 만에 1,000명의 구독자를 얻었다. 나는 부모님과 친구들에게 알렸고 모두 축하해주었다. 나는 흥분했고, 글을 쓸 동기가 솟아났다. 몇 년 후 나는 1,000명이 매일 내 글을 구독하고 있음을 깨달았다. 하지만 아무에게도 말할 생각을 하지 않았다. 그 상황을 일상으로 느끼게 된 것이다. 그전보다 결과를 90배 이상 빨리 얻어내고 있었지만 나는 조금 기쁠 뿐이었다. 얼마 지나지 않아 나는 몇 년 전만 해도 몽상같이 느껴졌던 일들이 일어나고 있는데 축하할 생각을 하지 않는다는 게 얼마나 어처구니없는지 깨달았다.

실패의 고통은 기대치와 관계가 있다. 열망이 크면 결과가 좋지 않을 때 상처를 입는다. 원하는 것을 얻지 못하면 처음에 생각지 않았던 것을 얻지 못했을 때보다 훨씬 더 상처가 된다. 이 때문에 사람들이 이렇게 말하는 것이다. "큰 기대는 하지 않아."

느낌은 행동 전후에 온다. 행동하기 전에, 우리는 행동을 해야겠다는 동기가 일어나는 느낌을 경험한다. 바로 열망이다. 행동을 한 후에는 장차 그 행동을 다시 할 것인지 알려주는 느낌을 받는다. 바로 보상이다.

신호 〉 열망(느낌) 〉 반응 〉 보상(느낌)

얼마나 느낌을 받느냐가 어떻게 행동하느냐에 영향을 미친다. 어떻게 행동하느냐가 얼마나 느낌을 받느냐에 영향을 미친다.

욕구가 시작된다. 기쁨이 유지된다. 원하는 것과 좋아하는 것은 행동의 두 가지 원동력이다. 욕구가 일어나지 않는다면 그것을 할 이유가 없다. 욕구와 열망은 행동을 시작하게 해준다. 하지만 즐겁지 않다면 그 행동을 반복할 이유가 없다. 기쁨과 만족감은 행동을 유지하게 해준다. 느낌은 우리가 행동하도록 동기를 유발한다. 성공했다는 느낌은 우리가 그 행동을 반복하게 만들어준다.

희망은 경험으로 줄어들고, 그 자리는 수용으로 대체된다. 먼저 기회가 생겨나고, 무엇을 할 수 있을지에 대한 희망이 생긴다. 우리의 기대(열망)는 오직 '약속'에 근거한다. 그다음으로 기대는 현실에 기반을 둔다. 우리는 과정이 어떻게 일어나는지 이해하고, 점차적으로 희망 대신 더 적절하고 가능한 결과들을 예상하고 수용하게 된다.

이것이 우리가 지속적으로 벼락부자가 되는 법이나 마법의 체중 감량 프로그램 같은 것에 혹하는 이유다. 새로운 계획은 희망을 제공한다. 우리가 스스로에게 기대했던 어떤 경험도 하지 못했기 때문이다. 새로운 전략들은 과거의 전략보다 더 호소력이 짙다. 이는 새로운 전략이 무한하게 희망을 가지고 있기 때문이다. 아리스토텔레스는 "청춘은 쉽게 기만에 빠진다. 희망을 빨리 품기 때문이다."[8]라고 말했다. 기대에 뿌리를 내리는 경험은 없다. 뭔가를 시작할 때, 희망은 우리가 가진 모든 것이다.

부록 2

○

이 책을 즐겁게 읽었다면

시간을 내어 이 책을 읽은 당신에게 감사한다는 말을 전한다. 당신과 함께 내 작업을 나눌 수 있어 무척이나 기쁘다.《아주 작은 습관의 힘》을 즐겁게 읽었다면 나의 다른 글들도 아마 좋아할 것이다. 내 최근 글들은 무료로 제공되는 주간 뉴스레터로 발행되고 있다. 이것을 구독하면 내 최신간이나 최근 프로젝트에 관한 소식을 가장 먼저 접할 수 있다. 그리고 나는 매년 내가 좋아하는 다양한 주제의 책들에 대한 독서 목록을 발송하고 있다. 구독하고 싶다면 atomichabits.com/newsletter를 참고하라.

'아주 작은 습관'을 비즈니스에 적용하는 법

수년간 나는《포춘》선정 500대 회사와 성장하는 스타트업 회사들에서 효율적인 운영과 생산성 향상을 위해 작은 습관의 과학을 어떻게 적용할지에 대해 강연했다. 그중 가장 실용적인 전략들을 짧은 보너스 챕터로 엮어놓았다. 이 내용은《아주 작은 습관의 힘》에서 언급했던 주요 아이디어들과 함께 엄청나게 유용하다는 걸 곧 알게 될 것이다. 보너스 챕터는 atomichabits.com/business를 참고하라.

'아주 작은 습관'을 교육에 적용하는 법

내가 독자들에게 가장 많이 들었던 질문 중 하나가 "우리 애들에게 어떻게 이걸 하게 할 수 있을까요?"였다.《아주 작은 습관의 힘》의 아이디어들은 모든 인간 행위에 광범위하게 적용할 수 있도록 고안되었다. 아이들을 키우고 교육하는 일 역시 수많은 힘든 일들에 직면하게 된다. 이 책의 아이디어들을 교육에 적용하기 위한 간략한 지침들을 보너스 챕터에 담았다. atomichabits.com/parenting에서 이 보너스 챕터를 다운 받을 수 있다.

주석

이 책의 각 장별로 주석, 참고 자료, 참고 문헌 등을 상세하게 정리해 놓았다. 대부분의 독자들에게 이 목록이 충분하리라고 믿는다. 하지만 학술 문헌들 역시 시간이 흐르면서 변하고, 이 책에 인용한 참고 자료들 역시 업데이트가 필요할 것이다. 더구나 이 책의 어느 부분에서는 내가 실수한 경우도 분명 있을 것이다. 아이디어를 제공한 사람이나 감사를 표해야 할 사람을 착각했을 수도 있다(그랬다면 james@jamesclear.com으로 이메일을 보내 가급적 빨리 문제를 수정할 수 있도록 도와주시면 감사하겠다). 아래의 주석들에 더해, atomichabits.com/endnotes에서 업데이트된 주석들을 볼 수 있다.

Prologue

1. 행운에 관해서라면 무엇을 묻겠는가? 행운은 분명 중요하다. 습관은 우리의 성공에 영향을 미치는 유일무이한 것이 아니다. 하지만 우리가 통제할 수 있는 어쩌면 가장 중요한 요소일 것이다. 그리고 합리적인 자기계발 전략은 오직 우리가 통제할 수 있는 것에 초점을 맞추는 것이다.
2. Naval Ravikant (@naval), "To write a great book, you must first become the book," Twitter, May 15, 2018, https://twitter.com/naval/status/996460948029362176.
3. B. F. Skinner, *The Behavior of Organisms* (New York: Appleton-Century-Crofts, 1938).
4. 찰스 두히그, 《습관의 힘》(갤리온, 2012).

Chapter 01. 평범했던 선수들은 어떻게 세계 최고가 되었을까

1. Matt Slater, "How GB Cycling Went from Tragic to Magic," BBC Sport, April 14, 2008, http://news.bbc.co.uk/sport2/hi/olympics/cycling/7534073.stm.
2. Tom Fordyce, "Tour de France 2017: Is Chris Froome Britain's Least Loved Great Sportsman?" BBC Sport, July 23, 2017, https://www.bbc.com/sport/cycling/40692045.
3. Richard Moore, *Mastermind: How Dave Brailsford Reinvented the Wheel* (Glasgow: BackPage Press, 2013).
4. Matt Slater, "Olympics Cycling: Marginal Gains Underpin Team GB Dominance," BBC, August 8, 2012, https://www.bbc.com/sport/olympics/19174302.
5. Tim Harford, "Marginal Gains Matter but Gamechangers Transform," Tim Harford, April 2017, http://timharford.com/2017/04/marginal-gains-matter-but-gamechangers-transform.
6. Eben Harrell, "How 1% Performance Improvements Led to Olympic Gold," *Harvard Business Review*, October 30, 2015, https://hbr.org/2015/10/how-1-performance-improvements-led-to-olympic-gold; Kevin Clark, "How a Cycling Team Turned the Falcons Into NFC Champions," The Ringer, September 12, 2017, https://www.theringer.com/nfl/2017/9/12/16293216/atlanta-falcons-thomas-dimitroff-

cycling-team-sky.

7. 영국 선수들은 2008년 올림픽에서 도로 및 트랙 사이클 부문에서 메달의 57퍼센트를 땄다. 로드 및 트랙 사이클링에서 가능한 금메달은 14개다. 영국 선수들은 그중 8개를 땄다.
8. "World and Olympic Records Set at the 2012 Summer Olympics," Wikipedia, December 8, 2017, https://en.wikipedia.org/wiki/World_and_Olympic_records_set_at_the_2012_Summer_Olympics#Cycling.
9. Andrew Longmore, "Bradley Wiggins," *Encyclopaedia Britannica*, https://www.britannica.com/biography/Bradley-Wiggins, last modified April 21, 2018.
10. Karen Sparks, "Chris Froome," *Encyclopaedia Britannica*, https://www.britannica.com/biography/Chris-Froome, last modified October 23, 2017.
11. "Medals won by the Great Britain Cycling Team at world championships, Olympic Games and Paralympic Games since 2000," British Cycling, https://www.britishcycling.org.uk/gbcyclingteam/article/Gbrst_gb-cyclingteam-GB-Cycling-Team-Medal-History—0?c=EN#K0dWAPjq84CV8Wzw.99, accessed June 8, 2018.
12. 기업가이자 작가인 제이슨 션Jason Shen은 이 책을 사전에 받아봤다. 이 챕터를 읽고 나서 그는 말했다. "성장이 직선적으로 이뤄진다면 3.65배 더 나아지리라 예측할 수 있다. 하지만 이는 기하급수적이기 때문에 실제로는 10배 더 향상된다." 2018년 4월 3일.
13. 많은 사람이 시간에 따라 습관이 얼마나 복리로 뛰는지에 대해 언급했다. 이 주제에 관해 내가 가장 좋아하는 기고문들과 책을 소개하면 다음과 같다. Leo Babauta, "The Power of Habit Investments," Zen Habits, January 28, 2013, https://zenhabits.net/bank; Morgan Housel, "The Freakishly Strong Base," Collaborative Fund, October 31, 2017, http://www.collaborativefund.com/blog/the-freakishly-strong-base; Darren Hardy, *The Compound Effect* (New York: Vanguard Press, 2012).
14. 샘 알트먼이 말했듯이 "생산성이 작은 수준으로 늘어나도 50년 동안 축적되면 엄청난 가치를 지닌다." "Productivity," Sam Altman, April 10, 2018, http://blog.samaltman.com/productivity.
15. Michael (@mmay3r), "The foundation of productivity is habits. The more you do automatically, the more you're subsequently freed to do. This effect compounds," Twitter, April 10, 2018, https://twitter.com/mmay3r/status/983837519274889216.
16. 새로운 아이디어를 습득하는 것이 과거에 했던 생각의 가치를 증진시킨다는 이 개념에 대해 나는 처음 패트릭 오쇼니시Patrick O'Saughnessy에게서 들었다. 그는 이렇게 썼다. "이

것이 지식을 축적하는 이유다. 과거 지식의 가치가 미래의 또 다른 책에서 10분의 4라도 소개되면 그 가치는 10분의 10이 될 수 있다." http://investorfieldguide.com/reading-tweet-storm.

17. 나는 이런 방식으로 내게 습관에 대해 묘사해준 제이슨 레하에게 칭송의 말을 보낸다. Jason Hreha (@jhreha), "They're a double edged sword," Twitter, February 21, 2018, https://twitter.com/jhreha/status/966430907371433984.
18. "How to Live a Longer, Higher Quality Life, with Peter Attia, M.D.," Investor's Field Guide, March 7, 2017, http://investorfieldguide.com/attia.
19. "NBA Finals: A Rock, Hammer and Cracking of Spurs' Majesty in Game 7," CBS Sports, June 21, 2013, https://www.cbssports.com/nba/news/nba-finals-a-rock-hammer-and-cracking-of-spurs-majesty-in-game-7.
20. 이 그래프는 다음 트윗에서 영감을 받았다. "Deception of linear vs exponential" by @MlichaelW. May 19, 2018. https://twitter.com/MlichaelW/status/997878086132817920.
21. 이 문장은 Mr. Mircea의 트윗에서 영감을 받았다. 그는 이렇게 썼다. "습관 하나하나는 하나의 결정으로서 그 자체로 살아 움직이기 시작한다."
22. 크로스핏 코치 벤 버저런과 내가 나눈 대화. 2017년 2월 28일.
23. 이 부분은 고대 그리스 시인 아르킬로코스에게서 영감을 받은 것이다. "우리는 기대 수준을 올리지 않는다. 우리의 훈련 수준을 떨어뜨릴 뿐이다."

Chapter 02. 정체성, 사람을 움직이는 가장 큰 비밀

1. 사이먼 사이넥Simon Sinek에게 경의를 표한다. 그의 '황금 원' 프레임이 디자인상 유사한데 다루고 있는 주제는 다르다. 더 알고 싶다면 다음을 참고하라. 사이먼 사이넥, 《나는 왜 이 일을 하는가》 (타임비즈, 2013).
2. 이 장에서 인용된 문구들은 가독성을 위해 대화로 구성했으나 원래는 클라크가 쓴 글이다. Brian Clark, "The Powerful Psychological Boost that Helps You Make and Break Habits," Further, November 14, 2017, https://further.net/pride-habits.
3. Christopher J. Bryan et al., "Motivating Voter Turnout by Invoking the Self," *Proceedings of the National Academy of Sciences* 108, no. 31 (2011): 12653–12656.

4. Leon Festinger, *A Theory of Cognitive Dissonance* (Stanford, CA: Stanford University Press, 1957).
5. 기술적으로 identidem은 후기 라틴어에 속하는 단어다. 내 글의 구독자인 타마르 시포니Tamar Shippony가 내게 identity라는 단어의 어원에 대해 이야기해주었는데, 그녀는《미국문화유산사전》American Heritage Dictionary을 찾아봤다고 한다.
6. 이것이 아주 작은 습관이 변화를 형성하는 데 효율적인 또 다른 이유이기도 하다. 만일 우리가 너무나 빠르게 자신의 정체성을 변화시킨다면 하룻밤 사이에 완전히 달라진 누군가가 될 것이고, 그렇게 되면 자아감을 잃은 듯 느껴질 것이다. 하지만 정체성을 점차적으로 확장하고 보완해나간다면 완전히 새로운 사람으로 다시 태어난 것을 발견하겠지만 여전히 자신과 유사하게 느낄 것이다. 천천히, 습관 하나하나, 증거 하나하나씩 쌓아나가 새로운 정체성에 익숙해진다. 아주 작은 습관과 점진적 발전은 정체성 손실 없이 정체성을 변화시키는 핵심이다.

Chapter 03. 무엇이든 쉽게, 재밌게, 단순하게

1. Peter Gray, *Psychology*, 6th ed. (New York: Worth, 2011), 108-109.
2. Edward L. Thorndike, "Animal Intelligence: An Experimental Study of the Associative Processes in Animals," *Psychological Review: Monograph Supplements* 2, no. 4 (1898), doi:10.1037/h0092987.
3. 이 문구는 손다이크의 문장을 축약한 것이다. 원래 문장은 다음과 같다. "특정한 상황에서 만족스러운 효과를 만들어내는 반응들은 그 상황에서 다시 발생하는 경향이 커지고, 불편한 효과를 만들어낸 반응들은 그 상황에서 다시 일어나는 경향이 적어진다." 더 알고 싶다면 다음을 참고하라. Peter Gray, *Psychology*, 6th ed. (New York: Worth, 2011), 108-109.
4. 찰스 두히그,《습관의 힘》(갤리온, 2012); Ann M. Graybiel, "Network-Level Neuroplasticity in Cortico-Basal Ganglia Pathways," *Parkinsonism and Related Disorders* 10, no. 5 (2004), doi:10.1016/j.parkreldis.2004.03.007.
5. Jason Hreha, "Why Our Conscious Minds Are Suckers for Novelty," *Revue*, https://www.getrevue.co/profile/jason/issues/why-our-conscious-minds-are-suckers-for-novelty-54131, accessed June 8, 2018.
6. John R. Anderson, "Acquisition of Cognitive Skill," *Psychological Review* 89, no. 4

(1982), doi:10.1037/0033-295X.89.4.369.

7. Shahram Heshmat, "Why Do We Remember Certain Things, But Forget Others," *Psychology Today*, October 8, 2015, https://www.psychologytoday.com/us/blog/science-choice/201510/why-do-we-remember-certain-things-forget-others.

8. William H. Gladstones, Michael A. Regan, and Robert B. Lee, "Division of Attention: The Single-Channel Hypothesis Revisited," *Quarterly Journal of Experimental Psychology Section A* 41, no. 1 (1989), doi:10.1080/14640748908402350.

9. 대니얼 카너먼,《생각에 관한 생각》(김영사, 2018).

10. John R. Anderson, "Acquisition of Cognitive Skill," *Psychological Review* 89, no. 4 (1982), doi:10.1037/0033-295X.89.4.369.

11. Antonio R. Damasio, *The Strange Order of Things: Life, Feeling, and the Making of Cultures* (New York: Pantheon Books, 2018); 리사 펠드먼 베럿,《감정은 어떻게 만들어지는가?》(생각연구소, 2017).

Chapter 04. 인생은 생각하는 만큼 바뀐다

1. 나는 이 이야기를 대니얼 카너먼에게서 들었는데, 2017년 3월 30일 게리 클라인이 이메일로 확인해주었다. 또한 게리 클라인은 자신의 책에서 이 이야기를 다루었는데, 다소 다른 문장으로 썼다. Gary A. Klein, *Sources of Power: How People Make Decisions* (Cambridge, MA: MIT Press, 1998), 43-44.

2. Gary A. Klein, *Sources of Power: How People Make Decisions* (Cambridge, MA: MIT Press, 1998), 38-40.

3. 게티 쿠로스Getty Kouros 조각상의 이야기는 말콤 글래드웰의《첫 2초의 힘 블링크》에서 유명한 실례로 나온다. 이 조각상은 원래 고대 그리스의 것으로 여겨졌으며 1억 달러에 팔렸다. 이 조각상을 둘러싼 논란은 나중에 한 전문가가 한눈에 위조품이라고 말한 뒤에야 일어났다.

4. Siddhartha Mukherjee, "The Algorithm Will See You Now," *New Yorker*, April 3, 2017, https://www.newyorker.com/magazine/2017/04/03/ai-versus-md.

5. 독일의 내과 의사 헤르만 폰 홈볼트는 뇌가 '예측 기계'라는 개념을 발전시켰다.

6. Helix van Boron, "What's the Dumbest Thing You've Done While Your Brain Is on Autopilot," Reddit, August 21, 2017, https://www.reddit.com/r/AskReddit/

comments/6v1t91/whats_the_dumbest_thing_youve_done_while_your/dlxa5y9.
7. SwordOfTheLlama, "What Strange Habits Have You Picked Up from Your Line of Work," Reddit, January 4, 2016, https://www.reddit.com/r/AskReddit/comments/3zckq6/what_strange_habits_have_you_picked_up_from_your/cyl3nta.
8. SwearImaChick, "What Strange Habits Have You Picked Up from Your Line of Work," Reddit, January 4, 2016, https://www.reddit.com/r/AskReddit/comments/3zckq6/what_strange_habits_have_you_picked_up_from_your/cyl681q.
9. 융이 한 이 말은 대중적임에도 불구하고 나는 원전을 찾는 데 어려움을 겪었다. 아마도 이 문장의 구절일 듯하다. "심리학적 규칙은 말한다. 내적 상황이 의식으로 만들어지지 않을 때 외부에서 일어나면 그것은 운명이라고 한다. 즉, 개인이 분리되지 않고 의식의 내적 반발이 일어나지 않을 때 세계는 강제적으로 갈등을 연출하고 적대적인 나머지 반을 공격한다." 더 알고 싶다면 다음을 참고하라. C. G. Jung, *Aion: Researches into the Phenomenology of the Self* (Princeton, NJ: Princeton University Press, 1959), 71.
10. Alice Gordenker, "JR Gestures," *Japan Times*, October 21, 2008, https://www.japantimes.co.jp/news/2008/10/21/reference/jr-gestures/#.WvIG49Mvzu1.
11. Allan Richarz, "Why Japan's Rail Workers Can't Stop Pointing at Things," *Atlas Obscura*, March 29, 2017, https://www.atlasobscura.com/articles/pointing-and-calling-japan-trains.

Chapter 05. 아주 구체적으로 쪼개고 붙여라

1. Sarah Milne, Sheina Orbell, and Paschal Sheeran, "Combining Motivational and Volitional Interventions to Promote Exercise Participation: Protection Motivation Theory and Implementation Intentions," *British Journal of Health Psychology* 7 (May 2002): 163–184.
2. Peter Gollwitzer and Paschal Sheeran, "Implementation Intentions and Goal Achievement: A Meta-Analysis of Effects and Processes," *Advances in Experimental Social Psychology* 38 (2006): 69–119.
3. Katherine L. Milkman, John Beshears, James J. Choi, David Laibson, and Brigitte C. Madrian, "Using Implementation Intentions Prompts to Enhance Influenza Vaccination Rates," *Proceedings of the National Academy of Sciences* 108, no. 26

(June 2011): 10415–10420.

4. Katherine L. Milkman, John Beshears, James J. Choi, David Laibson, and Brigitte C. Madrian, "Planning Prompts as a Means of Increasing Preventive Screening Rates," *Preventive Medicine* 56, no. 1 (January 2013): 92–93.
5. David W. Nickerson and Todd Rogers, "Do You Have a Voting Plan? Implementation Intentions, Voter Turnout, and Organic Plan Making," *Psychological Science* 21, no. 2 (2010): 194–199.
6. "Policymakers around the World Are Embracing Behavioural Science," *The Economist*, May 18, 2017, https://www.economist.com/news/international/21722163-experimental-iterative-data-driven-approach-gaining-ground-policy makers-around.
7. Edwin Locke and Gary Latham, "Building a Practically Useful Theory of Goal Setting and Task Motivation: A 35-Year Odyssey," *American Psychologist* 57, no. 9 (2002): 705–717, doi:10.1037//0003–066x.57.9.705.
8. Hengchen Dai, Katherine L. Milkman, and Jason Riis, "The Fresh Start Effect: Temporal Landmarks Motivate Aspirational Behavior," *PsycEXTRA Dataset*, 2014, doi:10.1037/e513702014–058.
9. Jason Zweig, "Elevate Your Financial IQ: A Value Packed Discussion with Jason Zweig," interview by Shane Parrish, *The Knowledge Project*, Farnam Street, audio, https://www.fs.blog/2015/10/jason-zweig-knowledge-project.
10. 습관 쌓기라는 용어는 스콧S. J. Scott이 쓴 동명의 책 제목에서 가져온 것이다. 내가 이해하고 있는 한 그는 다소 다른 방식으로 이 용어를 썼는데, 나는 이 용어가 좋았고 이 챕터에서 사용하기에 적절하다고 생각했다. 커트니 카버Courtney Carver나 줄리언 스미스Julien Smith 같은 이전의 작가들 역시 이 용어를 사용했는데, 다른 맥락에서 사용했다.
11. "Denis Diderot," *New World Encyclopedia*, http://www.newworldencyclopedia.org/entry/Denis_Diderot, last modified October 26, 2017.
12. *Encyclopædia Britannica*, vol. 8 (1911), s.v. "Denis Diderot." 디드로의 주홍색 망토는 종종 친구로부터 받은 선물로 묘사되기도 한다. 하지만 나는 친구가 그 망토를 주었다는 어떤 언급도, 선물이라는 주장을 하는 원전도 찾아낼 수 없었다. 이 망토의 출처에 관한 전문적인 역사가를 알게 된다면, 내게 이야기해주길 바란다.
13. Denis Diderot, "Regrets for My Old Dressing Gown," trans. Mitchell Abidor, 2005,

https://www.marxists.org/reference/archive/diderot/1769/regrets.htm.

14. Juliet Schor, *The Overspent American: Why We Want What We Don't Need* (New York: HarperPerennial, 1999).

15. 이 챕터에서 나는 '습관 쌓기'라는 용어를 새로운 습관과 예전의 습관을 연결하는 것을 언급할 때 사용했다. 이 아이디어에 대해서는 포그에게 빚지고 있다. 포그는 그의 저작에서 '앵커링'이라는 용어를 사용하는데, 우리의 오래된 습관이 '앵커(닻)' 역할을 해서 새로운 습관을 고정시키기 때문이다. 당신이 어떤 용어를 더 선호하느냐는 중요치 않다. 나는 그저 이 전략이 무척이나 효율적이라고 믿는다. 포그의 작업과 그의 작은 습관 레시피에 대해 더 알고 싶다면 http://www.tinyhabits.com을 참고하라.

16. Dev Basu (@devbasu), "Have a one-in-one-out policy when buying things," Twitter, February 11, 2018, https://twitter.com/devbasu/status/962778141965000704.

Chapter 06. 환경이 행동을 결정한다

1. Anne N. Thorndike et al., "A 2-Phase Labeling and Choice Architecture Intervention to Improve Healthy Food and Beverage Choices," *American Journal of Public Health* 102, no. 3 (2012), doi:10.2105/ajph.2011.300391.

2. 다양한 조사 연구들이 보여주는 바에 따르면 우리는 실제 생리적 허기를 느끼지 않을 때조차 음식 이미지를 보는 것만으로도 배고픔을 느낀다. 한 연구자에 따르면 먹는 행위는 음식 신호라는 맥락에 대한 자동적인 반응의 결과라고 한다. 더 알고 싶다면 다음을 참고하라. D. A. Cohen and S. H. Babey, "Contextual Influences on Eating Behaviours: Heuristic Processing and Dietary Choices," *Obesity Reviews* 13, no. 9 (2012), doi:10.1111/j.1467-789x.2012.01001.x; and Andrew J. Hill, Lynn D. Magson, and John E. Blundell, "Hunger and Palatability: Tracking Ratings of Subjective Experience Before, during and after the Consumption of Preferred and Less Preferred Food," *Appetite* 5, no. 4 (1984), doi:10.1016/s0195-6663(84)80008-2.

3. Kurt Lewin, *Principles of Topological Psychology* (New York: McGraw-Hill, 1936).

4. Hawkins Stern, "The Significance of Impulse Buying Today," *Journal of Marketing* 26, no. 2 (1962), doi:10.2307/1248439.

5. Michael Moss, "Nudged to the Produce Aisle by a Look in the Mirror," *New York Times*, August 27, 2013, https://www.nytimes.com/2013/08/28/dining/wooing-us-down-the-produce-aisle.html?_r=0.
6. 음식에 더 많이 노출될수록 음식을 더 많이 사고 먹게 된다. T. Burgoine et al., "Associations between Exposure to Takeaway Food Outlets, Takeaway Food Consumption, and Body Weight in Cambridgeshire, UK: Population Based, Cross Sectional Study," *British Medical Journal* 348, no. 5 (2014), doi:10.1136/bmj.g1464.
7. Timothy D. Wilson, *Strangers to Ourselves: Discovering the Adaptive Unconscious* (Cambridge, MA: Belknap Press, 2004), 24.
8. B. R. Sheth et al., "Orientation Maps of Subjective Contours in Visual Cortex," *Science* 274, no. 5295 (1996), doi:10.1126/science.274.5295.2110.
9. 이 이야기는 1973년 덴마크 콜레콜레에서 열린 컨퍼런스에서 도넬라 메도우스가 말한 것이다. 더 알고 싶다면 다음을 참고하라. Donella Meadows and Diana Wright, *Thinking in Systems: A Primer* (White River Junction, VT: Chelsea Green, 2015), 109.
10. 실제 추산은 8퍼센트다. 하지만 주어진 변수들을 이용해 5~10퍼센트 정도 사이라고 하는 것이 합리적인 추정일 것이다. Blake Evans-Pritchard, "Aiming to Reduce Cleaning Costs," *Works That Work*, Winter 2013, https://worksthatwork.com/1/urinal-fly.
11. 자극 통제와 관련된 기술들은 불면증을 겪는 사람들을 도울 수 있다. 잠드는 게 힘든 사람들은 피곤할 때 방으로 가서 침대에 누우라는 말을 듣는다. 그래도 잠이 들지 않는다면 일어나서 다른 방으로 가라고 한다. 이상한 조언이지만, 연구자들은 침대에 가서 자는 것과 다른 활동(예를 들어 책을 읽는 것이나 그냥 누워만 있는 것 등)은 하지 않는다는 것을 연결시킨다. 그러자 사람들은 그 과정을 반복하다 빨리 잠이 들기 시작했다. 침대에 있으면 잠이 드는 현상이 거의 자동적으로 일어난 것은 성공적인 촉매가 만들어졌기 때문이다. 더 알고 싶다면 다음을 참고하라. Charles M. Morin et al., "Psychological and Behavioral Treatment of Insomnia: Update of the Recent Evidence (1998-2004)," *Sleep* 29, no. 11 (2006), doi:10.1093/sleep/29.11.1398; and Gregory Ciotti, "The Best Way to Change Your Habits? Control Your Environment," Sparring Mind, https://www.sparringmind.com/changing-habits.
12. S. Thompson, J. Michaelson, S. Abdallah, V. Johnson, D. Morris, K. Riley, and A. Simms, *'Moments of Change' as Opportunities for Influencing Behaviour: A*

Report to the Department for Environment, Food and Rural Affairs (London: Defra, 2011), http://randd.defra.gov.uk/Document.aspx?Document=MomentsofChangeEV0506FinalReport Nov2011(2).pdf.

13. 다양한 연구 조사들에 따르면 환경을 변화시켰을 때 행동 변화가 더 쉽게 일어난다. 예를 들어 학생들은 학교로 이동했을 때 텔레비전 시청 습관이 바뀌었다. Wendy Wood and David T. Neal, "Healthy through Habit: Interventions for Initiating and Maintaining Health Behavior Change," *Behavioral Science and Policy* 2, no. 1 (2016), doi:10.1353/bsp.2016.0008; W. Wood, L. Tam, and M. G. Witt, "Changing Circumstances, Disrupting Habits," *Journal of Personality and Social Psychology* 88, no. 6 (2005), doi:10.1037/0022-3514.88.6.918.
14. 어쩌면 이것이 성공적인 행동 변화의 36퍼센트가 새로운 장소로 이동한 것과 연관되는 이유일 것이다. Melissa Guerrero-Witt, Wendy Wood, and Leona Tam, "Changing Circumstances, Disrupting Habits," *PsycEXTRA Dataset* 88, no. 6 (2005), doi:10.1037/e529412014-144.

Chapter 07. 나쁜 습관 피하기 기술

1. Lee N. Robins et al., "Vietnam Veterans Three Years after Vietnam: How Our Study Changed Our View of Heroin," *American Journal on Addictions* 19, no. 3 (2010), doi:10.1111/j.1521-0391.2010.00046.x.
2. "Excerpts from President's Message on Drug Abuse Control," *New York Times*, June 18, 1971, https://www.nytimes.com/1971/06/18/archives/excerpts-from-presidents-message-on-drug-abuse-control.html.
3. Lee N. Robins, Darlene H. Davis, and David N. Nurco, "How Permanent Was Vietnam Drug Addiction?" *American Journal of Public Health* 64, no. 12 (suppl.) (1974), doi:10.2105/ajph.64.12_suppl.38.
4. Bobby P. Smyth et al., "Lapse and Relapse following Inpatient Treatment of Opiate Dependence," *Irish Medical Journal* 103, no. 6 (June 2010).
5. Wilhelm Hofmann et al., "Everyday Temptations: An Experience Sampling Study on How People Control Their Desires," *PsycEXTRA Dataset* 102, no. 6 (2012), doi:10.1037/e634112013-146.

6. "자제력에 관한 표준화된 모델은 한쪽은 천사이고 다른 한쪽은 악마가 있어 이것들이 투쟁한 결과라는 것이다. … 우리는 의지가 강해야만 이 투쟁에서 효율적으로 싸워나갈 수 있다고 생각하곤 한다. 그러나 실제로 자제력이 강한 사람은 이런 투쟁을 하지 않는다." 더 알고 싶다면 다음을 참고하라. Brian Resnick, "The Myth of Self-Control," *Vox*, November 24, 2016, https://www.vox.com/science-and-health/2016/11/3/13486940/self-control-psychology-myth.
7. Wendy Wood and Dennis Rüunger, "Psychology of Habit," *Annual Review of Psychology* 67, no. 1 (2016), doi:10.1146/annurev-psych-122414-033417.
8. "The Biology of Motivation and Habits: Why We Drop the Ball," *Therapist Uncensored*, 20:00, http://www.therapistuncensored.com/biology-of-motivation-habits, accessed June 8, 2018.
9. Sarah E. Jackson, Rebecca J. Beeken, and Jane Wardle, "Perceived Weight Discrimination and Changes in Weight, Waist Circumference, and Weight Status," *Obesity*, 2014, doi:10.1002/oby.20891.
10. 켈리 맥고니걸, 《스트레스의 힘》(21세기북스, 2015).
11. Fran Smith, "How Science Is Unlocking the Secrets of Addiction," *National Geographic*, September 2017, https://www.nationalgeographic.com/magazine/2017/09/the-addicted-brain.

Chapter 08. 왜 어떤 습관은 더 하고 싶을까

1. Nikolaas Tinbergen, *The Herring Gull's World* (London: Collins, 1953); "Nikolaas Tinbergen," *New World Encyclopedia*, http://www.newworldencyclopedia.org/entry/Nikolaas_Tinbergen, last modified September 30, 2016.
2. James L. Gould, *Ethology: The Mechanisms and Evolution of Behavior* (New York: Norton, 1982), 36-41.
3. Steven Witherly, *Why Humans Like Junk Food* (New York: IUniverse, 2007).
4. "Tweaking Tastes and Creating Cravings," *60 Minutes*, November 27, 2011. https://www.youtube.com/watch?v=a7Wh3uq1yTc.
5. Steven Witherly, *Why Humans Like Junk Food* (New York: IUniverse, 2007).
6. Michael Moss, *Salt, Sugar, Fat: How the Food Giants Hooked Us* (London: Allen,

2014).
7. 이것은 다음에서 인용했다. Stephan Guyenet, "Why Are Some People 'Carboholics'?" July 26, 2017, http://www.stephanguyenet.com/why-are-some-people-carbo holics. 수정된 내용은 2018년 4월 저자와의 이메일을 통해 확인받았다.
8. 도파민의 중요성은 우연히 발견되었다. 1954년 맥길 대학교의 신경과학자인 제임스 올즈와 피터 밀너는 쥐의 뇌 중간에 전극을 깊이 심었다. 광범위한 부위에 전극이 정밀하게 배치되었다. 당시까지 마음의 지도는 미스터리로 남아 있었다. 하지만 올즈와 밀너는 행운을 잡았다. 이들은 중격의지핵 바로 옆에 바늘을 찔렀다. 이 부분은 뇌의 쾌락을 관장하는 중추다. 초콜릿 케이크 한 조각을 먹거나 좋아하는 음악을 듣거나 좋아하는 팀이 월드 시리즈에서 우승하는 것을 보면 중격의지핵이 우리를 행복하게 만들어준다. 하지만 올즈와 밀너는 쾌락이 너무 크면 치명적인 결과를 초래한다는 것도 알아냈다. 몇몇 설치류의 뇌에 전극을 붙이고, 각각 작은 전류를 흘려보내자 중격의지핵은 계속해서 흥분을 만들어냈다. 그러나 설치류들은 곧 모든 일에 흥미를 잃었다. 먹지도 마시지도 않았다. 구애 행위도 멈췄다. 쥐들은 더없는 행복감에 사로잡혀 우리 가장자리에 그저 웅크리며 옴짝달싹 하지 않았다. 수일 만에 동물들은 죽었다. 더 알고 싶다면 다음을 참고하라. Jonah Lehrer, *How We Decide* (Boston: Houghton Mifflin Harcourt, 2009).
9. James Olds and Peter Milner, "Positive Reinforcement Produced by Electrical Stimulation of Septal Area and Other Regions of Rat Brain," *Journal of Compa rative and Physiological Psychology* 47, no. 6 (1954), doi:10.1037/h0058775.
10. Qun-Yong Zhou and Richard D. Palmiter, "Dopamine-Deficient Mice Are Severely Hypoactive, Adipsic, and Aphagic," *Cell* 83, no. 7 (1995), doi:10.1016/0092-8674(95)90145-0.
11. Kent C. Berridge, Isabel L. Venier, and Terry E. Robinson, "Taste Reactivity Analy sis of 6-Hydroxydopamine-Induced Aphagia: Implications for Arousal and Anhedonia Hypotheses of Dopamine Function," *Behavioral Neuroscience* 103, no. 1 (1989), doi:10.1037//0735-7044.103.1.36.
12. Ross A. Mcdevitt et al., "Serotonergic versus Nonserotonergic Dorsal Raphe Projection Neurons: Differential Participation in Reward Circuitry," *Cell Reports* 8, no. 6 (2014), doi:10.1016/j.celrep.2014.08.037.
13. Natasha Dow Schüll, *Addiction by Design: Machine Gambling in Las Vegas* (Princeton, NJ: Princeton University Press, 2014), 55.

14. 내가 처음 도파민이 주도하는 피드백 순환 작용이라는 용어를 들은 건 카마스 팔리아피티야Chamath Palihapitiya에게서였다. 더 알고 싶다면 다음을 참고하라. "Chamath Palihapitiya, Founder and CEO Social Capital, on Money as an Instrument of Change," Stanford Graduate School of Business, November 13, 2017, https://www.youtube.com/watch?v=PMotykw0SIk.
15. 연구자들이 나중에 발견한 바에 따르면 엔도르핀과 오피오이드가 즐거운 반응을 담당한다. 더 알고 싶다면 다음을 참고하라. V. S. Chakravarthy, Denny Joseph, and Raju S. Bapi, "What Do the Basal Ganglia Do? A Modeling Perspective," *Biological Cybernetics* 103, no. 3 (2010), doi:10.1007/s00422-010-0401-y.
16. Wolfram Schultz, "Neuronal Reward and Decision Signals: From Theories to Data," *Physiological Reviews* 95, no. 3 (2015), doi:10.1152/physrev.00023.2014, fig.8; Fran Smith,"How Science Is Unlocking the Secrets of Addiction," *National Geographic*, September 2017, https://www.nationalgeographic.com/magazine/2017/09/the-addicted-brain.
17. 도파민은 우리가 뭔가를 추구하고, 탐구하고, 행동을 취하게 한다. "도파민이 공급되면 이 중간변연적 '추적' 시스템이 복측피개부로부터 일어나서 수렵채집, 탐구, 추적 조사, 호기심, 흥미, 기대를 촉발한다. 도파민이 터져 나오는 순간마다 쥐(혹은 인간)는 그 환경을 탐색한다. … 나는 그 쥐를 봤다. 쥐는 계속 찾아다니고 코를 킁킁거리면서 추적 시스템이 가동되었다." 더 알고 싶다면 다음을 참고하라. Karin Badt, "Depressed? Your 'SEEKING' System Might Not Be Working: A Conversation with Neuroscientist Jaak Panksepp," Huffington Post, December 6, 2017, http://www.huffingtonpost.com/karin-badt/depressed-your-seeking-sy_b_3616967.html.
18. Wolfram Schultz, "Multiple Reward Signals in the Brain," *Nature Reviews Neuroscience* 1, no. 3 (2000), doi:10.1038/35044563.
19. Kent Berridge, 저자와의 대화, March 8, 2017.
20. Hackster Staff, "Netflix and Cycle!," Hackster, July 12, 2017, https://blog.hackster.io/netflix-and-cycle-1734d0179deb.
21. "Cycflix: Exercise Powered Entertainment," Roboro, July 8, 2017, https://www.youtube.com/watch?v=-nc0irLB-iY.
22. Jeanine Poggi, "Shonda Rhimes Looks Beyond ABC's Nighttime Soaps," *AdAge*, May 16, 2016, http://adage.com/article/special-report-tv-upfront/shonda-

rhimes-abc-soaps/303996.

23. Jon E. Roeckelein, *Dictionary of Theories, Laws, and Concepts in Psychology* (Westport, CT: Greenwood Press, 1998), 384.

Chapter 09. 왜 주위 사람에 따라 내 습관이 변할까

1. Harold Lundstrom, "Father of 3 Prodigies Says Chess Genius Can Be Taught," *Deseret News*, December 25, 1992, https://www.deseretnews.com/article/266378/FATHER-OF-3-PRODIGIES-SAYS-CHESS-GENIUS-CAN-BE-TAUGHT.html?pg=all.
2. Peter J. Richerson and Robert Boyd, *Not by Genes Alone: How Culture Transformed Human Evolution* (Chicago: University of Chicago Press, 2006).
3. Nicholas A. Christakis and James H. Fowler, "The Spread of Obesity in a Large Social Network over 32 Years," *New England Journal of Medicine* 357, no. 4 (2007), doi:10.1056/nejmsa066082. J. A. Stockman, "The Spread of Obesity in a Large Social Network over 32 Years," *Yearbook of Pediatrics 2009* (2009), doi:10.1016/s0084-3954(08)79134-6.
4. Amy A. Gorin et al., "Randomized Controlled Trial Examining the Ripple Effect of a Nationally Available Weight Management Program on Untreated Spouses," *Obesity* 26, no. 3 (2018), doi:10.1002/oby.22098.
5. Mike Massimino, "Finding the Difference Between 'Improbable' and 'Impossible,'" interview by James Altucher, *The James Altucher Show*, January 2017, https://jamesaltucher.com/2017/01/mike-massimino-i-am-not-good-enough.
6. Ryan Meldrum, Nicholas Kavish, and Brian Boutwell, "On the Longitudinal Association Between Peer and Adolescent Intelligence: Can Our Friends Make Us Smarter?," *PsyArXiv*, February 10, 2018, doi:10.17605/OSF.IO/TVJ9Z.
7. Harold Steere Guetzkow, *Groups, Leadership and Men: Research in Human Relations* (Pittsburgh, PA: Carnegie Press, 1951), 177-190.
8. 이어진 연구들은 자신처럼 해당 집단의 의견에 동의하지 않는 배우가 한 명 있다면, 피험자들은 선의 길이가 다르다는 자신의 믿음을 훨씬 더 잘 언급하는 경향이 있음을 보여준다. 내가 집단과 의견을 달리할 때 동맹자가 있다면 그 주장을 유지하기가 훨씬 쉬워

질 것이다. 사회적 규범에 저항하기 위해 힘이 필요하다면 파트너를 찾아라. 더 알고 싶다면 다음을 참고하라. Solomon E. Asch, "Opinions and Social Pressure," *Scientific American* 193, no. 5 (1955), doi:10.1038/scientificamerican1155-31; and William N. Morris and Robert S. Miller, "The Effects of Consensus-Breaking and Consensus-Preempting Partners on Reduction of Conformity," *Journal of Experimental Social Psychology* 11, no. 3 (1975), doi:10.1016/s0022-1031(75)80023-0. 약 75퍼센트의 피험자들이 최소한 한 번은 정직하지 않은 선택을 했다. 그러나 실험 전체를 통해 나온 응답을 모두 고려하면 약 3분의 2가 정직했다. 어느 쪽이든 핵심은 이렇다. 집단의 압력은 적절한 결정을 내리는 우리의 능력을 유의미한 수준으로 바꿔놓을 수 있다는 것이다.

9. Lydia V. Luncz, Giulia Sirianni, Roger Mundry, and Christophe Boesch. "Costly culture: differences in nut-cracking efficiency between wild chimpanzee groups." *Animal Behaviour* 137 (2018): 63-73.

Chapter 10. 나쁜 습관도 즐겁게 고칠 수 있을까

1. 트위터 계정 @simpolism에서 이와 유사한 사례를 접했다. "이 은유를 확장해보자. 만약 사회가 사람의 몸이라면 정부는 뇌다. 사람은 자신의 동기를 인식하지 못한다. 만일 '왜 먹니?' 하고 묻는다면 '생존하기 위해 음식이 필요해서'가 아니라 '음식이 맛이 있으니까'라고 말할 것이다. 국가의 음식은 무엇일까? (힌트: 알약 형태 음식일까?)" Twitter, May 7, 2018, https://twitter.com/simpolism/status/993632142700826624.
2. Antoine Bechara et al., "Insensitivity to Future Consequences following Damage to Human Prefrontal Cortex," *Cognition* 50, no. 1-3 (1994), doi:10.1016/0010-0277(94)90018-3.
3. "When Emotions Make Better Decisions—Antonio Damasio," August 11, 2009. https://www.youtube.com/watch?v=1wup_K2WN0I.
4. 내 친구인 트레이닝 코치 마크 와츠Mark Watts에게 감사를 표한다. 이 간단한 마인드세트 변환은 그가 내게 공유해준 것이다.
5. RedheadBanshee, "What Is Something Someone Said That Forever Changed Your Way of Thinking," Reddit, October 22, 2014, https://www.reddit.com/r/AskReddit/comments/2jzn0j/what_is_something_someone_said_that_forever/clgm4s2.
6. WingedAdventurer, "Instead of Thinking 'Go Run in the Morning,' Think 'Go Build

Endurance and Get Fast.' Make Your Habit a Benefit, Not a Task," Reddit, January 19, 2017, https://www.reddit.com/r/selfimprovement/comments/5ovrqf/instead_of_thinking_go_run_in_the_morning_think/?st=izmz9pks&sh=059312 db.

7. Alison Wood Brooks, "Get Excited: Reappraising Pre-Performance Anxiety as Excitement with Minimal Cues," *PsycEXTRA Dataset*, June 2014, doi:10.1037/e578192014-321; Caroline Webb, *How to Have a Good Day* (London: Pan Books, 2017), 238. 웬디 베리 먼데스Wendy Berry Mendes와 제러미 재미슨Jeremy Jamieson이 수많은 연구를 거듭한 결과, 사람들은 심장 박동이 빨라지고 숨이 가빠진다고 해석될 때, 즉 이것이 행위를 도와주는 원천이 될 때 더 잘 집중했다.
8. Ed Latimore (@EdLatimore), "Odd realization: My focus and concentration goes up just by putting my headphones [on] while writing. I don't even have to play any music," Twitter, May 7, 2018, https://twitter.com/EdLatimore/status/993496493171662849.

Chapter 11. 1만 시간의 법칙은 틀렸다

1. 이 이야기는 데이비드 베일즈와 테드 올랜드의《예술가여, 무엇이 두려운가》에 실린 것이다. 2016년 10월 18일 올랜드는 이메일에서 이 이야기의 기원을 설명했다. "그래요.《예술가여, 무엇이 두려운가》에서 이 '도자기 이야기'는 실제로 진실이고, 개작하면서 약간의 문학적 가미가 더해졌습니다. 실제로 일어난 이야기는 사진작가 제리 율스만이 플로리다 대학교에서 기초 사진 수업 학생들의 동기를 자극하기 위해 사용한 방식입니다.《예술가여, 무엇이 두려운가》는 이것을 개작해서 그 장면을 진실로 포착해냈다고 제리가 내게 말해주었죠. 탐색할 매체를 사진에서 도자기로 바꾼 것만 제외하고는요. 인정하건대, 논의할 만한 예술 매체로서 사진을 택한 게 더 쉬웠을 겁니다. 하지만 데이비드 베일즈와 저 둘 다 사진작가였고, 그 글에서 언급하는 매체들을 의식적으로 다양하게 하려고 애쓰고 있었습니다. 제가 흥미를 느낀 부분은 어떤 형태의 예술이 적용되었는지는 중요치 않다는 겁니다. 이 이야기의 도덕률은 예술 스펙트럼 전체에 직접적으로 똑같이 진실이라는 겁니다(그리고 심지어 예술 외적으로도 똑같이 중요합니다)." 메일의 후반부에서 올랜드는 말했다. "앞으로 나올 당신의 책에 이 '도자기' 부분을 전부 또는 일부를 재수록하는 것을 허가합니다." 마지막으로 나는 이 개작된 형태를 출판하기로 했고, 율스만의 사진 수업 학생들이라는 원전에서 도자기 이야기를 만든 그들의 이야기를 조합했다. David Bayles and

Ted Orland, *Art & Fear: Observations on the Perils (and Rewards) of Artmaking* (Santa Cruz, CA: Image Continuum Press, 1993), 29.

2. Voltaire, *La Bégueule. Conte Moral* (1772).
3. 장기적 강화는 1966년에 테리에 뢰모Terje Lømo가 발견했다. 더 자세하게 말하면 일련의 신호들이 뇌에 의해 반복적으로 전달되면 훗날에도 지속적인 영향을 미치며 이런 신호들이 미래에도 전달되는 게 훨씬 쉬워진다.
4. Donald O. Hebb, *The Organization of Behavior: A Neuropsychological Theory* (New York: Wiley, 1949).
5. S. Hutchinson, "Cerebellar Volume of Musicians," *Cerebral Cortex* 13, no. 9 (2003), doi:10.1093/cercor/13.9.943.
6. A. Verma, "Increased Gray Matter Density in the Parietal Cortex of Mathematicians: A Voxel Based Morphometry Study," *Yearbook of Neurology and Neurosurgery 2008* (2008), doi:10.1016/s0513-5117(08)79083-5.
7. Eleanor A. Maguire et al., "Navigation-Related Structural Change in the Hippocampi of Taxi Drivers," *Proceedings of the National Academy of Sciences* 97, no. 8 (2000), doi:10.1073/pnas.070039597; Katherine Woollett and Eleanor A. Maguire, "Acquiring 'the Knowledge' of London's Layout Drives Structural Brain Changes," *Current Biology* 21, no. 24 (December 2011), doi:10.1016/j.cub.2011.11.018; Eleanor A. Maguire, Katherine Woollett, and Hugo J. Spiers, "London Taxi Drivers and Bus Drivers: A Structural MRI and Neuropsychological Analysis," *Hippocampus* 16, no. 12 (2006), doi:10.1002/hipo.20233.
8. George Henry Lewes, *The Physiology of Common Life* (Leipzig: Tauchnitz, 1860).
9. 브라이언 에노Brian Eno는 그의 탁월하고 창조적 영감으로 가득한 오블리크 스트래티지스 카드 세트에서 이와 같은 이야기를 하고 있다. 그것에 대해서는 이 글을 쓴 순간에도 알 수 없다. 위대한 마음, 그것이 전부다.
10. Phillippa Lally et al., "How Are Habits Formed: Modelling Habit Formation in the Real World," *European Journal of Social Psychology* 40, no. 6 (2009), doi:10.1002/ejsp.674.
11. 헤르만 에빙하우스는 1885년 그의 책《기억에 관하여》를 통해서 학습 곡선에 대해 처음 설명한 사람이다. Hermann Ebbinghaus, *Memory: A Contribution to Experimental Psychology* (United States: Scholar Select, 2016).

Chapter 12. 웬만하면 쉽게 갑시다

1. 제레드 다이아몬드,《총, 균, 쇠》(문학사상, 2005).
2. 디팍 초프라Deepak Chopra는 "최소 노력의 법칙"이라는 말을 요가의 일곱 가지 영적 법칙들에서 사용했다. 이 콘셉트는 내가 여기서 다룬 법칙과는 관계가 없다.
3. 이 비유는 조시 웨이츠킨Josh Waitzkin이 팀 페리스와의 인터뷰에서 언급했던 개념의 수정판이다. "The TimFerriss Show, Episode 2: Josh Waitzkin," May 2, 2014, audio, https://soundcloud.com/tim-ferriss/the-tim-ferriss-show-episode- 2-josh-waitzkin.
4. James Surowiecki, "Better All the Time," *New Yorker*, November 10, 2014, https://www.newyorker.com/magazine/2014/11/10/better-time.
5. '삭감에 따른 부가'는 도치로 알려진 더 큰 법칙의 한 예다. 내가 이미 http://jamesclear.com/inversion에서 썼던 것이다. 이 주제에 대해 내 생각의 주요 부분은 셰인 페리시Shane Perrish에게 빚지고 있다. 왜 "명민함을 추구하기보다는 어리석음을 피하는 게 더 쉬운가."에 대해 쓴 것 말이다. Shane Parrish, "Avoiding Stupidity Is Easier Than Seeking Brilliance," Farnam Street, June 2014, https://www.fs.blog/2014/06/avoiding-stupidity.
6. Owain Service et al., "East: Four Simple Ways to Apply Behavioural Insights," Behavioural Insights Team, 2015, http://38r8om2xjhhl25mw24492dir.wpengine.netdna-cdn.com/wp-content/uploads/2015/07/BIT-Publication-EAST_FA_WEB.pdf.
7. 오즈월드 너콜스는 본인의 요청에 따라 지은 가명이다.
8. Saul_Panzer_NY, "[Question] What One Habit Literally Changed Your Life?" Reddit, June 5, 2017, https://www.reddit.com/r/getdisciplined/comments/ 6fgqbv/question_what_one_habit_literally_changed_your/diieswq.

Chapter 13. 변화를 위한 최소한의 시간

1. Twyla Tharp and Mark Reiter, *The Creative Habit: Learn It and Use It for Life: A Practical Guide* (New York: Simon and Schuster, 2006).
2. Wendy Wood, "Habits Across the Lifespan," 2006, https://www.researchgate.net/publication/315552294_Habits_Across_the_Lifespan.
3. Benjamin Gardner, "A Review and Analysis of the Use of 'Habit' in Understanding,

Predicting and Influencing Health-Related Behaviour," *Health Psychology Review* 9, no. 3 (2014), doi:10.1080/17437199.2013.876238.

4. '결정적 순간'이라는 용어를 만들어낸 사람은 역사상 가장 위대한 거리 사진 작가 중 하나인 앙리 카르티에-브레송이다. 하지만 목적은 완전히 다르다. 브레송은 딱 적절한 때 놀라운 이미지를 포착하기 위한 의도로 이 용어를 사용했다.
5. 2분 규칙은 데이비드 앨런에게서 빌려온 것이다. "2분 이하로 한다면 지금 그것을 하게 된다." 더 알고 싶다면 다음을 참고하라. 데이비드 앨런, 《쏟아지는 일 완벽하게 해내는 법》(김영사, 2016).
6. 작가 칼 뉴포트Cal Newport는 '중단 의식'을 사용하는데, 마지막 이메일함을 확인하고 다음 날 해야 할 일 목록을 준비하는 것이다. 그는 '중단 완성'은 그날 하루의 일을 끝내기 위한 것이라고 말한다. 더 자세한 것을 알고 싶다면 다음을 참고하라. 칼 뉴포트, 《딥 워크》(민음사, 2017).
7. 그렉 맥커운, 《에센셜리즘》(알에이치코리아, 2014).
8. Gail B. Peterson, "A Day of Great Illumination: B. F. Skinner's Discovery of Shaping," *Journal of the Experimental Analysis of Behavior* 82, no. 3 (2004), doi:10.1901/jeab.2004.82-317.

Chapter 14. 그들은 어떻게 나쁜 습관을 버리는가

1. Adèle Hugo and Charles E. Wilbour, *Victor Hugo, by a Witness of His Life* (New York: Carleton, 1864).
2. Gharad Bryan, Dean Karlan, and Scott Nelson, "Commitment Devices," *Annual Review of Economics* 2, no. 1 (2010), doi:10.1146/annurev.economics.102308.124324.
3. Peter Ubel, "The Ulysses Strategy," *The New Yorker*, December 11, 2014, https://www.newyorker.com/business/currency/ulysses-strategy-self-control.
4. "Nir Eyal: Addictive Tech, Killing Bad Habits & Apps for Life Hacking—#260," interview by Dave Asprey, Bulletproof, November 13, 2015, https://blog.bulletproof.com/nir-eyal-life-hacking-260/.
5. "John H. Patterson—Ringing Up Success with the Incorruptible Cashier," Dayton Innovation Legacy, http://www.daytoninnovationlegacy.org/patterson.html,acce

ssed June 8, 2016.

6. James Clear (@james_clear), "What are one-time actions that pay off again and again in the future?" Twitter, February 11, 2018, https://twitter.com/james_clear/status/962694722702790659.

7. Alfred North Whitehead, *Introduction to Mathematics* (Cambridge, UK: Cambridge University Press, 1911), 166.

8. "GWI Social," GlobalWebIndex, 2017, Q3, https://cdn2.hubspot.net/hubfs/304927/Downloads/GWI%20Social%20Summary%20Q3%202017.pdf.

Chapter 15. 재미와 보상 두 마리 토끼를 잡는 법

1. "Population Size and Growth of Major Cities, 1998 Census," Population Census Organization, http://www.statpak.gov.pk/depts/pco/statistics/pop_major_cities/pop_major_cities.html.

2. Sabiah Askari, *Studies on Karachi: Papers Presented at the Karachi Conference 2013* (Newcastle upon Tyne, UK: Cambridge Scholars, 2015).

3. Atul Gawande, *The Checklist Manifesto: How to Get Things Right* (Gurgaon, India: Penguin Random House, 2014).

4. 이 부분의 모든 인용은 2018년 5월 28일 스티븐 루비와 주고받은 이메일에서 가져온 것이다.

5. Stephen P. Luby et al., "Effect of Handwashing on Child Health: A Randomised Controlled Trial," *Lancet* 366, no. 9481 (2005), doi:10.1016/s0140-6736(05)66912-7.

6. Anna Bowen, Mubina Agboatwalla, Tracy Ayers, Timothy Tobery, Maria Tariq, and Stephen P. Luby. "Sustained improvements in handwashing indicators more than 5 years after a cluster-randomised, community-based trial of handwashing promotion in Karachi, Pakistan," *Tropical Medicine & International Health* 18, no. 3 (2013): 259-267. https://www.ncbi.nlm.nih.gov/pmc/articles/PMC4626884/.

7. Mary Bellis, "How We Have Bubble Gum Today," ThoughtCo, October 16, 2017, https://www.thoughtco.com/history-of-bubble-and-chewing-gum-1991856.

8. Jennifer P. Mathews, *Chicle: The Chewing Gum of the Americas, from the Ancient Maya to William Wrigley* (Tucson: University of Arizona Press, 2009), 44-46.

9. "William Wrigley, Jr.," *Encyclopædia Britannica*, https://www.britannica.com/biography/William-Wrigley Jr, accessed June 8, 2018.
10. 찰스 두히그, 《습관의 힘》(갤리온, 2012).
11. Sparkly_alpaca, "What Are the Coolest Psychology Tricks That You Know or Have Used?" Reddit, November 11, 2016, https://www.reddit.com/r/AskReddit/comments/5cgqbj/what_are_the_coolest_psychology_tricks_that_you/d9wcqsr/.
12. Ian Mcdougall, Francis H. Brown, and John G. Fleagle, "Stratigraphic Placement and Age of Modern Humans from Kibish, Ethiopia," *Nature* 433, no. 7027 (2005), doi:10.1038/nature03258.
13. 일부 연구자들은 인간 뇌 크기가 약 30만 년 전에 현대의 용적에 도달했다고 주장한다. 물론 진화는 결코 중단되지 않고, 10만 년에서 3만 5,000년 사이 어느 시점에 현대의 크기와 형태에 도달할 때까지 그 구조적 형태가 유의미한 방식으로 계속 진화해왔다. Simon Neubauer, Jean-Jacques Hublin, and Philipp Gunz, "The Evolution of Modern Human Brain Shape," *Science Advances* 4, no. 1 (2018): eaao5961.
14. 이 주제에 관한 원래의 연구는 '지연된 보상 사회와 즉각적 보상 사회'라는 용어를 사용했다. James Woodburn, "Egalitarian Societies," *Man* 17, no. 3 (1982), doi:10.2307/2801707. 내가 처음 즉각적 보상 환경과 지연된 보상 환경 사이의 차이에 대해 들은 건 마크 리어리Mark Leary의 강연에서였다. Mark Leary, *Understanding the Mysteries of Human Behavior* (Chantilly, VA: Teaching, 2012).
15. 최근 몇 세기 동안의 급격한 환경 변화는 우리의 생물학적 적응 능력을 훨씬 넘어서는 것이다. 평균적으로 인구수 내에서 유의미한 유전적 변화들은 약 2만 5,000년이 걸린다. 더 알고 싶다면 다음을 참고하라. Edward O. Wilson, *Sociobiogy* (Cambridge, MA: Belknap Press, 1980), 151.
16. Daniel Gilbert, "Humans Wired to Respond to Short-Term Problems," interview by Neal Conan, *Talk of the Nation*, NPR, July 3, 2006, https://www.npr.org/templates/story/story.php?storyId=5530483.
17. 비이성적인 행동과 인지 편향에 관한 주제는 최근 가장 인기 있는 주제다. 하지만 전체적인 관점에서 비이성적으로 보이는 많은 행동들은 그에 따른 즉각적인 결과들을 고려해볼 때 이성적인 근거를 가지고 있다.
18. Frédéric Bastiat and W. B. Hodgson, *What Is Seen and What Is Not Seen: Or Political Economy in One Lesson* (London: Smith, 1859).

19. 행동경제학자 대니얼 골드슈타인Danial Goldstein에게 감사를 표한다. 그는 말했다. "그것은 현재의 자아와 미래의 자아 사이에 벌어지는 불평등한 전투다. 이를 직시해보면 현재의 자아는 현재에 있고 통제하에 있다. 나는 지금 당장 힘을 가지고 있다. 도넛을 내 입으로 들어 올릴 수 있는 이토록 강하고 영웅적인 팔을 가지고 있다. 반면 미래의 자아는 아예 여기 있지도 않다. 미래에 가 있다. 그것은 약하다. 변호사를 부를 수도 없다. 미래의 자아에 달라붙어 있는 건 아무것도 없다. 그리하여 현재의 자아는 미래의 꿈을 모두 격파해버린다. 더 알고 싶다면 다음을 참고하라. Daniel Goldstein, "The Battle between Your Present and Future Self," TEDSalon NY2011, November 2011, video, https://www.ted.com/talks/daniel_goldstein_the_battle_between_your_present_and_future_self.
20. Walter Mischel, Ebbe B. Ebbesen, and Antonette Raskoff Zeiss, "Cognitive and Attentional Mechanisms in Delay of Gratification," *Journal of Personality and Social Psychology* 21, no. 2 (1972), doi:10.1037/h0032198; W. Mischel, Y. Shoda, and M. Rodriguez, "Delay of Gratification in Children," *Science* 244, no. 4907 (1989), doi:10.1126/science.2658056; Walter Mischel, Yuichi Shoda, and Philip K. Peake, "The Nature of Adolescent Competencies Predicted by Preschool Delay of Gratification," *Journal of Personality and Social Psychology* 54, no. 4 (1988), doi:10.1037//0022-3514.54.4.687; Yuichi Shoda, Walter Mischel, and Philip K. Peake, "Predicting Adolescent Cognitive and Self-Regulatory Competencies from Preschool Delay of Gratification: Identifying Diagnostic Conditions," *Developmental Psychology* 26, no. 6 (1990), doi:10.1037//0012-1649.26.6.978.

Chapter 16. 어떻게 매일 반복할 것인가

1. Trent Dyrsmid, 저자와 주고받은 이메일, April 1, 2015.
2. Benjamin Franklin and Frank Woodworth Pine, *Autobiography of Benjamin Franklin* (New York: Holt, 1916), 148.
3. 내 친구 네이선 베리Nathan Barry에게 감사를 표한다. 그는 '매일을 창조하라'라는 주문으로 처음 내게 영감을 불러일으켰다.
4. Benjamin Harkin et al., "Does Monitoring Goal Progress Promote Goal Attain ment? A Meta-analysis of the Experimental Evidence," *Psychological Bulletin* 142,

no. 2 (2016), doi:10.1037/bul0000025.

5. Miranda Hitti, "Keeping Food Diary Helps Lose Weight," WebMD, July 8, 2008, http://www.webmd.com/diet/news/20080708/keeping-food-diary-helps-lose-weight; Kaiser Permanente, "Keeping a Food Diary Doubles Diet Weight Loss, Study Suggests," Science Daily, July 8, 2008, https://www.sciencedaily.com/releases/2008/07/080708080738.htm; Jack F. Hollis et al., "Weight Loss during the Intensive Intervention Phase of the Weight-Loss Maintenance Trial," *American Journal of Preventive Medicine* 35, no. 2 (2008), doi:10.1016/j.amepre.2008.04.013; Lora E. Burke, Jing Wang, and Mary Ann Sevick, "Self-Monitoring in Weight Loss: A Systematic Review of the Literature," *Journal of the American Dietetic Association* 111, no. 1 (2011), doi:10.1016/j.jada.2010.10.008.
6. 이 문장은 그렉 맥커운의 말을 다르게 표현한 것이다. "연구는 인간이 지닌 온갖 종류의 동기 중에서 가장 효율적인 것은 '발전'임을 보여준다." 그렉 맥커운, 《에센셜리즘》 (알에이치코리아, 2014).
7. 연구에 따르면 습관을 한 번 거르는 것은 장기적으로 그 습관을 발전시키는 데 사실상 영향을 주지 않는다. 실수가 일어났을 때와 상관없이 말이다. 우리가 궤도에 다시 올라탄다면 괜찮다. 더 알고 싶다면 다음을 참고하라. Phillippa Lally et al., "How Are Habits Formed: Modelling Habit Formation in the Real World," *European Journal of Social Psychology* 40, no. 6 (2009), doi:10.1002/ejsp.674.
8. "한 번 거르는 것은 사고다. 두 번 거르는 것은 새로운 습관의 시작이다." 나는 이 구절을 어딘가에서 읽었거나 어쩌면 뭔가 비슷한 것을 다시 표현한 것 같은데, 최선의 노력을 다해 찾아봤지만 출처를 찾아내지 못했다. 어쩌면 내가 쓴 글일 수도 있지만 최선의 추측은 이것이 알 수 없는 재능의 영역이라는 것이다.
9. 굿하트의 법칙에 관한 이 정의는 실제로 영국의 고인류학자 매릴린 스트래선Marilyn Strathern이 만든 것이다. "'Improving Ratings': Audit in the British University System," *European Review* 5 (1997): 305–321, http://conferences.asucollegeoflaw.com/sciencepublicsphere/files/2014/02/Strathern1997-2.pdf. 굿하트는 1975년에 이 아이디어를 다시 발전시켰고, 1981년에 공식적으로 발표했다. Charles Goodhart, "Problems of Monetary Management: The U.K. Experience," in Anthony S. Courakis (ed.), *Inflation, Depression, and Economic Policy in the West* (London: Rowman and Littlefield, 1981), 111–146.

Chapter 17. 누군가 당신을 지켜보고 있다

1. Roger Fisher, "Preventing Nuclear War," *Bulletin of the Atomic Scientists* 37, no. 3 (1981), doi:10.1080/00963402.1981.11458828.
2. Michael Goryl and Michael Cynecki, "Restraint System Usage in the Traffic Population," *Journal of Safety Research* 17, no. 2 (1986), doi:10.1016/0022-4375(86)90107-6.
3. 뉴햄프셔만 예외로, 안전벨트 의무는 아이들에게만 요구된다. "New Hampshire," Governors Highway Safety Association, https://www.ghsa.org/state-laws/states/new%20hampshire, accessed June 8, 2016.
4. "Seat Belt Use in U.S. Reaches Historic 90 Percent," National Highway Traffic Safety Administration, November 21, 2016, https://www.nhtsa.gov/press-releases/seat-belt-use-us-reaches-historic-90-percent.
5. Bryan Harris, 저자와 이메일로 나눈 대화, October 24, 2017.
6. Courtney Shea, "Comedian Margaret Cho's Tips for Success: If You're Funny, Don't Do Comedy," *Globe and Mail*, July 1, 2013, https://www.theglobeandmail.com/life/comedian-margaret-chos-tips-for-success-if-youre-funny-dont-do-comedy/article12902304/?service=mobile.
7. Thomas Frank, "How Buffer Forces Me to Wake Up at 5:55 AM Every Day," College Info Geek, July 2, 2014, https://collegeinfogeek.com/early-waking-with-buffer/.

Chapter 18. 습관에도 적성이 있다

1. "Michael Phelps Biography," Biography, https://www.biography.com/people/michael-phelps-345192, last modified March 29, 2018.
2. Doug Gillan, "El Guerrouj: The Greatest of All Time," IAFF, November 15, 2004, https://www.iaaf.org/news/news/el-guerrouj-the-greatest-of-all-time.
3. 마이클 펠프스와 히샴 엘 게루주의 키와 몸무게는 2008년 여름 올림픽 기간 동안 운동선수 프로필을 참고한 것이다. "Michael Phelps," ESPN, 2008, http://www.espn.com/olympics/summer08/fanguide/athlete?athlete=29547l; "Hicham El Guer rouj," ESPN, 2008, http://www.espn.com/oly/summer08/fanguide/athlete?athlete=

29886.
4. David Epstein, *The Sports Gene: Inside the Science of Extraordinary Athletic Performance* (St. Louis, MO: Turtleback Books, 2014).
5. Alex Hutchinson, "The Incredible Shrinking Marathoner," *Runner's World*, November 12, 2013, https://www.runnersworld.com/sweat-science/the-incredible-shrinking-marathoner.
6. Alvin Chang, "Want to Win Olympic Gold? Here's How Tall You Should Be for Archery, Swimming, and More," *Vox*, August 9, 2016, http://www.vox.com/2016/8/9/12387684/olympic-heights.
7. Gabor Maté, "Dr. Gabor Maté—New Paradigms, Ayahuasca, and Redefining Addiction," *The Tim Ferriss Show*, February 20, 2018, https://tim.blog/2018/02/20/gabor-mate/.
8. "모든 특질은 유전된 것이다."라는 말은 다소 과장이 있지만 꼭 그런 것만도 아니다. 가정이나 문화라는 맥락에 의존하는 행동적 특질은 물론 유전적인 것은 아니다. 우리가 말하는 언어, 숭배하는 종교, 소속 정당 같은 것들 말이다. 하지만 재능이나 기질을 반영하는 행동적 특질은 유전적인 것이다. 언어를 얼마나 능숙하게 하는지, 얼마나 종교적인지, 얼마나 진보적 혹은 보수적인지 말이다. 일반적인 지력은 유전적이며, 따라서 성격을 다섯 가지 주요 방식으로 규정할 수 있다. … 경험에 대한 개방성, 성실성, 외향성, 가능성, 신경성이다. 그리고 놀랍게도 특정한 특성은 유전적임이 판명되었는데, 니코틴이나 알코올 의존성, 텔레비전 시청 시간, 이혼 친화성 같은 것들이 그렇다. Thomas J. Bouchard, "Genetic Influence on Human Psychological Traits," *Current Directions in Psychological Science* 13, no. 4 (2004), doi:10.1111/j.0963-7214.2004.00295.x; Robert Plomin, *Nature and Nurture: An Introduction to Human Behavioral Genetics* (Stamford, CT: Wadsworth, 1996); Robert Plomin, "Why We're Different," Edge, June 29, 2016, https://soundcloud.com/edgefoundationinc/edge2016-robert-plomin.
9. Daniel Goleman, "Major Personality Study Finds That Traits Are Mostly Inherited," *New York Times*, December 2, 1986, http://www.nytimes.com/1986/12/02/science/major-personality-study-finds-that-traits-are-mostly-inherited.html?pagewanted=all.
10. Robert Plomin, 저자와 전화로 나눈 내용, August 9, 2016.

11. Jerome Kagan et al., "Reactivity in Infants: A Cross-National Comparison," *Developmental Psychology* 30, no. 3 (1994), doi:10.1037//0012-1649.30.3.342; Michael V. Ellis and Erica S. Robbins, "In Celebration of Nature: A Dialogue with Jerome Kagan," *Journal of Counseling and Development* 68, no. 6 (1990), doi:10.1002/ j.1556-6676.1990.tb01426.x; Brian R. Little, *Me, Myself, and Us: The Science of Personality and the Art of Well-Being* (New York: Public Affairs, 2016); Susan Cain, *Quiet: The Power of Introverts in a World That Can't Stop Talking* (London: Penguin, 2013), 99-100.
12. W. G. Graziano and R. M. Tobin, "The Cognitive and Motivational Foundations Underlying Agreeableness," in M. D. Robinson, E. Watkins, and E. Harmon-Jones, eds., *Handbook of Cognition and Emotion* (New York: Guilford, 2013), 347-364.
13. Mitsyhiro Matsuzaki et al., "Oxytocin: A Therapeutic Target for Mental Disorders," *Journal of Physiological Sciences* 62, no. 6 (2012), doi:10.1007/s12576-012-0232-9; Angeliki Theodoridou et al., "Oxytocin and Social Perception: Oxytocin Increases Perceived Facial Trustworthiness and Attractiveness," *Hormones and Behavior* 56, no. 1 (2009), doi:10.1016/j.yhbeh.2009.03.019; Anthony Lane et al., "Oxytocin Increases Willingness to Socially Share One's Emotions," *International Journal of Psychology* 48, no. 4 (2013), doi:10.1080/00207594.2012.677540; Chris topher Cardoso et al., "Stress-Induced Negative Mood Moderates the Relation between Oxytocin Administration and Trust: Evidence for the Tend-and-Befriend Response to Stress?" *Psychoneuroendocrinology* 38, no. 11 (2013), doi:10.1016/ j.psyneuen.2013.05.006.
14. J. Ormel, A. Bastiaansen, H. Riese, E. H. Bos, M. Servaas, M. Ellenbogen, J. G. Rosmalen, and A. Aleman, "The Biological and Psychological Basis of Neuroticism: Current Status and Future Directions," *Neuroscience and Biobeha vioral Reviews* 37, no. 1 (2013), doi:10.1016/j.neu biorev.2012.09.004. PMID 23068 306; R. A. Depue and Y. Fu, "Neurogenetic and Experiential Processes Underlying Major Personality Traits: Implications for Modelling Personality Disorders," *International Review of Psychiatry* 23, no. 3 (2011), doi:10.3109/09540261.2011.5 99315.
15. 예를 들어 모든 사람들이 보상에 반응하는 뇌 시스템을 가지고 있지만 개인마다 특정

보상에 반응하는 강도가 다르며, 시스템의 평균 반응 강도는 일부 성격적 특질과 연관이 있을 수 있다. 더 알고 싶다면 다음을 참고하라. Colin G. Deyoung, "Personality Neuroscience and the Biology of Traits," *Social and Personality Psychology Compass* 4, no. 12 (2010), doi:10.1111/j.1751-9004.2010.00327.x.

16. 연구에 따르면 체중 감량에서 저탄수화물 다이어트와 저지방 다이어트 사이에 차이가 없다. 많은 습관들이 그렇듯이 같은 목적을 이루는 데는 수많은 방법들이 있을 수 있다. 그것을 꾸준히 하기만 한다면 말이다. 더 알고 싶다면 다음을 참고하라. Christopher D. Gardner et al., "Effect of Low-Fat vs Low-Carbohydrate Diet on 12-Month Weight Loss in Overweight Adults and the Association with Genotype Pattern or Insulin Secretion," *Journal of the American Medical Association* 319, no. 7 (2018), doi:10.1001/jama.2018.0245.
17. M. A. Addicott et al., "A Primer on Foraging and the Explore/Exploit Trade-Off for Psychiatry Research," *Neuropsychopharmacology* 42, no. 10 (2017), doi:10.1038/npp.2017.108.
18. Bharat Mediratta and Julie Bick, "The Google Way: Give Engineers Room," *New York Times*, October 21, 2007, https://www.nytimes.com/2007/10/21/jobs/21pre.html.
19. 미하이 칙센트미하이, 《몰입의 즐거움》(해냄, 2007).
20. Scott Adams, "Career Advice," Dilbert Blog, July 20, 2007, http://dilbertblog.typepad.com/the_dilbert_blog/2007/07/career-advice.html.

Chapter 19. 계속 해내는 힘은 어디서 오는가

1. Steve Martin, *Born Standing Up: A Comic's Life* (Leicester, UK: Charnwood, 2008).
2. Steve Martin, *Born Standing Up: A Comic's Life* (Leicester, UK: Charnwood, 2008), 1.
3. Nicholas Hobbs, "The Psychologist as Administrator," *Journal of Clinical Psychology* 15, no. 3 (1959), doi:10.1002/1097-4679(195907)15:33.0.co;2-4; Gilbert Brim, *Ambition: How We Manage Success and Failure Throughout Our Lives* (Lincoln, NE: IUniverse.com, 2000); 미하이 칙센트미하이, 《몰입의 즐거움》(해냄,

2007).

4. Robert Yerkes and John Dodson, "The Relation of Strength of Stimulus to Rapidity of Habit Formation," *Journal of Comparative Neurology and Psychology* 18 (1908): 459–482.
5. Steven Kotler, *The Rise of Superman: Decoding the Science of Ultimate Human Performance* (Boston: New Harvest, 2014). 책에서 언급된 글은 다음과 같다. "칩 콘리Chip Conley, AI, 2013년, 9월. (미하이) 칙센트미하이가 수행한 계산 결과에 따르면 실제 비율은 1:96이다."
6. Niccolò Machiavelli, Peter Bondanella, and Mark Musa, *The Portable Machiavelli* (London: Penguin, 2005).
7. C. B. Ferster and B. F. Skinner, "Schedules of Reinforcement," 1957, doi:10.1037/10627-000. 더 알고 싶다면 다음을 참고하라. B. F. Skinner, "A Case History in Scientific Method," *American Psychologist* 11, no. 5 (1956): 226, doi:10.1037/h0047662.
8. 대응 법칙Matching Law은 보상 기간이 행위에 영향을 미치는 비율을 보여준다. : "Matching Law," Wikipedia, https://en.wikipedia.org/wiki/Matching_law.

Chapter 20. 습관의 반격

1. K. Anders Ericsson and Robert Pool, *Peak: Secrets from the New Science of Expertise* (Boston: Mariner Books, 2017), 13.
2. Pat Riley and Byron Laursen, "Temporary Insanity and Other Management Techniques: The Los Angeles Lakers' Coach Tells All," *Los Angeles Times Magazine*, April 19, 1987, http://articles.latimes.com/1987-04-19/magazine/tm-1669_1_lakers.
3. 맥멀런의 책은 라일리가 CBE 프로그램을 1984~1985년 시즌 동안 시작했다고 주장한다. 내 조사는 레이커스가 그 시기에 선수 개개인의 통계를 추적하기 시작했음을 보여주는데, 여기서 묘사하는 CBE 프로그램은 1986~1987년 시즌에 처음 사용되었다.
4. Larry Bird, Earvin Johnson, and Jackie MacMullan, *When the Game Was Ours* (Boston: Houghton Mifflin Harcourt, 2010).
5. Pat Riley and Byron Laursen, "Temporary Insanity and Other Management Techniques: The Los Angeles Lakers' Coach Tells All," *Los Angeles Times*

Magazine, April 19, 1987, http://articles.latimes.com/1987-04-19/magazine/tm-1669_1_lakers.

6. Cathal Dennehy, "The Simple Life of One of the World's Best Marathoners," *Runner's World*, April 19, 2016, https://www.runnersworld.com/elite-runners/the-simple-life-of-one-of-the-worlds-best-marathoners. "Eliud Kipchoge: Full Training Log Leading Up to Marathon World Record Attempt," Sweat Elite, 2017, http://www.sweatelite.co/eliud-kipchoge-full-training-log-leading-marathon-world-record-attempt/.
7. Yuri Suguiyama, "Training Katie Ledecky," American Swimming Coaches Association, November 30, 2016, https://swimmingcoach.org/training-katie-ledecky-by-yuri-suguiyama-curl-burke-swim-club-2012/.
8. Peter Sims, "Innovate Like Chris Rock," *Harvard Business Review*, January 26, 2009, https://hbr.org/2009/01/innovate-like-chris-rock.
9. 크리스 길보Chris Guillebeau에게 감사드린다. 그가 매년 https://chrisguillebeau.com을 통해 공유하는 연간 리뷰를 보고, 나도 연간 리뷰를 시작하기로 했기 때문이다.
10. Paul Graham, "Keep Your Identity Small," February 2009, http://www.paulgraham.com/identity.html.

Epilogue

1. Desiderius Erasmus and Van Loon Hendrik Willem, *The Praise of Folly* (New York: Black, 1942), 그레첸 루빈에게 감사를 표한다. 이 우화를 처음 접한 건 그녀의 책 《나는 오늘부터 달라지기로 결심했다》를 읽고 나서였으며, 나는 원본을 찾아보았다. 더 알고 싶다면 다음을 참고하라. 그레첸 루빈, 《나는 오늘부터 달라지기로 했다》(비즈니스북스, 2016).

부록 1

1. Caed (@caedbudris), "Happiness is the space between desire being fulfilled and a new desire forming," Twitter, November 10, 2017, https://twitter.com/caedbudris/status/929042389930594304.

2. 빅터 프랭클이 한 말의 전문은 다음과 같다. "성공을 겨냥하지 마라. 그것을 겨냥하고 목표로 삼을수록 놓칠 것이다. 성공은 행복과 마찬가지로 추구될 수 없는 것이다. 그것을 추구하면 반드시 그보다 훨씬 큰 한 개인의 희생이나 포기가 따른다." 더 알고 싶다면 다음을 참고하라. 빅터 프랭클, 《죽음의 수용소에서》 (청아출판사, 2005).
3. Friedrich Nietzsche and Oscar Levy, *The Twilight of the Idols* (Edinburgh: Foulis, 1909).
4. 대니얼 카너먼, 《생각에 관한 생각》 (김영사, 2018).
5. "이성보다는 흥미에 호소하고 설득한다면" (벤저민 프랭클린).
6. 데이비드 마이스터의 서비스 비즈니스의 다섯 가지 법칙과 유사하다. 만족 = 인지 − 기대.
7. Lucius Annaeus Seneca and Anna Lydia Motto, *Moral Epistles* (Chico, CA: Scholars Press, 1985).
8. 아리스토텔레스가 실제로 이 말을 했는지는 논쟁의 여지가 있다. 이 인용구는 수 세기 동안 그의 말로 믿어져왔는데, 나는 그 문장에 관한 원전을 찾을 수 없었다.

ATOMIC
HABITS